Eine kurze Geschichte vom Quantencomputer

TELEPOLIS

www.telepolis.de

Das Online-Magazin TELEPOLIS wurde 1996 gegründet und begleitet seither die Entwicklung der Netzkultur in allen Facetten: Politik und Gesetzgebung, Zensur und Informationsfreiheit, Schutz der Privatsphäre, wissenschaftliche Innovationen, Entwicklungen digitaler Kultur in Musik, Film, bildender Kunst und Literatur sind die Kernthemen des Online-Magazins, welche ihm eine treue Leserschaft verschafft haben. Doch TELEPOLIS hat auch immer schon über den Rand des Bildschirms hinausgesehen: Die Kreuzungspunkte zwischen realer und virtueller Welt, die »Globalisierung« und die Entwicklung der urbanen Kultur, Weltraum und Biotechnologie bilden einige der weiteren Themenfelder.

Als reines Online-Magazin ohne Druckausgabe nimmt TELEPOLIS damit eine einzigartige Stellung im deutschsprachigen Raum ein und bildet durch seine englischsprachige Ausgabe und seinen internationalen Autorenkreis eine wichtige Vermittlungsposition über sprachliche, geografische und kulturelle Grenzen hinweg. Verantwortlich für das Online-Magazin und Herausgeber der TELEPOLIS-Buchreihe ist Florian Rötzer.

Die TELEPOLIS-Bücher basieren auf dem Themenkreis des Online-Magazins. Die Reihe schaut wie das Online-Magazin über den Tellerrand eingefahrener Abgrenzungen hinaus und erörtert Phänomene der digitalen Kultur und der Wissensgesellschaft.

Christian J. Meier geboren 1968, promovierter Physiker, freier Journalist und Schriftsteller, beschäftigt sich mit den Themen Quantencomputer und Quantentechnologie seit Jahren und berichtet darüber für verschiedene Medien, unter anderem für die Neue Zürcher Zeitung, bild der wissenschaft oder die Süddeutsche Zeitung.

Er hat viele der führenden Köpfe auf dem Gebiet interviewt, darunter Anton Zeilinger (Spitzname »Mr. Beam«), Scott Aaronson, Rainer Blatt, Immanuel Bloch oder Ignacio Cirac und verfügt daher über ein umfassendes Wissen aus erster Hand. Er hat zwei weitere Sachbücher verfasst: »Nano – wie winzige Technik unser Leben verändert« (über Chancen und Risiken der Nanotechnologien, erschienen im primus-Verlag) und »Suppenintelligenz« (telepolis, erschienen beim dpunkt.verlag). Sein Thriller »K.I. – wer das Schicksal programmiert« war nominiert für den Deutschen Science Fiction Preis 2020. Derzeit arbeitet er an seinem nächsten Thriller.

Christian J. Meier

Eine kurze Geschichte vom Quantencomputer

Wie bizarre Quantenphysik eine neue Technologie erschafft

2., aktualisierte und erweiterte Auflage

Heise

Christian J. Meier

Reihenherausgeber: Florian Rötzer, München, *fr@heise.de*
Lektorat: Dr. Michael Barabas
Lektoratsassistenz: Anja Weimer
Copy-Editing: Susanne Rudi, Heidelberg
Satz: Veronika Schnabel
Herstellung: Stefanie Weidner, Frank Heidt
Umschlaggestaltung: Hannes Fuß, *www.hannesfuss.de*
Druck und Bindung: mediaprint solutions GmbH, 33100 Paderborn

Bibliografische Information der Deutschen Nationalbibliothek
Die Deutsche Nationalbibliothek verzeichnet diese Publikation in der Deutschen Nationalbibliografie; detaillierte bibliografische Daten sind im Internet über *http://dnb.d-nb.de* abrufbar.

ISBN:
Print 978-3-957881-05-2
PDF 978-3-969101-31-5
ePub 978-3-969101-32-2
mobi 978-3-969101-33-9

2., aktualisierte und erweiterte Auflage 2021

Wieblinger Weg 17
69123 Heidelberg

Hinweis:
Dieses Buch wurde auf PEFC-zertifiziertem Papier aus nachhaltiger Waldwirtschaft gedruckt. Der Umwelt zuliebe verzichten wir zusätzlich auf die Einschweißfolie.

PEFC zertifiziert
Das Papier für dieses Buch stammt aus nachhaltig bewirtschafteten Wäldern und kontrollierten Quellen.
PEFC/04-31-0810 www.pefc.de

Schreiben Sie uns:
Falls Sie Anregungen, Wünsche und Kommentare haben, lassen Sie es uns wissen: hallo@dpunkt.de.

5 4 3 2 1 0

Inhaltsverzeichnis

Vorwort ix

1 **Zauberlehrlinge** 1
Was bewegt Forscher, eine neue Art von Rechner zu bauen, und warum interessieren sich Wirtschaft und Politik brennend dafür?

2 ***Magische Formeln*** 13
Wie vermeintlich unnütze Wissenschaften mehrmals die Welt umwälzten.

3 **Von geisterhaften Golfbällen, Fotos im Dunkeln und einer toten Katze, die lebt** 25
Einführung in die rätselhafte Welt der Quantenphysik

4 **Geisterpartikel im Flashspeicher und erste Babysteps zum Quantencomputer** 59
Wie werden die unbegreiflichen Phänomene der Quantenphysik heute schon technisch genutzt?

5 **Rechnen mit Chloroform, Ionen oder Licht** 95
Wie geht die Entwicklung des Quantencomputers voran?

6 **Die Zähmung des wilden Rechenmonsters** 125
Hürden auf dem Weg zum Quantenrechner

7 **Codeknacken, superschnelle Datensuche und sicheres Cloud-Computing** 145
Werden Quantencomputer einmal allgegenwärtige Superrechner sein oder ein Nischenprodukt für einige Spezialanwendungen?

8 **Zwei Wettläufe um den Quantencomputer: Marathon und Sprint** 173
In die Entwicklung des Quantenrechners fließen Milliarden von Euros. Die Geldgeber wollen baldige Resultate. Doch das ist nicht so einfach.

9 Fangnetz für die geisterhafte Rechenpower **187**
Kryptographen mahnen an, die alten Verschlüsselungen baldmöglichst zu ersetzen. Doch die Schutzschilde gegen künftige Quantenrechner sind noch nicht praxistauglich.

10 Hilft die Quantenphysik beim Denken? **203**
Das Leben kontrolliert die Quantenphysik: Wie Pflanzen, Tiere und Menschen die bizarren Quantengesetze nutzen

11 Der erste Quantencomputer rechnet seit 14 Milliarden Jahren **215**
Forscher rätseln, wie so komplexe Dinge wie das Gehirn entstehen konnten. Manche von ihnen sagen: Die Quanten haben's programmiert.

12 Fazit **227**

13 Dank **235**

14 Endnoten **237**

15 Index **241**

Vorwort

Was vor hundert Jahren selbst genialste Physiker wie Albert Einstein an den Rand ihrer Vorstellungskraft brachte – und darüber hinaus – damit spielen die Physiker von heute routiniert in ihren Labors. Gemeint ist die Quantenphysik, die das Verhalten der kleinsten Bausteine der Welt beschreibt. Die Wissenschaftler erforschen Phänomene, die wie Magie anmuten. Der Zauber der Quanten fasziniert nicht nur sie. Er lockt auch die Mächtigen der Welt: Regierungen, Geheimdienste und Tech-Konzerne. Sie alle wollen aus der Quantenphysik Technologie machen. Genauer gesagt wollen sie das nächste große Ding der Informationstechnologie in die Welt bringen: den Quantencomputer. Diese neue Art von Computer, der schneller rechnen soll als die stärksten Supercomputer, weckt Hoffnungen und Begierden. Wer ihn als Erster entwickelt, dem winken große Gewinne, aber auch Macht. Denn ein Quantenrechner ausreichender Größe wird die derzeit gängigen Verschlüsselungsverfahren knacken und könnte somit dem Internet eine seiner wichtigsten Grundlagen entziehen: seine Sicherheit. Segen und Fluch liegen so nahe beieinander wie bei kaum einer anderen Zukunftstechnologie.

Doch was steckt dahinter? Wie gewinnbringend, mächtig oder gefährlich wird diese neue Art von Computer wirklich sein? Wie funktioniert sie und welche Hürden müssen Forscher noch überwinden? Dieses Buch will diese Fragen für Laien verständlich beantworten.

Der vorliegende Band ist die zweite Auflage meines Werks »Eine kurze Geschichte des Quantencomputers« von 2015. Seitdem hat sich sehr viel auf diesem Feld getan. Es gab wesentliche Fortschritte bei der Entwicklung der »Wundermaschine«, erstmals etwa erledigte ein Quantenchip der Firma Google eine – wenn auch rein akademische – Aufgabe schneller, als es jeder Supercomputer könnte. Staaten und Wagniskapitalgeber pumpen viele Millionen Euro in die Entwicklung von Quantenrechnern. Im vorliegenden Band habe ich Aktualisierungen vorgenommen und einige wichtiger gewordene Aspekte der Forschung weiter ausgearbeitet. Dazu gibt es drei neue Kapitel: eines über Fehlerkorrekturverfahren, ein weiteres über den Wettlauf um baldige erste Anwendungen kleinerer Quantencomputer und ein drittes über neue Verschlüsselungsverfahren, die den Codeknacker ausbremsen sollen.

Allen Leserinnen und Lesern wünsche ich viel Vergnügen bei der Lektüre!

Dr. Christian J. Meier
Groß-Umstadt, im September 2020

1 Zauberlehrlinge

Was bewegt Forscher, eine neue Art von Rechner zu bauen, und warum interessieren sich Wirtschaft und Politik brennend dafür?

»Das Unsympathische an den Computern ist, dass sie nur Ja oder Nein sagen können, aber nicht Vielleicht.«

(Demnächst überholtes Zitat von Brigitte Bardot)

Elsa, die fiktive Prinzessin aus Disneys Animationsfilm »Die Eiskönigin«, besitzt Zauberkräfte. *Gewaltige* Zauberkräfte, mit denen sie ihre eigene Heimat, das Königreich Arendelle, in eine bitterkalte Eiszeit katapultiert. Keine Absicht, klar. Elsa hat ihre magische Begabung ebenso wenig im Griff wie ihre Emotionen. Erst im Verlauf der Geschichte lernt sie, ihre Macht zu kontrollieren. Am Ende zaubert sie virtuos gotische Arkaden und opulente Fontänen aus blauem Eis. Unnötig zu erwähnen, dass der Schlüssel zu ihrem Können die Liebe ist.

Im Hier und Jetzt stehen Physiker vor einer nicht unähnlichen Aufgabe. Die Quantenphysik wartet mit Phänomenen auf, die dem Alltagsmenschen wie Magie erscheinen. Wer als Erster die Kontrolle darüber erlangt, dem winken Macht und Geld, aber auch ein Schlüssel zu neuem Wissen darüber, wie die Welt in ihrem Innersten tickt.

Noch vor einem Jahrzehnt bastelten Physiker in fensterlosen Labors, ausgestattet mit kargen Budgets, an den ersten Bausteinen eines »Quantencomputers«. Die Welt nahm kaum Notiz von ihrem Vorhaben. Das änderte sich vor fünf oder sechs Jahren. Die Öffentlichkeit erfuhr, dass etwas mehr dahinter stecken musste als die Neugier einiger lichtscheuer Forscher.

Weit mächtigere Akteure sprangen auf den Zug auf. Der amerikanische Geheimdienst NSA hatte ein 80 Millionen Dollar schweres Forschungsprogramm mit dem Namen »Durchbrechen harter Ziele« gestartet. Das Ziel: der Bau eines Quantenrechners. Der Tech-Gigant Google engagierte den weltweit renommierten Quantencomputer-Spezialisten John Martinis von der University of California in Santa Barbara und behauptete 2019, die »Quantenüberlegenheit« erreicht zu haben. Der kalifornische Datenkonzern kaufte sich zusammen mit der Raumfahrtagentur Nasa für 15 Millionen Dollar eine Maschine, die der kanadische Anbieter »D-Wave Systems« als Quantencomputer bezeichnete.

Heute muten diese Geldsummen sparsam an. Um den ersten Quantencomputer ist ein weltweites Wettrennen im Gange, das im Monatstakt neue »Durchbrüche« meldet, angetrieben von Milliarden an Fördergeldern. Alles, was in der Tech-Branche Rang und Namen hat, forscht am Quantenrechner: Google, Microsoft, Amazon, der IT-Dienstleister IBM und der Chiphersteller Intel. Jüngst stieg mit Honeywell ein Mischkonzern, der Gebäudetechnik und Raumfahrtzubehör herstellt, in das Rennen ein. In Nordamerika und Großbritannien versucht sich ein rundes Dutzend Start-ups, ausgestattet mit Hunderten Millionen Dollar an Wagniskapital, an der Zähmung der Quanten.

Auch China nimmt enorme Summen in die Hand, um die heiß ersehnte Rechenmaschine zu bauen. Peking räumt dem Thema sehr hohe Priorität ein: Staatspräsident Xi Jinping persönlich besucht gelegentlich das Labor von Chinas bekanntestem Quantenphysiker Jian-Wei Pan an der University of Science and Technology of China in der Stadt Hefei.[1] Das Reich der Mitte lockt brillante chinesische Forscher, die ihr Handwerk an westlichen Eliteuniversitäten gelernt haben, mit hohen Verdienstaussichten zurück in die Heimat. Pan selbst promovierte in Wien, bei einem der bekanntesten Quanten-Wissenschaftler überhaupt, Anton Zeilinger, den wir noch kennenlernen werden. Er forschte in Heidelberg und kehrte dann nach China zurück, wo er heute als »Vater der Quanten« verehrt wird.

Nachdem sie dem Wettrüsten eine Weile zugesehen hat, ist auch die Europäische Union auf den Quantenzug aufgesprungen. Rund eine Milliarde Euro, verteilt auf die Jahre 2018 bis 2028, pumpt der alte Kontinent in die »Quantentechnologie«. Dieser Begriff beinhaltet neben der neuen Art von Rechner weitere Anwendungen gebändigter Quantenphysik, die wir noch kennenlernen werden.

Was aber reizt die Tech-Giganten und eine Supermacht in spe am Quantencomputer, dass sie derartige finanzielle Dehnübungen machen, um ihn zu bauen?

Computer sind ein Machtfaktor. Im Zweiten Weltkrieg halfen die ersten Rechner den Alliierten, den als unknackbar geltenden Enigma-Code der deutschen Gegner zu entschlüsseln – ein wesentlicher Vorteil. Nach dem Krieg trieben immer schnellere Computer den technischen, wissenschaftlichen und wirtschaftlichen Fortschritt voran. Sie läuteten, nach der maschinellen Massenproduktion und der Elektrizität, eine dritte industrielle Revolution ein: Die Welt wurde digital. Heute gibt es kaum ein Alltagsgerät oder eine Industriemaschine, teilweise ganze Fabriken, die nicht computergesteuert wären.

Dem Quantencomputer trauen Wirtschaftsleute eine ähnlich umwälzende Kraft zu: »Alle unsere Sparten werden vom Quantencomputer grundlegend verändert werden«, zeigt sich Tony Uttley von Honeywell überzeugt.[2] »Die neue Technologie könnte unsere Branche grundlegend verändern«, sagt auch Philipp Harbach vom Darmstädter Chemie- und Pharmaunternehmen Merck. Wie andere Experten rechnet auch er damit, dass Quantencomputer bald in der Lage sein werden, chemische Verbindungen zu simulieren. Selbst die derzeit leistungsstärksten Großrechner scheitern an dieser Aufgabe, da Computermodelle komplexer Moleküle unpraktikabel viel Rechenzeit fordern. Der Quantencomputer indessen soll die Simulationen extrem beschleunigen. Somit könnte der neue Rechner bei der Entwicklung von Materialien mit neuen Funktionen helfen, deren Entwicklung bislang zu langwierig und teuer wäre.

Einen solchen Tempovorteil soll der Quantencomputer zwar nicht generell bieten, aber doch bei mehreren wichtigen Anwendungen, wie wir noch sehen werden. Eine davon indessen droht zum Sicherheitsrisiko für das ganze Internet zu werden. Ähnlich wie bei den ersten Rechnern in den 1940er-Jahren betrifft sie die Verschlüsselung. Ohne diese könnte das Internet, wie wir es kennen, nicht stattfinden. Sicheres Kommunizieren über Messengerdienste, Onlinebanking, online einkaufen oder Updates, die garantiert vom angegebenen Absender kommen: All das wäre nicht denkbar ohne die so genannte RSA-Verschlüsselung. Eigentlich könnte jeder PC diesen Code knacken – er beruht auf einem zwar schwer, aber nicht unlösbaren mathematischen Problem. Allein: Der Rechner bräuchte dafür etwa so lange, wie das Universum bereits existiert. In den 1990er-Jahren zeigte der US-Mathematiker Peter Shor, dass ein Quantencomputer es sehr, sehr viel schneller könnte – in einer akzeptableren Zeit von wenigen Minuten nämlich. Das erklärt das Interesse der NSA an dieser neuen Form des Computers. Auch für China ist der Sicherheitsaspekt wichtig. Die Enthüllungen Edward Snowdens hätten Peking bewogen, das Feld obenan zu setzen, sagt Jian-Wei Pan, der es mit seinen Verbindungen zur Staatsführung wissen muss.

Kurzum: Das Reich der Quanten bietet genügend Potenzial, um zu versuchen, es in den Griff zu bekommen. Das allerdings ist nicht ganz einfach. Denn Quanten sind anders. Ganz anders. Ich werde Sie in die unbegreifliche Welt der Quanten mitnehmen und Ihnen begreiflich machen, wie man sie für Technik nutzen kann, die wie Magie wirkt.

Dazu wollen wir erst einmal klären, *was* Quanten eigentlich sind.

Eine neue Physik, die dem gesunden Menschenverstand spottet

Die Geschichte der Quanten beginnt mit dem deutschen Mathe- und Physikgenie Max Planck. Nach seinem Abitur erhielt er den Rat, trotz seiner großen mathematischen Begabung *nicht* Physik zu studieren. Ende des 19. Jahrhunderts sah man nämlich darin nicht viel Sinn: In der Physik gebe es nichts wesentlich Neues zu entdecken, das Gebäude dieser Wissenschaft sei fertig, vom Keller bis zum Dachfirst. Die Ratgeber konnten sich kaum gründlicher irren!

Gut, dass Planck ihnen nicht folgte. Denn er selbst würde später das alte Bauwerk, die heute rückblickend *klassisch* genannte Physik, erneuern. Am Anfang stand eine bahnbrechende Erkenntnis Plancks. Sie erschien wie ein erster Riss in einem Weltbild, das bis dahin dem »gesunden Menschenverstand« intuitiv zugänglich gewesen war. Ein Beispiel dafür ist das Licht, dessen Wesen erst wenige Jahrzehnte vor Plancks Entdeckung ergründet worden war. Im Rahmen der klassischen Physik fließt mit jedem Lichtstrahl ein gleichmäßiger Strom von Energie, einem stetigen Fluss von Wasser ähnlich, den man etwa am kontinuierlichen Rundlauf eines Wasserrads erkennt. Planck fand aber heraus: Mutter Natur liefert Licht in winzigsten Energiepaketen. In unserem Bild würde das bedeuten, dass der Fluss das Wasserrad in übergangslosen Sprüngen weiterdreht. Eine bizarre Vorstellung, die auch Planck nicht gefiel. Er glaubte aber seinen Formeln. Grotesk oder nicht: Es musste so sein. Im Jahr 1900 ging er mit seinem Ergebnis in die Fachöffentlichkeit und schrieb Physik-Geschichte.

Plancks Energiepakete erhielten den Namen Quanten. Mit ihrer Entdeckung öffnete der Physiker die Tür in die Welt der Atome, Moleküle und Elementarteilchen. Denn ohne Quanten ist der *Mikrokosmos* nicht zu verstehen. Für die kleinsten Bausteine des Universums ist die klassische Physik so etwas wie eine rote Ampel für die Autofahrer Roms: Sie halten sich nicht daran. Anarchie herrscht im Reich des Winzigen aber keineswegs. Teilchen gehorchen auch Gesetzen, nur eben anderen. Planck legte den

Grundstein für einen ordentlichen Anbau am Gebäude der Physik, wie sich bald nach seinem Durchbruch zeigen würde.

Der Begriff »Quanten« ist abgeleitet vom Lateinischen »quantum«, was »wie viel« oder »wie groß« heißt. Quanten sind also etwas Zählbares im Gegensatz zu etwas Kontinuierlichem. Man kann nicht am Flussufer sitzen und das Wasser zählen, das vorbeifließt. Aber man kann am Straßenrand stehen und zählen, wie viele Autos vorbeifahren. Das Wasser im Fluss ist ein Kontinuum, der Verkehrsfluss hingegen ist »gequantelt«, wie Physiker sagen würden.

Mit hochempfindlichen Messgeräten können Forscher tatsächlich *zählen*, aus wie vielen Lichtquanten ein schwacher Lichtstrahl besteht. Die Lichtquanten nennen sie Photonen. Man kann sie sich als *Teilchen* vorstellen, aus denen sich der Lichtfluss zusammensetzt. Jedes Photon einer bestimmten Farbe, z.B. rot, trägt exakt gleich viel Energie wie ein anderes Photon dieser Farbe. Photonen unterschiedlicher Farben tragen unterschiedliche Energie, ein rotes Photon z.B. weniger Energie als ein blaues.

Nicht nur Licht besteht aus Quanten, wie Physiker in der Folgezeit erkannten. Überall in der Welt der Elementarteilchen zeigen sich die Quanten, also physikalische Größen, die sich nicht kontinuierlich änderten, sondern abrupt.

Atome oder Moleküle können Energie nur in festgelegten Portionen aufnehmen oder abgeben, deren Größe von der Art des Teilchens abhängt. Der Energieinhalt eines Atoms oder Moleküls ist also auf ähnliche Weise gequantelt, wie der eines Lichtstrahls. Die Natriumdampflampen in vielen Straßenlaternen demonstrieren dies jede Nacht: Sie leuchten gelb, weil die Natriumatome in ihnen keine andere Wahl haben, als eine bestimmte Energiemenge abzugeben. Das tun sie in Form von Photonen, deren Energiemenge genau der Energiedifferenz zwischen den Stufen im Natriumatom entspricht. In diesem Fall sind das eben gelbe Photonen.

Andere geniale Physiker wie Werner Heisenberg und Erwin Schrödinger beschrieben das Verhalten der Quanten mit mathematischen Formeln. In den 1920er-Jahren entwickelten sie eine Theorie namens *Quantenphysik*. Sie war – und ist – eine *echte Prüfung* für das, was man »gesunden Menschenverstand« nennt. Denn die Quantenphysik musste verrückt anmutende Annahmen über die Natur der kleinsten Teilchen formulieren, damit sie deren Verhalten umfassend und widerspruchsfrei beschreiben konnte (siehe Kap. 3).

In diesem Buch werden wir Wundern der Quantenphysik begegnen. Wir werden Schalter kennenlernen, die gleichzeitig an und aus sind. Atome, die ohne den Transport von Materie von A nach B reisen, als hätte Scotty persönlich den Schieberegler des Transporters der Enterprise bedient. Teilchen, die sich ohne den geringsten Zeitverlust quer durch das Universum miteinander verständigen, als beherrschten sie Telepathie.

Allerdings interessiert uns daran weniger die Physik, sondern die technische Anwendbarkeit. Denn das ist das Erstaunliche an der Quantenphysik: Trotz ihrer Geisterhaftigkeit, die dem Laien nicht nur unglaublich, sondern vor allem alltagsfern erscheint, erweitert die Quantenphysik das Spektrum des technisch Machbaren enorm.

Möglich ist das, weil Erscheinungen der Quantenwelt, so bizarr sie auch daherkommen mögen, nicht willkürlich oder magisch sind, sondern sich an mathematische Formeln halten. Physiker und Ingenieure spielen seit Jahrzehnten in aufwendigen Experimenten mit der Quantenphysik und beherrschen sie immer besser. Sie haben eine Intuition für die merkwürdige Welt der Quanten entwickelt, die ihnen als Quelle neuer Kreativität dient. Sie denken darüber nach, wie sich die Quantenphysik nutzen lässt, und entwickeln atemberaubende Technologien. Dem neuen Flügel am Gebäude der Physik folgt nun, rund 100 Jahre später, ein neuer Flügel am Gebäude der Technologie. Er heißt »Quantentechnologie«.

Die Forscher ähneln einem inzwischen fortgeschrittenen Klavierspieler. Als Anfänger klimpert er die Töne eines Liedes mehr oder weniger einzeln ab, das Ganze klingt nicht flüssig. Mit der Zeit beherrscht er die Klaviatur besser und kann immer komplexere Lieder nicht nur fehlerfrei, sondern auch immer flüssiger und immer lebendiger wiedergeben. Irgendwann fängt er an, die Klaviatur zu nutzen, um eigene Ideen darauf zu verwirklichen. Er spielt selbst komponierte Stücke, die immer anspruchsvoller werden. Er ist vom Reproduzent zum Produzent geworden und hat das Gebäude der Musik erweitert.

Dämmert eine Quanten-Ära voller technischer Wunder?

»Aus Philosophie wird Technologie«, drückt Tilman Pfau von der Universität Stuttgart diesen Wandel aus. Aus abstrakten Formeln werden Geräte. Forscher üben immer mehr Kontrolle über Atome, Moleküle oder Elementarteilchen aus. Ingenieure übernehmen die dafür nötigen Technologien und versuchen, sie für den Alltag nutzbar zu machen. Phänomene der Quantenphysik, die auf den »gesunden Menschenverstand« wie pure Zauberei wirken, sollen gezähmt und für die Technologie nutzbar gemacht werden. Mit weitreichenden Folgen, wie wir noch sehen werden.

Ein weiterer Grund für den Eintritt in die Ära der Quantentechnik ist die Triebkraft des Informationszeitalters selbst, die die Quantentechnologie als ihre logische Konsequenz vorzeichnet: das »Moore'sche Gesetz«. Auf herkömmlichen Computerchips aus Silizium verdoppelt sich dank immer weiter verbesserter Herstellungstechniken die Anzahl der Bauelemente etwa alle ein bis zwei Jahre. Fanden sich auf einem Mikroprozessor Anfang der 1970er-Jahre lediglich wenige Tausend Transistoren (das sind winzige elektronische Schalter, mit deren Hilfe ein Computer rechnet), waren es im Jahr 2011 schon mehr als zwei Milliarden, also etwa eine Million mal mehr! Ohne das Moore'sche Gesetz wären wir im Alltag nicht von Computerchips umgeben. In einem Smartphone steckt heute ein Computer, der einen Superrechner aus den 1970er-Jahren in die Tasche stecken würde.

Dafür mussten die einzelnen Transistoren von Chipgeneration zu Chipgeneration extrem schrumpfen. Heute sind sie nur noch wenige Nanometer (Millionstel Millimeter) breit, das ist etwa ein

Zehntausendstel der Dicke eines Haars. Schon im Jahr 2022 sollen Transistoren nur noch sechsmal mehr Durchmesser haben als die Siliziumatome, aus denen sie bestehen. Längst versuchen Forscher, Transistoren aus einzelnen Molekülen zu bauen. Weil Atome und Moleküle Quantenobjekte sind, benehmen sie sich nach den Regeln der Quantenphysik. Es liegt also nahe, die Quantenphysik für das Rechnen zu nutzen, sprich: Quantencomputer zu bauen.

Der Quantencomputer ist das Herz der Quantentechnologie, ebenso wie Mikrochips das Fundament der heutigen technischen Welt sind. Denn Information treibt den Globus an. Und der Computer ist ein Tausendsassa der Informationsverarbeitung. Mikrochips steuern Tablets und Smartphones, aber auch Waschmaschinen, Automotoren, Industrieroboter, Fernseher etc. Mit anderen Worten: Ohne das Moore'sche Gesetz sähe unsere technische Zivilisation völlig anders aus. Verschwänden auf einen Schlag die Milliarden von leistungsstarken Prozessoren in Fingernagelformat, hätte ein Großteil der Maschinen um uns herum ihr Gehirn verloren.

In der Welt der Quantentechnologie wird der Quantencomputer eine ähnliche Rolle spielen. Auch er verarbeitet Information. Allerdings nutzt er dafür die Gesetze der Quantenphysik, und das macht ihn zu einer völlig neuen Kategorie von Computer. Auf noch sehr viel kleinerem Raum wird er noch sehr viel mehr Rechenleistung konzentrieren als ein Mikrochip, der die Grenzen der klassischen Physik einhalten muss. Denn Quanten haben Eigenschaften, die magisch anmuten. Jedes einzelne Elementarteilchen kann auf winzigstem Raum extrem viel Information verarbeiten, wie wir noch sehen werden. Die Teilchen sind zudem geniale Teamarbeiter: Sie addieren ihre Kräfte nicht nur, sondern potenzieren sie. Eine überschaubare Zahl von Teilchen kann daher astronomisch viele Daten verarbeiten. Schon eine Ansammlung von Atomen, die zusammen kaum mehr Raum einnehmen als ein Virus, kann im Prinzip Aufgaben knacken, für die ein Etagen füllender Supercomputer Jahrzehnte bräuchte. Gelingt der Bau eines Quantencomputers, wird er ein wirklich großer Wurf in der Informationsverarbeitung sein.

Der Quantencomputer wird allerdings auch seine Grenzen haben. Ob er ähnlich universell sein kann wie ein Mikrochip, also ähnlich vielseitig einsetzbar, ist Gegenstand aktueller Forschung.

Definition »Quantencomputer«

Zur Klärung, was in diesem Buch mit »Quantencomputer« gemeint ist, hier eine formale Definition:

Das ist ein Computer, der Gesetze der Quantenphysik nutzt, um einen erheblichen Geschwindigkeitsvorteil bei der Lösung von Aufgaben gegenüber einem Rechner zu erzielen, der auf die Möglichkeiten der klassischen Physik begrenzt ist.

Der Quantencomputer kann bestimmte besonders schwierige und komplexe Aufgaben in einer annehmbaren Zeit lösen, für die ein klassischer Rechner unpraktikabel lange Zeit brauchen würde. Er kann Lösungen finden, die bislang trotz Supercomputern unzugänglich bleiben.

Dieses Buch will laienverständlich in die bizarre Welt der Quantenphysik einführen, um dann zu erklären, was ein Quantencomputer ist, was er können wird und was nicht, welche Hürden auf dem Weg zu einem solchen Rechner zu bewältigen sind und wie man den Nutzen dieser Maschine entfalten will, ohne dass ihre Risiken ins Kontor schlagen. Auf die Blumen am Wegesrand, sprich Quantentechnologien, die leisten, was nach den Gesetzen der klassischen Physik unmöglich wäre, werde ich ebenfalls eingehen.

Bevor wir uns konkret die Geschichte der Quantentechnologie und insbesondere des Quantencomputers ansehen, werden wir eine Reise ins unwirkliche Herz der Quantenphysik machen, wo uns unbegreifliche Phänomene begegnen, wie Schrödingers Katze, Verschränkung oder Teleportation.

Zunächst aber gehen wir einen Schritt zurück und werfen einen Blick in die Technikgeschichte. Dabei werden wir sehen, wie die wachsende Kontrolle über ein zunächst rätselhaftes Phänomen zu einer tiefgreifenden Umwälzung des menschlichen Alltags geführt hat und wie die Antwort auf eine abstrakte und rein akademische Frage die Blaupause für den Computer lieferte.

2 Magische Formeln

Wie vermeintlich unnütze Wissenschaften mehrmals die Welt umwälzten.

»Keine, vermute ich.«

Heinrich Hertz auf die Frage eines Journalisten, welche Anwendungen die von ihm nachgewiesenen Funkwellen haben könnten

Der Frust einer Handvoll Mathematiker führte zu einer der umwälzendsten technologischen Revolutionen der Geschichte: dem Computer. Eine rein akademische Frage, die dem Mann auf der Straße um das Jahr 1920 herum wohl nur ein gleichgültiges Achselzucken entlockt hätte, stand am Anfang.

Oft mussten Mathematiker nach endlosen Disputen entnervt feststellen, dass sich der mathematische Satz, den sie beweisen wollten, gar nicht beweisen lässt. Sie fühlten sich wahrscheinlich wie ein Bergsteiger, der am oberen Rand einer 1000 Meter hohen Felswand vor einem unüberwindlichen Überhang kapitulieren muss. Der deutsche Mathematiker David Hilbert wollte sich 1928 damit nicht mehr abfinden. Seine Idee: ein Testprotokoll, das sich nach Schema F abarbeiten ließe und einem mit wenig Aufwand vorab sagte, ob ein Problem überhaupt lösbar ist oder nicht. Im negativen Fall könnte man sich die Denkarbeit sparen.

Dieses Schema zu entwerfen gab er der weltweiten Mathematikergemeinschaft als Herausforderung. Viele scheiterten. Bis sich im Jahr 1936 der gerade 24-jährige englische Mathematiker Alan

Turing daranmachte. Er hatte eine frische, höchst kreative Idee. Besäße man eine Denkmaschine, überlegte Turing, die einen Beweis nach einem Programm Schritt für Schritt abarbeitet, könnte man vielleicht vorab feststellen, ob sie dafür endlich oder unendlich viele Schritte brauchen wird. Im letzteren Fall wäre der Beweis nicht zu führen.

Zur Umsetzung der Idee wählte Turing einen verblüffend naheliegenden Ansatz. Welche Schritte unternimmt ein Mensch, wenn er rechnet? Ein »Computer«, wie man in England damals Menschen nannte, die in Ingenieurbüros mit Block und Bleistift monotone Rechenarbeit abarbeiteten, tat im Grunde nicht mehr und nicht weniger als Folgendes: Er las, schrieb und löschte Symbole auf Papier. Zwischendurch verarbeitete er die gelesenen Zeichen im Gehirn und bewegte den Bleistift oder Radiergummi zu dem Platz auf dem Papier, an dem er das nächste Symbol setzte (siehe Abb. 2–1).

Abb. 2–1 Skizze einer Turingmaschine. Die drei Arme tragen (v. l. n. r.) Lösch-, Schreib- und Lesekopf.
(Quelle: Matthias Homeister, »Quantum Computing verstehen«, Springer Verlag)

Turing entwarf nun eine Maschine, die all diese Einzelschritte ebenfalls ausführte. Diese »Turingmaschine« erinnert an einen Kassettenrekorder: Ein Band läuft unter einem Schreib- und Lesekopf hin und her. Der Kopf schreibt Symbole auf nebeneinanderliegende Felder des Bandes oder löscht sie. Dann bewegt er sich nach links oder rechts zum nächsten Feld. Was davon er tut, hängt von dem Symbol ab, das er gerade gelesen hat, und von Anweisungen, die in seinem Innern gespeichert sind. Letzteres entspricht dem Wissen des »Computers« darüber, wie etwa eine Multiplikation auf dem Papier auszuführen ist. Nach dem Lesen eines Stoppsignals stoppt die Maschine und das Ergebnis steht als Symbolkette codiert auf dem Streifen.

Blaupause für eine Allzweckmaschine

Turing musste zwar Hilbert enttäuschen: Es ist nicht vorab entscheidbar, ob die Maschine für eine bestimmte Aufgabe endlich oder unendlich viele Schritte brauchen wird. Nebenbei aber hatte das Genie die Blaupause für eine universelle Rechenmaschine vorgelegt. Turing bewies, dass sein Apparat *alle* berechenbaren Probleme auch tatsächlich berechnen *konnte*.

Ein Ergebnis von ungeheurer Wucht. Es gibt also Maschinen, die keinem eng umrissenen Zweck dienen wie ein Webstuhl oder ein Automotor. Man kann sie wie einen multitalentierten Diener mit allem Möglichen betrauen. Dazu muss man sie nur mit entsprechenden Anweisungen füttern. Für Turing und seine Zeitgenossen war es kaum vorstellbar, wie sehr diese Allzweckmaschine die Welt verändern könnte.

Heute wissen wir es. Videos anschauen, mit Freunden chatten, Rollenspiele spielen: Per Mausklick springen Computer binnen Millisekunden zwischen unterschiedlichsten Jobs hin und her. Sie steuern Apps im Smartphone, zeigen dem Autofahrer, wo er abbiegen soll, sagen dem Fabrikroboter, welches Teil er als Nächstes greifen, und der Waschmaschine, wann sie mit dem Schleudern beginnen soll. Im Prinzip könnte man die Waschmaschine programmieren, Windows 10 auszuführen, oder den Fabrikroboter mit einem Textverarbeitungsprogramm füttern. Mikrochips sind extrem flexibel.

Turings Blaupause einer universellen Rechenmaschine liegt unseren modernen Rechnern zugrunde. Die Basiselemente sind die gleichen: Speicher für Instruktionen, Ein- und Ausgabedaten, Schreib- und Leseköpfe. Später werden wir sehen, dass Turingmaschinen uns auch etwas darüber erzählen, wo die Grenzen der Quantencomputer liegen.

In der Technikgeschichte gibt es viele Beispiele, wie die blanke Neugier von Forschern, ihr Bedürfnis, den Erscheinungen der Natur auf den Grund zu gehen, in technische Umwälzungen mündeten, die das Leben von Millionen Menschen oft grundlegend veränderten. Das bloße Entschlüsseln der Natur reichte dafür aber nicht. Durch das Anwenden der Naturgesetze für seine Technik gewann der Mensch immer mehr Kontrolle über sie. Erst dadurch entfalteten die Formeln ihre ganze, oft magisch anmutende Kraft.

Wellen, die die Welt veränderten

Ein anschauliches Beispiel dafür ist die Entdeckung der elektromagnetischen Wellen und die wachsende Kontrolle über sie. Ohne diese würde in unserer Welt voller Mobilfunkgeräte, Computertomografen, Radios, Fernseher etc. nun wirklich gar nichts funktionieren.

Davon ahnte der schottische Physiker James Clerk Maxwell Mitte des 19. Jahrhunderts noch nichts. Er wollte lediglich die vom englischen Naturforscher Michael Faraday entdeckte Beziehung zwischen Elektrizität und Magnetismus auf ein mathematisches Fundament stellen. Eine damals rein akademische Übung, ohne die geringste Relevanz für den Alltag der Menschen.

Maxwell war nach dreijähriger Arbeit erfolgreich: Er beschrieb Magnetismus und Elektrizität und wie sie miteinander wechselwirken in vier Gleichungen, die heute seinen Namen tragen.

Diese Maxwell'schen Gleichungen lieferten eine der größten Erleuchtungen der Menschheitsgeschichte. Jahrhundertelang hatten sich Naturforscher vom Kaliber Galileo Galileis oder Isaac Newtons ohne durchschlagenden Erfolg gefragt, was das ist: Licht. Maxwells Gleichungen gaben endlich die Antwort. Sie zeigten, dass sich elektrische und magnetische Felder gegenseitig erzeugten und sich somit durch den Raum fortpflanzten.

So entsteht eine elektromagnetische Welle. Aus Maxwells Gleichungen ließ sich berechnen, dass sich diese Welle mit 300.000 Kilometern pro Sekunde bewegt. Dieser Wert stimmte mit der damals schon sehr genau gemessenen Lichtgeschwindigkeit überein. Die Folgerung: Licht ist eine elektromagnetische Welle.

Nicht minder revolutionär als diese Erkenntnis war das Wissen um die Existenz von elektromagnetischen Wellen. Zwar antwortete der deutsche Physiker Heinrich Hertz, der die von Maxwell vorhergesagten Wellen experimentell nachwies, auf die Frage nach den Anwendungsmöglichkeiten dieses Phänomens: »Keine, vermute ich.«[3] Die fehlende Vorstellungskraft von Hertz fußte aber auf seiner noch mangelhaften Kontrolle über die elektromagnetischen Wellen. Der Physiker hatte mit einfachen Mitteln einen Sender und einen Empfänger für Radiowellen gebaut. Ziel des Experiments war lediglich der Beweis, dass elektromagnetische Wellen überhaupt existierten – nicht mehr und nicht weniger.

Um die Wellen für die Übertragung von Radiosendungen zu nutzen, bedarf es wesentlich mehr an Kontrolle. Der Sender muss deutlich stärker sein als der von Hertz, um viele Kilometer überwinden zu können. Die Hertz'schen Wellen trugen auch keine Musik, keine Nachrichten oder Hörspiele vom Sender zum Empfänger. Diese Information gelangt erst durch eine weitere Stufe der Kontrolle in die übertragene Welle: durch die so genannte Modulation. Signale werden der Welle durch Variieren ihrer Amplitude oder ihrer Frequenz aufgeprägt (siehe Abb. 2–2).

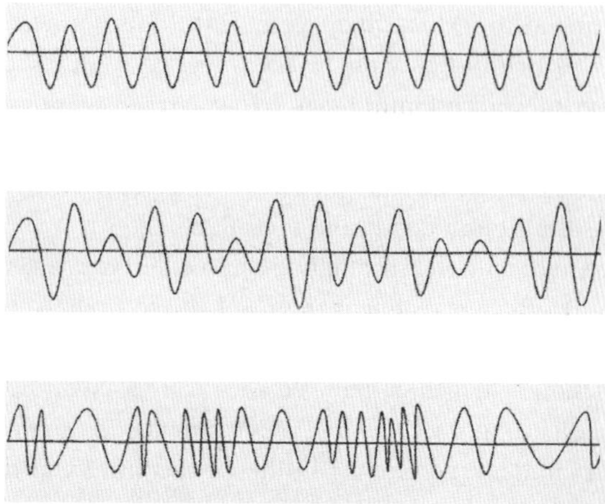

Abb. 2–2 Eine unmodulierte Welle (oben) trägt keine Information. Bei der Amplitudenmodulation (AM, Mitte) ist die Information in der Höhe der Amplitude (d.h. in den Kammhöhen der Welle) codiert. Bei der Frequenzmodulation (FM, unten) tragen die unterschiedlichen Abstände zwischen den Wellenkämmen die Information.

Normalerweise kommen bei einer Welle bestimmter Frequenz die Wellenkämme in regelmäßigen Abständen. Bei der Frequenzmodulation werden diese Abstände leicht verschoben. Die Wellenkämme treffen also in unregelmäßigen Zeitabständen ein. Dadurch entsteht ein Muster, das, vergleichbar dem Morsecode, die in der Radiosendung enthaltene Information trägt. Ähnlich gelingt die Amplitudenmodulation, nur dass hier nicht die zeitlichen Abstände zwischen den Wellenkämmen variiert werden, sondern deren Höhen, die man auch als »Amplitude« bezeichnet.

Tüftler holten die Radiowellen aus dem Labor

Nach Hertz' Versuch übernahmen Ingenieure wie der Italiener Guglielmo Marconi den Stab und entwickelten den Rundfunk, indem sie die elektromagnetischen Wellen immer besser kontrollierten.

Marconi war als Geschäftsmann ebenso clever wie als Ingenieur und wollte der kabelgetragenen Telegrafie Konkurrenz machen. Schon als Junge hatte er die Arbeiten von Maxwell und Hertz studiert und erkannt, dass sich elektromagnetische Wellen für kabellose Kommunikation eigneten. Um das zu erreichen, setzte sich Marconi, der nie Physik oder Elektrotechnik studiert hatte, ein Ziel: weiter funken zu können als alle anderen. Er baute effizientere Sender sowie empfindlichere Empfänger und stimmte beide Enden optimal aufeinander ab. So konnte er erstmals meilenweit senden.

Marconi überwand schließlich sogar die Erdkrümmung, was damals viele für unmöglich gehalten hatten. Der spätere Nobelpreisträger spannte vertikale Drähte als Sende- und Empfangsantennen und erdete sie. Dadurch nutzte er die Erde selbst als Wellenleiter, und die gesendeten Signale folgten ihrer Krümmung. Heute wissen wir, dass darüber hinaus eine elektrisch leitende Schicht in der Lufthülle der Erde, die Ionosphäre, Radiosignale reflektiert und sie so über Tausende Kilometer befördert.

Marconi gelang der große Sprung. Mit einem starken Sender sowie einem riesigen Fächer aus Antennendrähten sendete er 1901 erstmals ein Morsezeichen über den Atlantik.[4] Er perfektionierte die Technologie weiter, sodass auch mit relativ schwachen Sendern Kontinente verbunden werden konnten. Seine technischen Erfolge zahlten sich auch wirtschaftlich aus. Marconi eröffnete 1907 den ersten kommerziellen drahtlosen Telegrafiedienst von der Ostküste Kanadas nach Irland. Auch die Schifffahrt nutzte Marconis Radiosystem. Es funkte 1912 das »SOS« der Titanic und rettete so Leben.

Funkwellen weben das Netzwerk der Welt

Heute ist der »Äther« voll mit elektromagnetischen Wellen. Hunderte Rundfunk- und Fernsehkanäle senden ihre Programme. Jeder kommuniziert mit jedem über Handy oder Smartphone. Fast 120 Milliarden Minuten lang sprachen die Deutschen allein im

Jahr 2018 in ihre Mobilfunkgeräte,[5] das entspricht einem fast 230.000 Jahre andauernden Reden! Im gleichen Jahr betrug das im Mobilfunk übertragene Datenvolumen fast zwei Milliarden Gigabyte. Es schwirrte also eine Datenmenge durch den »Äther«, die grob gerechnet rund zwanzig Millionen Blu-Ray-Discs füllen könnte. Gestapelt ergäben diese einen Turm von rund 20 Kilometern Höhe.

Möglich ist dieses »Internet durch die Luft« (Bundesnetzagentur) nur durch Breitband-Übertragungstechnologien wie LTE. Auf dem Land springt LTE für oft fehlende breitbandige Kabelanschlüsse in die Bresche.

Die Technologien nutzen sehr hohe Funkfrequenzen mit Milliarden von Schwingungen pro Sekunde. Denn je höher die Frequenz, desto mehr Information lässt sich einer Welle aufprägen. Verschiedenen Nutzern werden verschiedene Radiofrequenzen zugeteilt, sie bekommen quasi ein Rohr eines dicken Rohrbündels. Wo früher ein Radiosender eine einzige Message an Millionen sandte, bringen die Wellen heute jedem Nutzer seine eigene Information. LTE ist darin besonders schnell, da es flexibel jenen Nutzern mehr Frequenzen zuordnet, die gerade viel herunterladen. Im Bild gesprochen, erhalten sie ein Röhrchen oder ein etwas dickeres Rohr zugewiesen, je nachdem, wie viele Daten sie gerade saugen oder hochladen. Dabei wird die Verteilung der dicken und dünnen Röhrchen ständig den aktuellen Erfordernissen angepasst. Nach dem Saugen eines Videos mit einem »dicken Rohr« bekommt der Nutzer für sein Telefonat einen »Strohhalm«. So wird die Bandbreite optimal ausgenutzt, sprich: Die Gesamtdicke des Rohrbündels wird stets voll ausgelastet.

Noch mehr Bits und Bytes lassen sich mit Lichtwellen übertragen. Diese haben noch viel höhere Frequenzen von mehreren Hunderttausend Milliarden Schwingungen pro Sekunde. Und auch hier ist Kontrolle wichtig. Die Menschen haben gelernt, Licht durch Glasfasern rund um den Erdball zu schicken.

Jetzt arbeiten sie daran, gigantische Datenmengen auf Laserstrahlen aus dem All auf die Erde reiten zu lassen. Denn im Orbit sammeln Beobachtungssatelliten immer mehr Daten über die Erde, z.B. über die Landwirtschaft, das Klima oder die Eisdicke der Arktis. Ein einziger Satellit produziert dabei oft mehr als ein Gigabyte Daten pro Sekunde. Mit Radiowellen lassen sich diese Daten bei Weitem nicht so schnell zum Boden bringen.

Doch Laserstrahlen haben auch Nachteile gegenüber Funkwellen. Wolken und Turbulenzen in der Atmosphäre verzerren und dämpfen die Signale empfindlich. Bricht die Verbindung auch nur den Bruchteil einer Sekunde ab, gehen schon Megabytes von Daten verloren. Forscher versuchen, die in Wolken entstehenden Echos des ursprünglichen Laserstrahls, welche ein Chaos erzeugen und die Nachricht unlesbar machen, nachträglich per Computer herauszufiltern und so den ursprünglichen Datenstrom zu rekonstruieren.

Auch von Flugzeugen sollen Laserstrahlen Daten zu Bodenstationen tragen. Im Jahr 2013 gelang das im Experiment.[6] Dabei glichen Sensoren und bewegliche Spiegel die Vibrationen des Flugzeugs aus, sodass der Strahl immer auf die Bodenstation ausgerichtet blieb.

Wenn Licht rechnen lernt

Es gibt einen Gipfel der Kontrolle über das Licht: so genannte photonische Kristalle. Dabei handelt es sich um Festkörper, die präzise modellierte Kanäle, Poren und andere Strukturen enthalten. Die Ausmaße dieser Strukturen entsprechen mit wenigen Hundert Nanometern (Millionstel Millimeter) etwa der Wellenlänge des Lichts. In der Natur gibt es ähnliche Strukturen: die winzigen Schuppen auf den Flügeln von Schmetterlingen. Ihre periodische Anordnung führt zu den schillernden Farben der Flügel. Künstliche photonische Kristalle werden für farbändernde Lacke verwendet oder als Lichtleiter für die Telekommunikation genutzt.

In Zukunft könnten photonische Kristalle die Computertechnologie revolutionieren. Durchquert Licht einen entsprechend strukturierten photonischen Kristall, wird es ähnlich gelenkt wie Elektronen in einem Halbleiter. Daher lassen sich photonische Kristalle entwickeln, die mit Licht die gleiche Funktion ausüben wie heutige Computerbausteine mit Elektronen. Aus ihnen könnte ein optischer Computer gebaut werden, der mit Licht rechnet statt mit Elektrizität. Er wäre viel schneller als ein herkömmlicher Rechner, da eine Lichtwelle sehr viel mehr Information tragen kann als elektronische Signale.

All das zeigt: Die Kontrolle über elektromagnetische Wellen hat seit den Tagen Marconis immer rasanter zugenommen. Damals wurde nur das Nötigste gefunkt, etwa Notrufe von Schiffen. Heute transportieren elektromagnetische Wellen den Treibstoff der Wirtschaft des 21. Jahrhunderts: Information. Und sie könnten in Zukunft den informationstechnischen Motor der Welt noch schneller und effizienter antreiben.

Vieles wird uns wie Magie erscheinen, wenn die Herrschaft der Menschen über die elektromagnetischen Wellen weiter zunimmt.

Quanten treten in ihre Marconi-Phase

Wie Hexenwerk erscheinen heute auch die Effekte der Quantenphysik. Viele der Fragen, die sich Forscher in ihren Experimenten mit Quantenobjekten[7] stellen, sind ziemlich akademisch. Sie wollen die Welt der Quanten erst einmal kennenlernen. Doch dabei lernen sie auch, sie zu beherrschen. Inzwischen kontrollieren Physiker einzelne Atome oder Lichtteilchen, schieben sie zwischen Teilen ihres Versuchsaufbaus hin und her, schreiben Daten in sie hinein oder lesen sie aus, teleportieren sie zwischen verschiedenen Räumen oder nutzen sie als Recheneinheiten noch recht rudimentärer Quantencomputer.

Im Fall der Quantenphysik haben aber auch schon Ingenieure den Stab in die Hand genommen. Je mehr die Kontrolle über die Quanten zunimmt, desto breiter und tiefer können Quantentechniken in den Alltag eindringen und ihn umwälzen. Manche Physiker sprechen schon von der »Zweiten Quantenrevolution«.

Was die »Erste Quantenrevolution« war, werden wir im nächsten Kapitel erfahren. Dort lernen Sie auf leicht verdauliche Weise jene Unbegreiflichkeiten der Quantenphysik kennen, die die Informationstechnik so sehr beflügeln können.

3 Von geisterhaften Golfbällen, Fotos im Dunkeln und einer toten Katze, die lebt

Einführung in die rätselhafte Welt der Quantenphysik

»Wenn man das Unmögliche ausgeschlossen hat, muss geschehen sein, was dann noch übrig bleibt, wie unwahrscheinlich es auch zu sein scheint.«

Sherlock Holmes, Detektivfigur

»Sie können auch über Bande spielen«, antwortet Friedemann Reinhard von der Universität Stuttgart in leicht gelangweiltem Ton auf die Frage des Spielers, ob das möglich sei. Der Spieler, den Minigolfschläger schlagbereit in den Händen, denkt ihm offenbar viel zu konventionell. Nur weil genau zwischen dem Abschlagspunkt und dem Loch ein kreisförmiges Hindernis den direkten Weg zum Ziel versperrt, muss man bei diesem Minigolf noch lange nicht über Bande spielen.

Der nächste Spieler spielt das Hindernis frontal an. Bei einem normalen Minigolf wäre das ziemlich töricht. Hier jedoch kommt man aber auch so um das Hindernis herum.

Im Audimax der Universität Stuttgart hat der Physiker freilich keine reale Minigolfbahn aufgebaut. Es ist ein auf den Boden projiziertes Computerspiel. Der Schläger trägt eine LED, deren Position von einer Kamera erfasst wird. So wird, ähnlich wie bei einer Wii-Konsole, der reale Schlag des Spielers in die virtuelle Welt übersetzt. Doch es gibt noch einen Unterschied zum Minigolf im Stadtpark: Der simulierte Golfball folgt den Gesetzen der Quantenphysik, daher der Name »Quantenminigolf«.

Spieler zwei hat offenbar ein Gespür dafür. Unmittelbar nach dem Schlag saust der Ball in Richtung Hindernis davon. Aber es ist gar kein Ball mehr. Er hat seine feste Kontur verloren und sich in ein kreisförmiges Streifenmuster verwandelt. Als er auf das Hindernis trifft, geschieht etwas Erstaunliches: Es zerteilt den Ball in zwei Hälften, wie ein Schiffsbug, der durch die Wellen pflügt. Die eine Hälfte rast schräg nach oben und die andere schräg nach unten davon. Beide werden das Ziel verfehlen, denkt der Zuschauer.

Doch dann passiert wieder etwas Eindrucksvolles: Zwischen den beiden Streifenmustern entsteht ein weiteres, das geradewegs Kurs auf das Loch nimmt. Als es dort ankommt, gibt Spieler zwei das Kommando: »Jetzt!« Mitten in dem Kreis, der das Loch symbolisiert, materialisiert sich der blaue Ball. Der Schriftzug »You won« erscheint. »Ja!«, ruft Spieler zwei und reißt den Schläger in die Höhe. Er hat sich soeben die Gesetze der Quantenphysik zunutze gemacht. Er hat den Ball um ein Hindernis herumgelenkt, indem er es direkt anspielte.

Kontrollierbarer Quantenzauber

Auf das Hindernis zielen, um es zu umgehen? Klingt widersprüchlich. Ist es aber nicht. Es ist auch keine Zauberei. »Hinter der Quantenphysik steckt nichts Mystisches«, betont Anton Zeilinger. Die Quantenphysik gehorcht klaren, mathematisch beschreibbaren Regeln. Die daraus resultierenden Phänomene widersprechen zwar oft der Alltagserfahrung. Doch die menschliche Wahrnehmung erfasst eben nur einen Teil der Realität. Das macht die Welt der kleinen Teilchen aber nicht weniger real und wirksam.

Da nichts Geheimnisvolles an der Quantenphysik ist, kann man durchaus verstehen, warum ein Quantencomputer bestimmte Probleme superschnell löst oder warum eine Quantenkamera auch im Dunkeln fotografieren könnte. Im Folgenden werde ich die

Quantenphänomene erläutern, die Anwendungen wie dem Quantencomputer zugrundeliegen. So können Sie ein Verständnis und eine gewisse Intuition für die Quantenphysik entwickeln, sodass Ihnen die Leistungen der Quantentechnik nicht so überirdisch vorkommen, wie sie oft in der Öffentlichkeit dargestellt werden.[8]

Die Faszination wird Ihnen dadurch aber nicht abhanden kommen. Es wird sein wie bei einer Reise in ein exotisches Land: Alles spielt sich auf dem Boden der Realität ab, aber trotzdem kommt man aus dem Staunen nicht heraus.

Wechselbalge des Mikrokosmos

Eine bemerkenswerte Eigenschaft des Lichts haben wir im ersten Kapitel kennengelernt: Es kommt als eine Horde von Teilchen daher. Diese Teilchen transportieren unterschiedlich große Energiepakete. Ein blaues Photon bringt mehr Energie mit sich als ein rotes.

Aber Moment mal: Hatte Maxwell nicht herausgefunden, Licht sei eine elektromagnetische Welle? Beweise dafür gibt es wie Sand am Meer, z.B. die Regenbogenfarben auf einer öligen Wasserpfütze (siehe Kasten: Der Regenbogen in der Pfütze: Wie geht Interferenz?) oder auf einer CD. Bewiesen ist aber auch die Tatsache, dass es ein Strom von Teilchen ist.

Wie kann Licht beides sein: Teilchen und Welle? Viel unterschiedlicher können zwei Vorstellungen doch nicht sein, oder? Ein Teilchen hat feste Grenzen, wie ein Minigolfball. Es folgt einer klaren Bahn, etwa vom Abschlagspunkt zum Loch. Stößt ein Ball auf einen anderen Ball, ändern beide in der Regel ihre Rollrichtung, etwa beim Billard.

Wellen hingegen durchdringen sich gegenseitig und überlagern sich dabei. Sie schaukeln sich gegenseitig auf oder löschen sich zu nichts aus. Ein Phänomen, das man als Interferenz bezeichnet. Wellen breiten sich aus, ändern also ihre Grenzen, z.B. nachdem man einen Stein ins Wasser geworfen hat. Eine Welle kann sogar »um die Ecke« laufen wie etwa eine Schallwelle um einen Baum:

Man kann jemanden, der sich hinter einem Baum versteckt, reden hören. Die Schallwelle läuft dabei gleichzeitig links und rechts um den Baum herum.

Der Regenbogen in der Pfütze: Wie geht Interferenz?

»Geteiltes Leid ist halbes Leid und geteilte Freude ist doppelte Freude«, sagt der Volksmund. Im Leben gibt's Aufs und Abs. Zu zweit sind aber die Abs nicht so schlimm, während die Aufs sich verdoppeln.

Bei Wellen ist das ähnlich: Es gibt Wellenberge und Wellentäler. Zwei Wellen können gegeneinander verschoben sein, sodass Wellentäler auf Wellenberge treffen. Dann löschen sich die Wellen zu nichts aus. Wenn hingegen Wellenberge auf Wellenberge und Wellentäler auf Wellentäler treffen, verstärken sich beide Wellen. Dieses Phänomen nennt sich Interferenz.

Im Alltag begegnen Sie der Interferenz oft in Form einer Wasserpfütze, die in allen Regenbogenfarben leuchtet. Der Grund ist ein dünner Ölfilm auf dem Wasser. Das Tageslicht wird zweimal reflektiert: auf der Oberfläche des Ölfilms sowie auf der darunterliegenden Wasseroberfläche. Die beiden Reflexionen erzeugen zwei Wellen, die sich überlagern. Aus einem bestimmten Winkel betrachtet haben die beiden Wellen einen bestimmten Wegunterschied. Nun gibt es zwei Möglichkeiten: Der Wegunterschied ist so groß wie die Wellenlänge: Dann verstärkt sich die Welle. Oder er ist halb so groß wie die Wellenlänge: Dann löscht sich die Welle aus.

Das Tageslicht besteht aus allen Farben. Und Farben sind nichts anderes als Licht unterschiedlicher Wellenlänge. Wenn Sie die Pfütze anblicken, dann fallen Lichtwellen vom Ölfilm aus leicht unterschiedlichen Winkeln in Ihr Auge. Die Winkel entsprechen unterschiedlichen Wegunterschieden des Lichts. Damit entsprechen sie auch unterschiedlichen Wellenlängen, die verstärkt bzw. ausgelöscht werden.

→

Die Folge: Sie sehen einen Regenbogen.

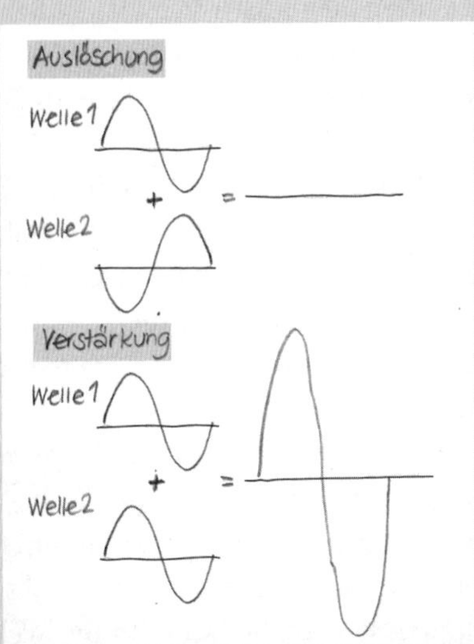

Abb. 3–1 Veranschaulichung der Interferenz. Zwei Wellen, die einander Spiegelbild sind, neutralisieren sich gegenseitig (Auslöschung), während zwei identische Wellen sich zur doppelten Höhe aufschaukeln (Verstärkung).

Das Licht schlüpft in beide gegensätzliche Formen, Welle und Teilchen, wie ein Gestaltwandler. Der Wechselbalg Odo aus der Science-Fiction-Serie »Deep Space Nine« sieht normalerweise aus wie ein Mensch. Er kann sich aber verflüssigen und durch Türritzen schlüpfen. Welche Form er sich gibt, hängt von der Situation ab. Auch die Form, in der Licht erscheint, hängt von der Situation ab, sprich: von dem Experiment, das man durchführt.

Ein wichtiges Experiment sieht so aus: Strahlt man Licht auf einen Schirm mit zwei schmalen parallelen Spalten, dann zeigt es Interferenz. Der Doppelspalt teilt die Welle in zwei Teilwellen, die sich hinter dem Schirm überlagern. In einigen Richtungen verstärken sie sich, in anderen löschen sie sich aus. Auf einem zweiten Schirm hinter dem Doppelspalt ergibt sich daher ein Muster aus parallelen Lichtstreifen und dunklen Streifen dazwischen.

Beleuchtet man hingegen eine Metallplatte, benimmt Licht sich wie ein Teilchenstrom. Wie die Kugeln aus einer Schrotflinte

Trümmer aus einem Ziel herausschlagen, schlägt es Elektronen aus dem Metall. Es gibt noch andere Experimente, wo sich Licht als Teilchenstrom präsentiert: Lichtteilchen lassen sich tatsächlich mit Detektoren zählen, ein weiterer Beweis ihrer Existenz. Physiker können inzwischen einzelne Photonen erzeugen und sie als Informationsträger benutzen.

Physiker nennen die Wandlungsfähigkeit Welle-Teilchen-Dualismus. Dieser zeigt, dass man sich von der naiven Vorstellung, Materie bestehe aus Bausteinen, die wie Legofiguren zu Planeten oder Lebewesen zusammengesteckt sind, verabschieden muss. Er ist ein erstes Beispiel dafür, dass die Begriffe unserer Alltagssprache die Quantenwelt nur unvollkommen beschreiben.

Wie im ersten Kapitel schon angesprochen, sind Photonen nicht die einzigen Wechselbälger der Quantenwelt. Der Welle-Teilchen-Dualismus ist vielmehr ein allgemeines Prinzip. Er gilt für alle Quantenobjekte: Elektronen, Protonen, Neutronen, ganze Atome oder Moleküle. Sie alle schlüpfen je nach Situation in die Wellen- oder in die Teilchenrolle. Physiker sprechen daher auch von Materiewellen.

Beliebig ist dieser Rollentausch indes nicht. Die Teilchen- und die Welleneigenschaften sind gekoppelt. Die Farbe von Photonen hängt mit ihrer Energie zusammen. Ähnlich hängt die Wellenlänge von anderen Quantenobjekten mit ihrer Masse und Geschwindigkeit zusammen. Je größer Masse und Geschwindigkeit, desto kürzer die Wellenlänge der Materiewelle.

Wir verstehen jetzt auch, was nach dem Abschlag beim Quantenminigolf passiert: Der Spieler gibt dem Ball eine bestimmte Geschwindigkeit. Damit einher geht eine bestimmte Materiewellenlänge. Der Ball verwandelt sich in eine Welle, deren Wellenlänge dem Abstand der Streifen entspricht (siehe Abb. 3–2).

A

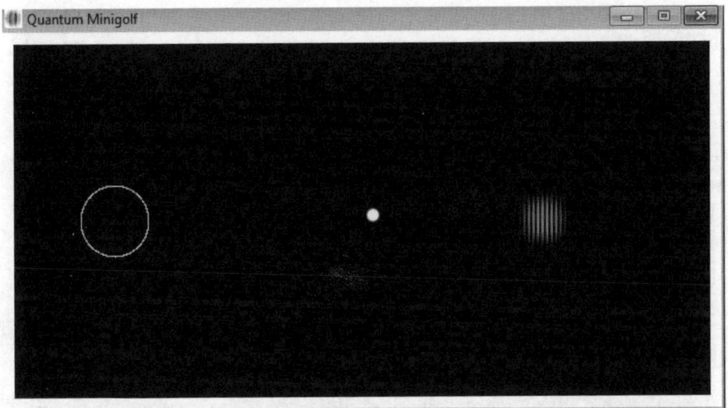

B

Abb. 3–2 Vor dem Schlag (A) ist der Ball (Kugel am rechten Rand) noch ein Ball. Nach dem Schlag erhält er eine bestimmte Geschwindigkeit und verwandelt sich in eine entsprechende Welle (B).

Bis jetzt haben wir nur über den Mikrokosmos gesprochen, also über unsichtbar winzige Partikel. Können auch sichtbare Objekte als Gestaltwandler auftreten? Physiker haben noch keine obere Größengrenze für den Welle-Teilchen-Dualismus gefunden. Sogar Riesenmoleküle aus fast 2000 Atomen verhalten sich wie Wellen, wie Wiener Physiker um Markus Arndt mit einem Interferenzexperiment 2019 zeigten.[9] Die Moleküle haben eine Wellenlänge von 50 Femtometern. Ein Femtometer ist der Millionste Teil eines Milliardstel eines Meters. Der Durchmesser eines Atoms ist etwa 5000 Mal größer als die Wellenlänge des Moleküls und der eines Haares rund eine Milliarde Mal.

Auch Ihr eigener Körper unterliegt dem Welle-Teilchen-Dualismus. Sie könnten im Prinzip also auch mal Welle sein. Doch weil Sie im Vergleich zu einem Elektron wahnsinnig schwer sind, wäre Ihre Wellenlänge verschwindend klein. Ein Femtometer wäre astronomisch dagegen. Das ist einer der Gründe, warum Ihre Wellennatur nicht zutage tritt.

Wir verstehen jetzt einen weiteren Teil des Quantenminigolfs: Das Hindernis teilt die Welle in zwei Teilwellen. Weil diese aus der gleichen Welle hervorgehen, können sie sich überlagern. Genau das tun sie hinter dem Hindernis, wie die waagrechten dunklen Streifen im Wellenmuster zeigen (siehe Abb. 3–3).

Abb. 3–3 Die Materiewelle des Quantenminigolfballs wird vom Hindernis (weißer Kreis) geteilt. Da die beiden Hälften aus der gleichen Materiewelle hervorgehen, können sie interferieren. Das zeigt sich im waagrechten Streifenmuster der Welle. Man beachte, dass die Materiewelle sich auch direkt hinter dem Hindernis zeigt, wenn auch nur schwach (bitte genau hinsehen!).

Materiewellen: Wozu taugen sie?

Materie ist ein Gestaltwandler, der mal die Form von Teilchen, mal die von Wellen annimmt. Das klingt esoterisch, nach Yin und Yang, Erdstrahlen oder so was. Aber Materiewellen sind so real wie Radiowellen und lassen sich technisch nutzen. Nur zwei Beispiele von vielen:

Im Elektronenmikroskop lenken Magnetfelder, auch »Elektronenlinsen« genannt, die Elektronen auf Bahnen, ähnlich wie optische Linsen im herkömmlichen Mikroskop das Licht lenken. Prompt schlüpfen die Elektronen in das Gewand einer Welle und vergrößern Objekte. Die Elektronen werden durch eine Spannung stark beschleunigt, sodass ihre Materiewellenlänge so klein wird wie ein einzelnes Atom. Daher kann das Mikroskop tatsächlich Strukturen zeigen, die kaum größer sind als ein Atom, z.B. Nanopartikel. Es ist damit 1000 Mal präziser als ein Lichtmikroskop.

Zweites Beispiel: Ein Laser kann nicht nur mit Licht, sondern auch mit Atomen verwirklicht werden. Denn Atome bilden Materiewellen. Mit einem Atomlaser lassen sich, wie mit dem Lichtlaser, Hologramme erzeugen. Diese haben wegen der äußerst kleinen Materiewellenlänge eine extrem feine Auflösung. Eine Idee ist es, damit dreidimensionale Schaltpläne in Halbleiter zu schreiben, sodass Chips auf noch viel kleinerer Fläche noch deutlich mehr Rechenleistung erzielen als heute möglich.

Welle und Teilchen unter einen Hut gebracht

Kein Wunder, dass der Welle-Teilchen-Dualismus den Physikern des frühen 20. Jahrhunderts ganz und gar nicht gefiel. Man würde im Supermarkt ja auch kein Fischschweineschnitzel oder eine Gurkenerdbeere kaufen. Daher versuchten sie, die beiden Konzepte unter einen Hut zu bringen. Zwar gelang ihnen das durch die Entwicklung der modernen Quantenphysik in den 1920er-Jahren. Doch damit handelte man sich noch viel unbegreiflichere Konsequenzen ein.

Der österreichische Physiker Erwin Schrödinger stellte 1926 eine Formel auf, die die Ausbreitung von Materiewellen beschreibt. Sie war ein großer Durchbruch, weil mit ihr die Welt der Atome, Elektronen oder Photonen exakt berechenbar wurde. Mit der Schrödinger-Gleichung lässt sich für alle denkbaren Quantenobjekte die so genannte Wellenfunktion ausrechnen. Aus dieser ergeben sich zum Beispiel die aus dem Schulunterricht bekannten Orbitale der Elektronen. Genau: diese Dinger, die an Keulen, Hanteln und Donuts erinnern. Sie beschreiben die Materiewellen von Elektronen, die von einem positiv geladenen Atomkern festgehalten werden. Die Wellen breiten sich dann nicht aus, sondern schwingen auf der Stelle auf und ab. Vergleichbar ist das mit einem Sprungseil, das an zwei Enden festgehalten wird und auf- und abschwingt, ohne sich fortzubewegen.

Auch die Wellenfunktion für ein Elektron, das ein Doppelspalt-Experiment durchfliegt, lässt sich ausrechnen. Interessant wird es, wenn man folgendes Experiment macht: Schwäche die Intensität der Elektronenquelle so weit ab, dass ein Elektron nach dem anderen die Anordnung durchquert. Zu jedem Zeitpunkt befindet sich also nur ein einziges Elektron in dem Versuchsaufbau.

Die Photoplatte hinter dem Doppelspalt detektiert jedes einzelne eintreffende Elektron. Es erscheint ein Punkt nach dem anderen, zufällig auf der Platte verteilt, wie Hagelkörner. Doch nach und nach zeigt sich in der Zufallsverteilung ein Muster: helle und dunkle Streifen, die sich abwechseln (Abb. 3–4). Die einzelnen Elektronen landen also nicht willkürlich auf der Platte. Vielmehr gibt es für jedes Partikel Orte, an dem es wahrscheinlicher auftrifft als an anderen.

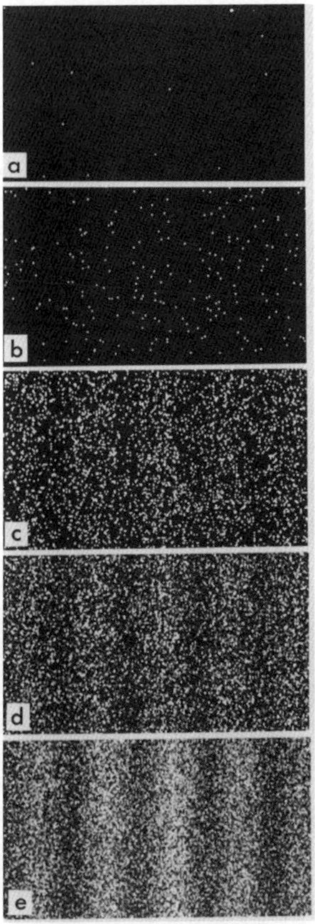

Abb. 3-4 Das Doppelspalt-Experiment mit Elektronen. Auf der Photoplatte zeichnen sich nach und nach einzelne Elektronen ab, die nach und nach ein immer deutlicher hervortretendes Interferenzmuster bilden.
(Quelle: Dr. Tonomura and Belsazar, *Wikipedia.org*)

So kommen also Wellen- und Teilchenbild zusammen. Die einzelnen Elektronen verhalten sich wie Teilchen, aber im Kollektiv zeigen sie ein Verhalten, das für Wellen typisch ist: ein Interferenzmuster.

Ein »Kollektiv«, das sich wie eine Welle benimmt, ist schwer vorstellbar. Ich will eine Erklärung anhand des Kollektivs der Autofahrer in einer Stadt versuchen. Zu welchen Uhrzeiten eines Werktags sind die Durchgangsstraßen am meisten verstopft? Zu den Stoßzeiten natürlich. Dazwischen ist deutlich weniger los, und mitten in der Nacht fast gar nichts mehr. Die Wahrscheinlichkeit, einen bestimmten Autofahrer in den Straßen zu finden, ist also zur Stoßzeit viel höher als mitten in der Nacht.

Hier taucht der Begriff der Wahrscheinlichkeit auf. Dieser beschreibt, wann mit vielen Autos zu rechnen ist und wann mit wenigen. Ähnlich ist es mit den Elektronen, die auf die Photoplatte auftreffen. Es gibt für jedes Elektron eine Wahrscheinlichkeit, wo es sich wann aufhält. Der Clou: Diese Wahrscheinlichkeit breitet sich wie eine Welle aus. Etwas genauer gesagt, ist es Schrödingers mathematisches Konstrukt, eben die Wellenfunktion, das sich wellenförmig bewegt.[10]

Abb. 3–5 Quanten-Waldis Wellenfunktion

Um sich besser vorstellen zu können, was eine Wellenfunktion ist, folgendes Bild: Sie gehen mit Ihrem Hund Waldi im Park Gassi, ausnahmsweise ohne Leine. Schließen Sie die Augen und warten Sie ein paar Sekunden. Sie können nun nicht mehr mit Sicherheit sagen, wo sich Waldi gerade befindet. Mit einiger Wahrscheinlichkeit wird er sich nicht weiter als zehn Meter entfernt haben. Es ist zudem deutlich wahrscheinlicher, dass Waldi gerade an einen Laternenmast pinkelt, als dass er auf einer Parkbank hockt. Waldis »Wellenfunktion« sieht also in etwa wie in Abbildung 3–5 aus.

Dieses Bild hat den Schönheitsfehler, dass Waldis Wellenfunktion sich nicht wie eine Welle ausbreitet. Es geht nur darum zu veranschaulichen, welche Art von Information eine Wellenfunktion enthält. Aus Kapitel 2 kennen wir schon den Begriff der »Amplitude«, der angibt, wie hoch die Wellenberge und wie tief die Wellentäler sind. Auch bei der quantenmechanischen Wellenfunktion wird dieser Begriff genutzt. Grob gesagt bedeutet eine hohe Amplitude der Wellenfunktion eine hohe Wahrscheinlichkeit für ein Messergebnis. Wir werden dem Begriff in den folgenden Kapiteln ein paar Mal begegnen.

Unbestechliche Würfel

Die Quantenphysik rüttelt auch an dem, was wir Schicksal oder Vorherbestimmung nennen, denn in ihr spielt der Zufall eine erstaunliche Rolle. Zufall ist in unserer Welt oft nur scheinbar. In diesem Punkt hinkt der Vergleich von Waldis »Wellenfunktion« mit der quantenphysikalischen Realität. Bei welcher Aktivität Sie Waldi nach dem Öffnen Ihrer Augen erblicken, ob er nun an den Laternenpfahl pinkelt, auf der Bank sitzt oder eine Hündin beschnuppert, erscheint Ihnen zufällig, Sie können es nicht mit Sicherheit vorhersagen.

In Wirklichkeit gibt es aber eine Vorgeschichte und somit eine Ursache für Waldis Verhalten. Sie kriegen die Kette von Ursachen und Wirkungen mit geschlossenen Augen nur nicht mit. Wenn die Hündin nicht des Wegs gekommen wäre, würde Waldi vielleicht an den Laternenmast pinkeln. Wenn an dem Mast nicht die Duftspur eines anderen Hunds wäre, würde er es lassen usw. Nichts in Waldis Verhalten ist wirklich zufällig, also ohne Grund.

In der Quantenwelt ist genau das Gegenteil der Fall. Niemand kann vorhersagen, wo genau das nächste Elektron auf der Photoplatte auftreffen wird. Trifft es 2,3 Zentimeter rechts von der Mitte und 5,1 Zentimeter unterhalb der Oberkante auf, dann gibt es dafür nicht die geringste Ursache.

Denn bis zur Messung war das Teilchen eine Wahrscheinlichkeitswelle. Es gibt keine Bahn, auf der es zu dem besagten Ort gereist wäre. Es materialisiert sich dort im Moment der Messung, genauso gut hätte es fünf Zentimeter daneben auftauchen können. Der Zufall ist objektiv. In unserer Erfahrungswelt hingegen ist er oft subjektiv, das heißt, etwas scheint zufällig, weil man nicht alles über das Ereignis weiß. Dass ein Würfel die Augenzahl 5 zeigt, scheint Zufall zu sein. Wenn man aber alle Faktoren, die Geschwindigkeit, mit der der Würfel geworfen wird, die Oberflächenbeschaffenheit des Tischs, den Wind etc. berücksichtigen würde, könnte man zuvor berechnen, was der Würfel zeigen wird. Echte Würfel lassen sich zinken, der Zufall also steuern. Der Quantenzufall hingegen ist echt und unbestechlich.

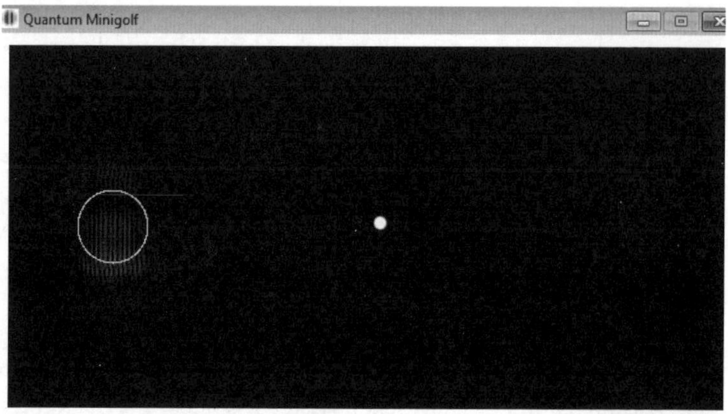

Abb. 3–6 Ein großer Teil der Welle durchquert das Loch (Kreis am linken Bildrand). Wenn man den Ball jetzt durch eine Messung seines Orts materialisieren lässt, hat man gute Chancen einzulochen.

Wir können jetzt den Abschluss des Quantenminigolf-Schlags verstehen, siehe Abbildung 3–6. Die Wahrscheinlichkeitswelle befindet sich über dem Loch. Der Spieler ruft: »Jetzt!« Das bedeutet: »Bitte jetzt eine Ortsmessung machen!« Weil ein Großteil der Welle innerhalb des Lochs ist, materialisiert sich die Kugel wahrscheinlich darin. Es gibt aber auch Anteile der Welle über und unter dem Kreis. Mit Pech könnte der Golfball also auch knapp neben dem Loch auftauchen. Sicher ist nichts in der Quantenphysik.

Quantenzufall: Wofür taugt er?

»Gott würfelt nicht«, hat Albert Einstein die Quantentheorie, die er nicht mochte, kommentiert. Er hatte unrecht. Quantenobjekte sind die einzigen bekannten Systeme, die den buchstäblich »reinen« Zufall liefern. Der Zufallsgenerator im Computer hingegen erzeugt nur scheinbar zufällige Zahlenfolgen. Bei unachtsamem Umgang mit diesen Zahlenfolgen können bestimmte Muster darin auftauchen, die gewiefte Hacker schon genutzt haben, um Online-Spielbanken zu betrügen. Die Schweizer Firma »ID Quantique« stößt mit einem Quantenzufallsgenerator in diese Lücke. Dieser erzeugt echte Zufallszahlen, die kein Hacker der Welt austricksen kann.

Die Wellenfunktion liefert übrigens nicht nur den Ort, sondern auch andere Eigenschaften, die das Quantenobjekt charakterisieren, z.B. seine Geschwindigkeit oder Energie. Wenn man sie nach der Geschwindigkeit fragt, spuckt sie sie aus. Misst man die Energie, dann sagt sie sie einem. Die Wellenfunktion antwortet also auf die Fragen, die man ihr stellt. Allerdings lassen sich auch diese Ergebnisse nicht vorhersagen. Sie sind genauso dem objektiven Zufall unterworfen wie die Ortsmessung. Die Zufälligkeit einzelner Messergebnisse widerspricht nicht der oben behaupteten mathematischen Exaktheit der Quantenphysik. Macht man sehr viele Messungen, etwa der Geschwindigkeit, ergibt sich exakt die Wahrscheinlichkeitsverteilung, die sich aus der Wellenfunktion berechnen lässt. Die Quantenphysik prognostiziert zwar nicht das einzelne Resultat, aber das von sehr vielen Messungen sagt sie exakt voraus.

Eine weitere Konsequenz des Zufallselements in der Quantenphysik: Mehrere Eigenschaften eines Objekts lassen sich nicht unbedingt gleichzeitig exakt messen. Der deutsche Physiker Werner Heisenberg hat diesen Umstand mit seiner berühmten »Unschärferelation« beschrieben.

Die Heisenberg'sche Unschärferelation

Eine Radarfalle kurz hinter dem Ortsschild ist nicht nett. Wäre die Quantenphysik für den Alltag relevant, würden Ordnungsbehörden wohl darauf verzichten. Denn die Heisenberg'sche Unschärferelation verbietet es, Ort und Geschwindigkeit eines Teilchens gleichzeitig präzise zu messen: Entweder man erfährt den Ort genau und büßt dafür an Präzision bei der Geschwindigkeitsmessung ein oder umgekehrt. Wenn das Radargerät also das Tempo genau misst, kann es nicht mehr genau sagen, ob das Auto noch außerhalb oder schon innerhalb des Orts war.

Warum ist das so? Es hat mit der Wellennatur der Materie zu tun. Eine Analogie findet sich in der Musik: Man kann nicht gleichzeitig die Tonhöhe eines Tons und den Zeitpunkt erfassen, zu dem er erklang. Denn die Tonhöhe entspricht der Frequenz. Um sie zu messen, muss man zählen, wie oft der Ton in der Sekunde schwingt. Für den Kammerton A sind es zum Beispiel 440 Schwingungen pro Sekunde. Weil das Messgerät ein paar ganze Schwingungen zählen muss, um diese Zahl hochzurechnen, dauert das ein bisschen.

Werner Heisenberg berechnete Ende der 1920er-Jahre quantitativ, wie stark die Information begrenzt ist, die man über ein Quantenobjekt erfahren kann. Das ist die so genannte Heisenberg'sche Unschärferelation. Es gibt noch andere Paare von Messgrößen, die sich nicht gleichzeitig präzise bestimmen lassen. Eines davon ist Energie und Zeit.

Welle-Teilchen-Dualismus und objektiver Zufall mögen Ihnen abgefahren vorkommen. Die beiden Konzepte sind aber noch eher greifbar als das folgende. Wir nähern uns nun dem dunklen Herz der Quantenphysik. Hier kommt jene Realität ins Spiel, die oft mit Vokabeln wie »mystisch«, »bizarr« oder »geisterhaft« umschrieben wird.

Dazu muss man nur eine harmlos klingende Frage stellen: Durch welchen der beiden Spalte geht eigentlich ein Elektron beim Doppelspalt-Versuch? Versuchen wir uns an einer Antwort. Los geht's. Wenn das Elektron durch Spalt 1 geht, landet es am wahrscheinlichsten irgendwo dahinter. Gleiches gilt für Spalt 2. Nimmt man vernünftigerweise an, dass je 50 Prozent der Elektronen durch Spalt 1 bzw. 2 gehen, dann müssten zwei dicke Streifen jeweils hinter den Spalten entstehen. Das sieht man aber nicht, sondern man sieht viele Streifen – das Interferenzmuster eben.

Schizophrene Teilchen

Ein Elektron geht also nicht *entweder* durch Spalt 1 *oder* durch Spalt 2. Es gelangt aber definitiv hinter den Doppelspalt. Wenn das Entweder-Oder ausgeschlossen ist, bleibt nur eine Alternative, so unglaubwürdig sie auch erscheinen mag: das Sowohl-als-Auch. Das Elektron – es handelt sich immerhin um ein *unteilbares* Elementarteilchen – *muss sich gleichzeitig durch beide Spalten bewegt haben*. Ein Vorgang, der nach der klassischen Physik definitiv unmöglich ist. In der Quantenphysik ist dieses Phänomen hingegen normal.

Physiker nennen es Superposition. Der Begriff bezeichnet eine Parallelexistenz aller Möglichkeiten. Die Superposition ist ein charakteristisches Prinzip der Quantenphysik. Ein Elektron befindet sich gleichzeitig an vielen Orten, ein Atom nimmt alle Energiewerte, die es besitzen kann, gleichzeitig an, der Strom in einer supraleitenden Leiterschleife fließt gleichzeitig links- und rechtsherum. Bei der Messung materialisiert sich einer dieser Werte.

»Die Welt ist alles, was der Fall ist, und auch alles, was der Fall sein kann«, drückt es Anton Zeilinger aus. Nehmen wir an, Waldi sei ein Quantenobjekt, ein Quanten-Waldi also. Solange Sie die Augen zu haben, tut er alles simultan: an den Mast pinkeln, das Eichhörnchen jagen, die Hündin beschnuppern, auf der Parkbank liegen, auf den Gehweg kacken etc. Die Möglichkeiten existieren *tatsächlich* parallel. Erst wenn Sie die Augen öffnen und gucken, wo Waldi ist, also eine »Messung« machen, materialisiert sich der Hund irgendwo.

Es ist nun an der Zeit, einen für Quantencomputer zentralen Begriff einzuführen, das Quantenbit, oder kurz *Qubit*. Es ist die Quantenversion des klassischen Begriffs »Bit«. Das Bit ist die grundlegende Maßeinheit für Information, ähnlich wie »Gramm« oder »Meter« Maßeinheiten für Masse bzw. Länge sind. Doch während ein Meter noch zerteilt werden kann, ist das Bit eine Art Elementarteilchen der Information. Weniger Information als 1 Bit gibt es nicht. Es ist die knappste Antwort, die man auf eine Frage geben kann: »Ja« oder »Nein«, in der Sprache der Computer »0« oder »1«. Computer verarbeiten Information bitweise. Sie rechnen mit Dualzahlen, die aus den Ziffern 0 und 1 zusammengesetzt sind. Technisch umgesetzt werden Bits zum Beispiel in Form von Transistoren, winzige Schalter, die einen Stromfluss an- oder abschalten können, also quasi »Ja« oder »Nein« verkörpern.

Wie das Qubit sich hiervon unterscheidet, können Sie sich sicherlich schon denken. Genau: Es verkörpert »Ja« und »Nein« *gleichzeitig*. Quantenobjekte lassen sich als Speichereinheit verwenden. So kann das eine Energieniveau eines Atoms als 0 und ein zweites als 1 identifiziert werden. Oder ein rechtsherum rotierendes Elektron bedeutet 0, während ein linksherum rotierendes 1 bedeutet. Die Quantenobjekte können nun aber dank der Superposition *beide* Zustände gleichzeitig annehmen. Sie können also 0 und 1 simultan speichern. Solche ambivalenten Speicherzellen nennt man eben Qubits. Die in Quantenobjekten gespeicherte Information bezeichnet man als Quanteninformation.

Zu sagen, das Qubit könne die zwei möglichen Werte eines Bits simultan speichern, greift genau genommen zu kurz. Ein Quantencomputer zieht vielmehr Nutzen aus der Tatsache, dass ein Qubit *unendlich* viele Werte annehmen kann, wie der folgende Kasten zeigt.

Das unendliche Qubit

Stellen wir uns einen Globus vor. Ein Pfeil deutet vom Mittelpunkt zu einem Punkt an der Kugeloberfläche (siehe Abb. 3–7). Ein klassisches Bit kann in diesem Bild nur zwei Zustände einnehmen: der Pfeil zeigt zum Nordpol, das ist die »0«, oder er zeigt zum Südpol, das ist die »1«. Beim Qubit kann der Pfeil überallhin zeigen. Zeigt er auf einen Punkt am Äquator, dann stellt er eine gleichmäßige Mischung aus »0« und »1« dar. Diese Mischung kann zu jedem der unendlich vielen Punkte zeigen, aus denen die Äquatorlinie sich zusammensetzt. Die geographische Länge entspricht dann der »Phase« des Qubits, ein für einen Quantencomputer wichtiger Begriff.

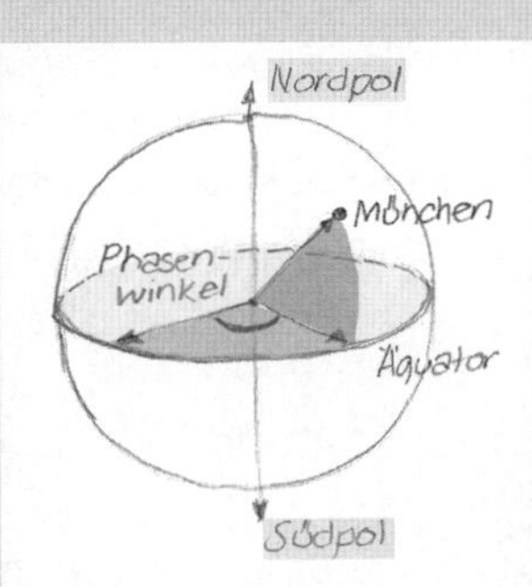

Abb. 3–7 Graphische Darstellung eines Qubits, auch »Blochkugel«* genannt. Ein klassischer Computer kann nur die Werte »0« oder »1« annehmen, was hier dem Nord- bzw. Südpol entspricht. Das Qubit hingegen kann jeden Punkt der Kugeloberfläche als Wert speichern und damit unendlich viele Mischungen aus »0« und »1« darstellen.

* Benannt nach dem schweizerisch-US-amerikanischen Physik-Nobelpreisträger Felix Bloch (1905–1983).

Der Pfeil auf der Blochkugel kann auch nach München zeigen, nach Sydney oder Buenos Aires, was jeweils einer anderen Mischung von »0« und »1« entspricht. Unendlich viele Punkte auf der Oberfläche des Globus – und alle sind dem Qubit zugänglich.

Erwin Schrödinger haben die Geister, die er mit der Superposition rief, gar nicht gefallen. Er hielt die Vorstellung simultan existierender Gegensätze für absurd. Frappierend zeigte er mit seinem Gedankenexperiment »Schrödingers Katze«, was die Superposition in der Welt, die wir mit den Augen sehen können, bedeuten würde.

Die Zombie-Katze:

In einer verschlossenen Kiste sei eine Katze zusammen mit folgender »Höllenmaschine« (Schrödinger) eingesperrt. Ein radioaktiver Atomkern, der binnen der nächsten Stunde vielleicht zerfällt, vielleicht aber auch nicht. Falls er zerfällt, spricht ein Geigerzähler an, dessen Signal wiederum einen Hammer auslöst, der eine mit Blausäure gefüllte Flasche zertrümmert. Das Gift wird freigesetzt und die Katze stirbt.

Der Auslöser für den Katzentod ist der Zerfall des Atomkerns, der von der Quantenphysik gesteuert wird. Wir wissen: Erst durch eine Messung entscheidet sich, ob der Atomkern zerfällt oder nicht. Davor ist das System in einer Superposition, in der der Kern sowohl zerfallen als auch intakt geblieben ist. Die Messung besteht in diesem Fall darin, die Kiste zu öffnen und zu gucken, ob die Katze tot ist oder lebendig. Solange wir das nicht tun, existieren also beide Möglichkeiten parallel:

A: Die Katze lebt.

UND

B: Die Katze ist tot.

In einem Satz: Die Katze lebt *und* sie ist tot.

Noch ein paar sich ausschließende Eigenschaftspaare aus dem Alltag, die illustrieren, zu welchen Hirnverrenkungen uns die Quantenphysik nötigt: ein Karussell, das sich links- und rechtsherum dreht, ein Auto, das über 50 und unter 50 fährt, ein Esser, der satt und hungrig ist.

Hat Schrödinger Sie überzeugt, dass die Superposition ein Hirngespinst sei? Zugegeben: Die Parallelexistenz von Möglichkeiten ist eine *Interpretation* der Wellenfunktion. Die Wellenfunktion könnte lediglich ein mathematisches Konstrukt sein, mit dem man zwar die Wahrscheinlichkeit für ein Messergebnis ausrechnen kann, das aber selbst nicht *wirklich* ist. Über Interpretationen der Wellenfunktion diskutieren Physiker bis heute. Wir vertiefen das nicht, da wir uns in erster Linie für die praktische Anwendung Quantentheorie interessieren. In diesem Sinne sind Phänomene wie die Superposition »wirklich«, denn sie lassen sich technisch nutzen, wie wir noch sehen werden.

In dem Punkt zumindest, dass sichtbare Objekte keine Superposition zeigen, hat sich Schrödinger geirrt. Forscher der University of California in Santa Barbara haben ein zwar winziges, aber sichtbares Objekt in Superposition versetzt. Sie brachten eine winzige Stimmgabel (4 Hundertstel Millimeter klein) in einen Zustand, in dem sie schwang und gleichzeitig nicht schwang,[11] sodass ihr schwingender Arm an zwei Orten gleichzeitig war. Die zwei Orte konnte man allerdings nicht sehen (das wäre eine Messung). Den Befund haben die Forscher indirekt über Quanteninterferenz nachgewiesen. Physiker versuchen nun, noch größere Objekte in einen quantenphysikalischen Überlagerungszustand zu bringen.

Kommen wir nun zu einer faszinierenden Folge der Superposition. Frei nach Einsteins Zitat »Gott würfelt nicht« wollen wir uns einen entscheidenden Unterschied zwischen »Gottes Würfel«, also einer Quantenphysik-Version eines Würfels, und einem klassischen Spielwürfel ansehen. Beim klassischen Pendant kommt jede Augenzahl mit der *gleichen Wahrscheinlichkeit* vor – nämlich zu einem Sechstel. Nach 6000 Würfen waren rund 1000 Sechsen, 1000 Fünfen, 1000 Vieren usw. dabei. Die Chancen, eine Eins oder eine Sechs zu würfeln, sind unabhängig voneinander, sie beeinflussen sich nicht. Gottes Würfel hingegen ist nicht so einfach gestrickt. Vor dem Wurf existieren alle sechs Augenzahlen in einer Superposition. Die Möglichkeiten können sich gegenseitig beeinflussen. Wenn Wellentäler und -berge aufeinandertreffen, können sie sich sogar auslöschen. So kann es sein, je nachdem, wie man Gottes Würfel gestaltet, dass bei 6000 Würfen *nie* eine Eins, Drei oder Fünf kommt. Dafür aber je 2000 Mal die Zwei, Vier und die Sechs.

Übrigens bedeuten die dunklen Streifen in Abbildung 3–4 genau das: Die Wahrscheinlichkeiten für das Elektron, das durch

Spalt 1 kommt, an den dunklen Orten aufzutreffen, und für das gleiche Elektron, das durch Spalt 2 kommt, dort zu landen, löschen sich exakt aus.

Superposition: Wofür taugt sie?

Ob Möglichkeiten nun wirklich und buchstäblich gleichzeitig existieren, ist eine philosophische Frage. Doch das ändert nichts daran, dass die Superposition sich technisch nutzen lässt. Insbesondere für den *Quantencomputer*. Sie ist somit real!

Weil Qubits mehrere Werte speichern können, helfen sie dem Quantencomputer, sozusagen in mehreren Welten gleichzeitig zu rechnen. Darauf basiert seine Fähigkeit, viele Lösungsmöglichkeiten simultan zu testen. Die falschen Lösungen können sich gegenseitig auslöschen, sodass die richtige übrig bleibt.

Durch diese Fähigkeit bedroht der Quantencomputer allerdings die Datensicherheit (siehe Kap. 1). Dank der Superposition bietet die Quantenphysik aber einen Ausweg.

Sie garantiert nämlich die Abhörsicherheit von *Kommunikation*. Genauer gesagt, ermöglicht sie ein abhörsicheres Protokoll, mit dem Sender und Empfänger einen geheimen Schlüssel austauschen können. Diesen können sie dann verwenden, um sich verschlüsselte Botschaften zu senden. Wie, das werden wir in Kapitel 4 sehen.

Die Superposition macht den *Quantencomputer* in puncto Speicher- und Verarbeitungskapazität dem klassischen Computer überlegen. Ein Qubit kann »0« und »1« gleichzeitig speichern. Zwei Qubits können schon vier Werte speichern, drei Qubits speichern acht Werte usw. Mit jedem zusätzlichen Qubit verdoppelt sich die Anzahl der speicherbaren Werte. Mit 300 Qubits schließlich lassen sich mehr Werte speichern, als das Universum Teilchen enthält!

Die Superposition ist ein äußerst fragiles Gebilde. Sie zerfällt buchstäblich schon, wenn man sie bloß anschaut. Sogar wenn das Elektron gar nicht durch Verschließen eines der Spalte dazu gezwungen wird, nur durch den anderen zu gehen, kann die Interferenz der beiden Wege zerstört werden.

Dabei spielt *Information* eine zentrale Rolle, wie das folgende Gedankenexperiment demonstriert. Wir stellen uns wieder den Doppelspalt vor, bei dem ein Elektron gleichzeitig durch beide Spalte fliegt und mit sich selbst interferiert. Was passiert, wenn wir an einem der Spalte einen Detektor anbringen, um festzustellen, ob das Elektron den Weg durch diesen Spalt nimmt? Vor der *Messung* existiert eine Superposition aus »Elektron geht durch Spalt 1« und »Elektron geht durch Spalt 2«. Wenn der Detektor, sagen wir, an Spalt 1 angebracht ist und klickt, wissen wir, dass das Elektron durch Spalt 1 gegangen ist. Das ist eine Messung des Wegs, die Superposition aus beiden Wegen wird dadurch zerstört. Dieses Elektron wird nicht zum Interferenzmuster beitragen.

Alle anderen aber auch nicht! Denn ob der Detektor klickt oder nicht: Seine alleinige Präsenz sagt uns, durch welchen Spalt das Elektron gegangen ist. Klickt er nicht, ist das Elektron eben durch Spalt 2 gegangen. Die Superposition wird durch die Welcher-Weg-Information zerstört. Dafür muss das Elektron noch nicht einmal in die Nähe des Detektors kommen!

Dieses Phänomen ist für die Erbauer von Quantencomputern ein Problem, das sie Dekohärenz nennen. Denn sie benutzen die Superposition zum parallelen Rechnen. Das Gedankenexperiment zeigt, dass jede aus dem System fließende Information die Superposition zerstört. Dies kann unbeabsichtigt geschehen. Bei Schrödingers Katze könnte Atemgas des Tiers aus der Kiste dringen. Ein Beobachter mit einem Atemgasmessgerät würde damit ein *Lebenszeichen* der Katze empfangen, die Superposition aus tot und lebendig wäre verloren. Die Kiste müsste also absolut gasdicht sein, was natürlich schwer vereinbar mit dem Katzenwohl ist.

Für den Quantencomputer gilt Ähnliches: Jedes Informationsleck kann eine seiner wichtigsten Ressourcen, die Superposition, zerstören. Das kann Wärmestrahlung sein, die Rückschlüsse auf den Zustand des Computers gibt, weswegen die Laborprototypen meist bei sehr tiefen Temperaturen arbeiten. Auch Luftmoleküle, die mit den Teilchen des Computers zusammenstoßen, können Information über letztere liefern, weshalb die Experimente meist unter Vakuum stattfinden müssen. Eine wichtige Kenngröße für den Quantencomputer ist deshalb die Kohärenzzeit, also die Zeit, die er zum Rechnen hat, bevor die Dekohärenz die Superposition zerstört. Wir werden darauf in Kapitel 6 noch zurückkommen.

Die Dekohärenz ist übrigens der zweite Grund, warum die Wellennatur Ihres Körper oder eines Autos nicht zutage tritt. Die unfassbar vielen Atome eines so riesigen Objekts wechselwirken ständig mit ihrer Umwelt, wodurch Ihr Körper mehr Informationslecks hat als eine Jahresproduktion von Schweizer Käse Löcher. Man kann Sie beispielsweise auf der Straße gehen sehen, Sie reden hören usw. Eine Superposition kann sich so nicht aufrechterhalten.

»Fotografieren mit verlorenem Licht«

Die Dekohärenz kann allerdings auch nützlich für die Quantentechnologie sein. Licht, das nie von einem Fotosensor registriert wird, kann dennoch zum Fotografieren genutzt werden, wie Wiener Physiker um Anton Zeilinger 2014 zeigten. »Fotografieren mit verlorenem Licht«, nannte das spektrum.de. Das Ganze ist ein Beispiel für ein Konzept namens »wechselwirkungsfreie Messung«. Das eben zeigt, dass Dekohärenz nicht immer störend sein muss.

Auch beim Doppelspaltversuch muss das Elektron nicht in die Nähe des Detektors kommen, um an die Welcher-Weg-Information zu gelangen. Indem man beobachtet, ob eine Interferenz entsteht oder nicht, lässt sich entscheiden, ob einer der Wege durch ein störendes Objekt verstellt wird oder nicht. Man hat also die Möglichkeit, die Präsenz von etwas zu detektieren, ohne damit in Wechselwirkung zu treten. Das könnte zum Beispiel eine Bombe sein, die schon losgeht, wenn sie nur von einem einzigen Photon getroffen wird, wie es ein unter Physikern beliebtes Gedankenspiel vorschlägt.

→

Das Fotografieren mit verlorenem Licht funktioniert ähnlich. Es arbeitet mit zwei Lichtstrahlen, von denen einer das Objekt abtastet und der zweite, der am Objekt vorbeiläuft, vom Detektor registriert wird. Wichtig dabei: Die beiden Strahlen haben unterschiedliche Wellenlängen.

Somit wird es z.B. möglich, Fotos mit Wellenlängen zu machen, für die es keine guten Detektoren gibt, meint Zeilinger. Er hält es auch für möglich, einmal Röntgenaufnahmen zu machen, ohne den Patienten Röntgenstrahlen auszusetzen.

»Spukhafte Fernwirkung«

Welle-Teilchen-Dualismus und Superposition sind zwar schon recht bizarr, aber ein Kindergeburtstag verglichen mit der so genannten Verschränkung. Erwin Schrödinger meinte, sie sei *die* charakteristische Eigenschaft der Quantenphysik. Mit der Verschränkung verlasse die Quantenwelt komplett das Denken der klassischen Physik, schrieb er.

Was ist Verschränkung? Dazu betrachten wir zwei Teilchen, die aus einem Prozess hervorgehen, zum Beispiel dem Zerfall eines dritten Teilchens. Teilchen haben oft einen so genannten »Spin«, so der englische Ausdruck für »Drehung« oder »Drall«. Gemeint ist eine Art Kreiselbewegung von Partikeln, die linksherum, »spin-down« genannt, bzw. rechtsherum, »spin-up« genannt, erfolgen kann.

Was passiert, wenn ein Teilchen *ohne* Spin in zwei Teilchen zerfällt, die jeweils einen Spin haben? Der Spin ist eine Erhaltungsgröße, das heißt, vor dem Zerfall und danach muss er gleich groß sein. Deshalb *müssen* die beiden Zerfallsprodukte sich entgegengesetzt herumdrehen, damit sich die beiden Spins neutralisieren.

Auch wenn die Teilchen sich mit 1000 Stundenkilometern voneinander entfernen, bleibt diese gemeinsame Eigenschaft erhalten: Sie müssen sich entgegengesetzt herumdrehen. Was den Spin angeht, bilden die beiden Partikel *ein* zusammenhängendes Quantenobjekt.

In einem Quantenobjekt existieren, wie wir wissen, alle Möglichkeiten parallel, solange niemand eine Messung macht. Solange also niemand den Spin eines der Teilchen misst, gibt es beide Möglichkeiten:

Teilchen 1 dreht sich *links* herum, Teilchen 2 *rechts* herum

UND

Teilchen 1 dreht sich *rechts* herum, Teilchen 2 *links* herum

Teilchen 1 ist inzwischen bis nach Hamburg gereist, wo Bob ein Messlabor betreibt, und Teilchen 2 nach München, wo die Laborantin Alice heißt. In Hamburg misst nun Bob den Spin und findet eine *Links*drehung. Jetzt kommt der Witz: *Im gleichen Moment* steht fest, dass Alice in München rechtsherum messen wird!

Bildlich kann man sich das als ein Paar von Synchronschwimmern vorstellen, von denen Schwimmer 1 in einem Hamburger Becken und Schwimmer 2 in einem Münchner Becken schwimmt. Angenommen, sie hätten keine Choreographie festgelegt: Wären sie verschränkt, könnten sie trotzdem synchron schwimmen.

Entschlösse sich 1, den rechten Arm zu heben, verspürte 2 in 600 Kilometer Entfernung im gleichen Moment den Zwang, den linken zu heben. Wie durch Telepathie hätte er einen direkten Draht nach Hamburg.

Laut der Relativitätstheorie von Einstein kann keine Information schneller reisen als das Licht. Für die 600 Kilometer Luftlinie von Hamburg nach München braucht es etwa zwei Tausendstel Sekunden. Folgendes ist durch Experimente bewiesen: Auch wenn Alice ihre Messung nur *eine* Tausendstel Sekunde nach Bobs Messung macht, wird sie sicher *rechts*herum messen. Allgemein gesagt wird sie immer das Gegenteil von Bob messen, auch wenn ihre Messung stattfindet, *bevor* Information mit Lichtgeschwindigkeit in München eintreffen kann.

Das Geschilderte ist ein Beispiel für Verschränkung. Allgemein ist Folgendes damit gemeint: Werden Teilchen nach einem Kontakt voneinander getrennt, verhalten sie sich, als wären sie noch immer verbunden. Wird das erste Partikel beeinflusst, reagiert das andere simultan. Keine noch so riesige Entfernung kann die Teilchen scheiden: Sie bilden ein unteilbares Ganzes. Der Begriff Verschränkung deutet an, dass Teilchen, die miteinander eine Wellenfunktion teilen, so innig miteinander verbunden bleiben, dass räumliche Trennung keine Rolle spielt. Anders gesagt: Man kann sie nicht trennen, indem man Kilometer um Kilometer zwischen sie bringt.

Albert Einstein wollte wegen dieser »spukhaften Fernwirkung« nicht an die Quantenphysik glauben. Intuitiv muss man ihm recht geben. Denn zwei Objekte können sich entweder direkt beeinflussen, wie zwei Billardkugeln, die aneinander stoßen. Oder sie wirken über Distanz aufeinander ein. Dazu braucht es aber ein Medium. So wird die Schwerkraft über Gravitonen genannte Teilchen übermittelt, elektrische oder magnetische Kräfte durch Photonen. Diese Botenteilchen können aber die Lichtgeschwindigkeit nicht übertreten.

Sieg des kosmischen Tempolimits

Die Quantenphysik scheint dieses kosmische Tempolimit zu brechen: Selbst wenn Teilchen 1 auf der Erde und Teilchen 2 in der Andromeda-Galaxie wären, würden sich die Partikel wie durch Telepathie im selben Augenblick miteinander über das Messergebnis austauschen. Das klingt unglaublich. Experimente haben es in kleinerem Maßstab aber belegt. Die »spukhafte Fernwirkung« wurde über 144 Kilometer bestätigt. Dabei wurden die Messungen an zwei entfernten Partikeln innerhalb einer Zeit ausgeführt, die für einen Informationsaustausch mit Lichtgeschwindigkeit zu kurz gewesen wäre. Chinesische Forscher verschränkten 2017 sogar Photonen über 1200 Kilometer hinweg, zwischen dem Erdboden und einem Satelliten.[12]

Einstein meinte, die späteren Messergebnisse von Bob und Alice würden schon beim Entstehen der beiden Teilchen vorherbestimmt. Wieder ein Vergleich mit Synchronschwimmern: Sie machen gleichzeitig die gleichen Bewegungen, weil sie vor der Show trainiert haben, das Bewegungsprogramm also in ihren Köpfen gespeichert ist. Daher würden sie sich auch synchron bewegen, wenn der eine in München und der andere in Hamburg schwimmen und der Startschuss exakt um 12 Uhr fallen würde. Physiker nennen diese im »Gedächtnis« der beiden Teilchen versteckte Information »verborgene Parameter«. Dank ihnen, so Einstein, wäre die »spukhafte Fernwirkung« zwischen den Partikeln überflüssig.

Physiker haben Modelle aufgestellt, die die Quantenphysik um diese verborgenen Parameter ergänzen. Jahrzehnte nach Einsteins Tod konnten diese Modelle experimentell geprüft werden. Sie gaben dem Genie aber bislang nicht recht. Alles spricht dafür, dass die »spukhafte Fernwirkung« tatsächlich existiert.

Dass Einstein unrecht hatte, bedeutet aber nicht das Aus für seine Relativitätstheorie. Denn alles, was *keine* Information übermittelt, darf sich laut Einstein durchaus schneller als Licht bewegen. Und die »Telepathie« der Teilchen erlaubt keinen Transfer von Information zwischen Alice und Bob! Bob hat keine Möglichkeit, seine Messergebnisse irgendwie zu steuern. Wenn er oft misst, bekommt er eine rein zufällige Abfolge von »links-« bzw. »rechtsherum«. Da Alice immer das Gegenteil misst, bekommt auch sie eine rein zufällige Abfolge. Und der nackte Zufall enthält keinerlei Botschaft, er gleicht dem Rauschen im Radio, wenn kein Sender eingestellt ist.

Gebeamte Teilchen

Die Verschränkung ermöglicht ein weiteres schier unglaubliches Phänomen. In der Science-Fiction-Serie »Raumschiff Enterprise« lassen sich Captain Kirk und Co. des Öfteren auf die Oberfläche eines fremden Planeten »beamen«. Was der Bordingenieur Scotty durch Schieben einiger Regler da mit seinen Kollegen macht, eine Teleportation nämlich, halten Physiker für unmöglich. Ein Objekt kann Entfernung nicht ohne Zeitverlust überwinden. Zumindest gilt das für ein klassisches Objekt, einen Menschen oder ein Auto beispielsweise.

»Entfernung ohne Zeitverlust überwinden« deutet es schon an: Mithilfe der Verschränkung lassen sich Quantenobjekte durchaus teleportieren. Anton Zeilingers Team hat dies 1997 erstmals bewiesen, indem es ein Qubit einen Meter weit teleportierte, was dem schrulligen Physiker den Spitznamen »Mr. Beam« einbrachte. Die überwundenen Entfernungen steigerten sich im Lauf der Zeit. Ein Team von der University of Science and Technology of China in Shanghai beamte ein Qubit 2012 knapp 100 Kilometer weit. Das ist schon eine Entfernung, in der ein Raumschiff um einen Planeten kreisen könnte.

Wie funktioniert die Quantenteleportation? Alice und Bob sitzen in München bzw. Hamburg und teilen sich ein Paar verschränkter Qubits, nennen wir die Qubits A und B. Alice besitzt ein drittes Qubit C. Das Ziel ist es, den Quantenzustand von C, also die gesamte in C gespeicherte Information, auf B zu übertragen. Das wäre dann ein Materietransfer, ohne dass wirklich Materie transportiert wurde. Denn B wäre eine exakte Kopie von C. Und Qubits sind *immer* irgendwelche Materieteilchen, also Atome, Elektronen oder Photonen. Zwar ist im Grunde nur Information von C zu B geflossen. C würde aber seinen Quantenzustand verlieren, während B ihn aufnimmt. Unterm Strich ist der Vorgang durch nichts von einem wirklichen Transfer der Materie zu unterscheiden. Er heißt also zu Recht Teleportation.

Wofür braucht man Teleportation?

Abhörsichere Kommunikation mittels Quantenphysik werden wir in Kapitel 4 kennenlernen. Über Kontinente hinweg kann dieses Verfahren jedoch nur funktionieren, wenn das Signal alle 50 oder 100 Kilometer aufgefrischt wird. Das soll durch so genannte Quantenrepeater geschehen, die es durch Teleportation weiterreichen.

Auch der Informationstransfer innerhalb eines Quantencomputers, etwa wenn Daten vom Speicher in den Prozessor transferiert werden, könnte mittels Teleportation geschehen.

Wie führt man die Teleportation nun aus? Dass Alice eine Messung an C macht und Bob das Ergebnis mitteilt, woraufhin er B in den entsprechenden Zustand bringt, ist keine Option. Denn das Qubit liegt in einer Superposition vor. Sein Quantenzustand ist die Information darüber, mit welcher Wahrscheinlichkeit die zwei Möglichkeiten »0« und »1« jeweils bei einer Messung herauskommen werden. Die Wahrscheinlichkeiten selbst bleiben aber im Verborgenen, denn durch eine einzelne Messung erhält man konkret z.B. »1«, aber nicht die Information, wie wahrscheinlich dieses Ergebnis war, eben wie man auch nicht durch einen einzigen Wurf feststellen kann, ob ein Würfel gezinkt ist.

Aber mit etwas Trickserei geht es doch. Alice verschränkt C mit dem schon verschränkten Paar A, B. Es entsteht eine Art verschränkter Dreier. Dadurch fließt schon Information über den Quantenzustand von C zu B. Allerdings ist diese noch nicht eindeutig. Bob muss den Zustand von B ändern, um die exakte Kopie zu erhalten. Wie, das kann nur Alice ihm mitteilen, indem sie Messungen an A und C macht. Per Telefon informiert sie Bob über die Ergebnisse. Abhängig davon veranlasst Bob bestimmte Operationen, die B in den Zustand von C bringen.

Beruhigend daran ist, dass Alice und Bob telefonieren müssen, ein Prozess, der nicht schneller als Licht vor sich geht (gleiches gilt für E-Mail und jeden anderen Kanal, mit dem Alice ihre Messergebnisse an Bob senden könnte). Also kann die Teleportation nicht schneller als mit Licht erfolgen. Ein zweiter Punkt ist wichtig: Weil Alice an C misst, zerstört sie dessen Superposition. Die Quantenteleportation ähnelt also nicht dem Faxen, bei dem das Original erhalten bleibt. Das zeigt, dass Qubits nicht kopiert werden können – was wichtig für Quantencomputer und andere Anwendungen ist.

Verschränkung: Wozu ist sie gut?

Verschränkung könnte *Fotografie im fast Dunkeln* ermöglichen. Digitalkameras werden zwar immer besser, aber eines bleibt: Je dunkler es wird, desto mehr »Rauschen« ist im Bild, das heißt, die Bildpixel schwanken in der Farbe und Helligkeit. Der Grund ist, dass die Lichtintensität immer ein wenig schwankt. Bei hellem Licht fallen diese Fluktuationen aber nicht ins Gewicht. Bei schwachem Licht hingegen sind sie ähnlich groß wie die Lichtintensität selbst, daher überdecken sie das eigentliche Motiv. Ohne Rauschen könnte man mit fast beliebig wenig Licht fotografieren.Mit verschränkten Lichtstrahlen ist das prinzipiell möglich, zeigten US-Forscher. Die Fluktuationen der beiden Strahlen sind genau entgegengesetzt: Nimmt der eine Strahl durch Rauschen an Intensität zu, schwächt sich der andere um den gleichen Betrag ab. Verwendet man beide Strahlen, um das gleiche Bild zu machen, dann neutralisieren sich die Schwankungen. Das Rauschen ist eliminiert. Bahn frei für nächtliche Fotografien! Allerdings brauchten die Forscher noch einen aufwendigen Versuchsaufbau dafür. Die Quanten-Kamera wird also noch auf sich warten lassen.

Die Verschränkung von Photonen lässt sich auf ähnliche Weise auch für hochempfindliche Sensoren nutzen. Auch hier überwindet sie Grenzen der Präzision, die die klassische Physik setzt. Mit einem so genannten »Quantenradar« könnte es zum Beispiel möglich sein, Tarnkappenflugzeuge aufzuspüren.

Durch Verschränkung erhöhte Präzision kann auch ohnehin schon hoch genaue Atomuhren noch genauer machen. Weil Satellitennavigationssysteme mithilfe von Atomuhren arbeiten, könnte so z.B. ein millimetergenaues Navigationssystem aufgebaut werden, das genau genug wäre, um Autos oder Lkws den Fahrer zu ersparen.

Die Atomuhren in mehreren Satelliten könnten miteinander verschränkt werden, sodass sie praktisch von selbst synchron laufen. Auch das würde die Präzision von GPS erhöhen. Die derzeit kompli-

→

zierte Koordination von Atomuhren in verschiedenen Zeitzonen könnte auf diese Weise ebenfalls vereinfacht werden.

Die Verschränkung ist der *Turbolader für den Quantencomputer*. Sie verbindet die Qubits auf eine Weise miteinander, dass sie knifflige Aufgaben lösen können, wie wir in Kapitel 5 sehen werden.

Zum Abschluss dieses Kapitels stelle ich Ihnen einen weiteren typischen Quanteneffekt vor, für den es in der klassischen Physik keine Erklärung gibt und der in der Quantentechnik eine wesentliche Rolle spielt: den Tunneleffekt.

Angenommen, jemand fährt mit dem Auto durch eine Hügellandschaft. Er hat nicht auf den Tankfüllstand geachtet, und während er ein Gefälle hinunterfährt, geht der Sprit aus. Die nächste Tankstelle befindet sich erst hinter dem nächsten Hügel. Er hofft, dass er durch das Bergabrollen genug Tempo gewinnt, um den nächsten Hügel noch überwinden zu können. Doch Pustekuchen. Zwar rollt das Auto noch ein Stück den nächsten Hügel hinauf. Auf der Hälfte der Strecke »verhungert« es aber.

Sie ahnen es vielleicht schon. Würde das Auto den Gesetzen der Quantenphysik gehorchen, könnte es mit einer gewissen Wahrscheinlichkeit die Tankstelle erreichen, obwohl seine Energie nicht reicht, den Hügel zu überwinden – nach der klassischen Physik einfach unmöglich.

Aber ein Teilchen kann eine Barriere durchdringen, obwohl seine Energie dafür nicht ausreicht. Denn seine Wellenfunktion dringt in die Barriere ein. Zwar klingt sie mit zunehmender Eindringtiefe immer weiter ab. Doch wenn die Barriere nicht allzu dick ist, kommt noch ein nennenswerter Teil der Wellenfunktion am anderen Ende an. Das heißt, es gibt eine gewisse Chance, das Teilchen auf der anderen Seite der Barriere anzutreffen. Die Barriere darf allerdings nicht besonders dick sein, einen Nanometer etwa, also rund 50.000 Mal dünner als ein menschliches Haar.

Tunneleffekt: Wofür ist er gut?

Eine Anwendung des Tunneleffekts ist das so genannte *Rastertunnelmikroskop (RTM)*. Dabei fließen Elektronen zwischen einer sehr feinen Spitze und einer Oberfläche, obwohl keine leitende Verbindung besteht. Der Tunneleffekt ist schuld daran. Eine Regelung hält den Tunnelstrom konstant, sodass die Nadel immer gleich weit von der Oberfläche entfernt bleibt. So macht sie die Rauigkeiten der Oberfläche mit. Der Witz dabei: Selbst wenn die Rauigkeit durch ein einziges Atom verursacht wird, kann man sie sehen. Das RTM wird in der Nanotechnologie eingesetzt, etwa um die Qualität von sehr fein strukturierten Oberflächen zu prüfen.

Auch die *Leseköpfe von Festplattenlaufwerken* nutzen den Tunneleffekt. Sie detektieren kleine magnetische Signale von der unter ihnen rotierenden Festplatte. Im Lesekopf befinden sich zwei magnetische Schichten, die durch eine sehr dünne isolierende Schicht getrennt sind. Durch die dünne Schicht können Elektronen tunneln, sodass ein Strom fließt. Wirkt ein äußeres Magnetfeld auf dieses Sandwich ein, verändert sich die Intensität des Tunneleffekts und damit der fließende Strom. Das magnetische Signal von der Festplatte wurde also in ein elektrisches Signal umgewandelt, mit dem der Computer arbeiten kann.

Mit Materiewellen, Superposition, Verschränkung und Tunneleffekt kennen Sie nun die Begriffe, mit denen sich Quantencomputer und Co. gut verstehen lassen. So können wir uns auf die Reise ins Quanten-Wunderland begeben. Im nächsten Kapitel werden wir sehen, wie diese Quanteneffekte bereits heute technisch genutzt werden.

4 Geisterpartikel im Flashspeicher und erste Babysteps zum Quantencomputer

Wie werden die unbegreiflichen Phänomene der Quantenphysik heute schon technisch genutzt?

»Die virtuelle Revolution übersteigt unsere mentale Reichweite.«

Franz Schmidberger, deutscher Publizist

1963: So etwas wie die Kuba-Krise sollte nie wieder passieren. Holprige Kommunikation zwischen Moskau und Washington hatte die Welt an den Rand eines Atomkriegs gebracht. Mit sage und schreibe zwölf Stunden Verspätung hatte US-Präsident John F. Kennedy eine Nachricht des sowjetischen Regierungschefs Nikita Chruschtschow erhalten, was eine zwischenzeitliche Verschärfung des Tons bei den Sowjets verursachte. Gottlob ignorierte Kennedy die zweite, aggressivere Nachricht und antwortete auf die erste.

In Zukunft sollten Nachrichten schneller fließen, war man sich nach der Kuba-Krise einig. Die Supermächte richteten einen heißen Draht zwischen ihren Hauptstädten ein. Natürlich sollte entlang der Tausende Kilometer langen Verbindung, die zum Teil über Telefonkabel lief, niemand mitlesen können. Ein absolut unknackbarer Code musste her.

Zum Glück für die gesprächswilligen Kalten Krieger gab es so etwas tatsächlich: den so genannten One-Time-Pad, zu deutsch auch Einmalschlüssel-Verfahren. Bei Spionen war er damals schon sehr beliebt, da er mit einem Block Papier und ohne verdächtige Chiffriermaschinen umsetzbar ist.

Allerdings hat er einen Haken. Sender und Empfänger teilen einen Schlüssel, den nur sie alleine kennen. Der Schlüssel darf jeweils nur für eine einzige Nachricht benutzt werden, für die nächste muss man einen neuen verwenden. Da der Schlüssel zudem genau so lang sein muss wie die Nachricht selbst, kann schnell viel Aufwand entstehen, allein um die Schlüssel zu verteilen. Für den »heißen Draht« war das verkraftbar, denn er schwieg die meiste Zeit. Doch wenn heute Mega- und Gigabytes im Sekundentakt durch die Glasfaserkabel rauschen, ist der One-Time-Pad schwer praktikabel.

Gesucht: Ein Schlüssel, den auch die NSA nicht knackt

Was schade ist, denn spätestens seit Edward Snowdens Enthüllungen steigt das Bedürfnis nach Abhörsicherheit. Von der Hausfrau in Köln-Müngersdorf bis in die Chefetagen von Siemens oder Deutscher Bank: Niemand kann nach Snowden noch bedenkenlos unverschlüsselte E-Mails schreiben oder Daten bei Internet-Serviceprovidern ablegen. Der US-Geheimdienst NSA knackt mithilfe von Supercomputern im Internet genutzte Codes, sammelt verschlüsselte Daten, um sie in Zukunft mit noch stärkeren Computern zu brechen, arbeitet mit Internet-Serviceprovidern zusammen, um Hintertürchen in deren kommerzielle Verschlüsselungsprodukte einzubauen und schleust Schwächen in Verschlüsselungstechniken ein, um sie später auszunutzen. »Gewaltige Mengen von Internetdaten sind nun verwertbar«, heißt es in einem britischen Geheimdienstmemo von 2010.[13]

Wäre da nicht eine Art internettauglicher One-Time-Pad wünschenswert? Ein zu 100 Prozent sicherer Schlüssel, der sich im Gigabytetakt der modernen Informationswelt erzeugen und über das Internet austauschen lässt? Die Quantenphysik liefert tatsächlich die Möglichkeit dafür. Das Zauberwort heißt: Quantenschlüsselaustausch (engl. quantum key distribution, kurz QKD).

Es gibt seit 2004 sogar schon kommerzielle QKD-Systeme, mit denen sich Schlüssel austauschen und anschließend zum Chiffrieren verwenden lassen. Weltweit verkaufen vier darauf spezialisierte Anbieter (Stand 2020) ihre Geräte für diese »Quantenkryptographie«. Die Technik wird für sensiblen Datenverkehr genutzt. Bei den Schweizer Nationalratswahlen 2007 übertrug sie Wählerstimmen von einem Genfer Wahllokal in eine Datensammelzentrale. Die südafrikanische Millionenstadt Durban richtete 2008 einen QKD-Kanal zwischen Verwaltungsgebäuden in unterschiedlichen Stadtteilen ein. Bei der Fußball-WM 2010 schützte die Technik E-Mails, Telefonate und Überwachungsvideos, die zwischen dem WM-Stadion in Durban und der Polizei, dem Militär und der Feuerwehr ausgetauscht wurden. Als erste Institution in den USA nutzt Batelle, ein Entwickler kommerzieller Anwendungen, Quantenschlüsselaustausch. Das Forschungsinstitut versendet sensible Informationen, z.B. geistiges Eigentum oder Design zwischen seinen Standorten im US-Bundesstaat Ohio per Quantenkryptographie. Laut dem Genfer Hersteller »ID Quantique« nutzen auch Banken und Regierungen, insbesondere in der Schweiz, den Quantenschlüsselaustausch.

Den derzeit wohl ambitioniertesten Plan aber verfolgt China. Das Riesenreich hat ein QKD-Netz aufgebaut, das Tausende Kilometer über Land und über Satellit überspannt. Snowdens Enthüllungen hätten Chinas Führung überzeugt, dass sichere Internettechnologie eine Priorität habe, schrieb die South China Morning Post.[14]

Das Netz verbindet die Städte Peking, Jinan, Hefei und Shanghai, die bis 2000 Kilometer auseinanderliegen.[15] Das ist nur der Anfang. Der chinesische Satellit »Micius« enthält das für QKD nötige Equipment. Er kann den Quantenschlüssel zwischen speziellen Bodenstationen austauschen, die sogar auf verschiedenen Kontinenten liegen können: Im Jahr 2017 führte der chinesische Physiker Jian-Wei Pan einen quantenverschlüsselten Videochat mit seinem Doktorvater Anton Zeilinger. Der eine saß in Peking, der andere in Wien – 7500 Kilometer entfernt. Das mehr symbolische Gespräch sollte ebenfalls nur ein Auftakt sein: Bis 2030 will das Riesenreich ein weltweites Quantennetzwerk aufbauen.[16]

Die Vison ist ein hackersicheres Quanteninternet. Aber was genau können Quanten, was herkömmliche One-Time-Pad-Verfahren nicht können?

Dazu erst ein paar Zeilen zu den alten Verfahren. Die Methoden der Spione waren noch recht krude. Agenten besaßen Blöcke mit einer individuellen Folge von zufällig gewählten Zahlen auf jedem Blatt, etwas wie »22 39 55 40 34 79 ...«. Wenn sie die erste Botschaft an ihren heimischen Geheimdienst schickten, verwendeten sie den Schlüssel auf dem ersten Blatt, rissen es ab und vernichteten es. Bei der zweiten Meldung nahmen sie das zweite Blatt usw.

Sagen wir spaßeshalber, der Agent will den Klartext »ELBE« nach Hause senden. Den Klartext wandelt er in eine Ziffernfolge um, indem er nach einer allgemein bekannten Tabelle[17] die Buchstaben des Alphabets als zweistellige Zahlen darstellt, z.B. E = 15, L= 31, B = 12 usw. Dazu addiert er den Schlüsselwert, wie in der folgenden Tabelle dargestellt.

Klartext	**E**	**L**	**B**	**E**
Klartext als Zahlenfolge	11	31	12	11
Schlüsselwert	22	39	55	40
Verschlüsselter Text	**33**	**70**	**67**	**51**

Mit der Botschaft »33 70 67 51«, die der Spion nun sendet, kann kein Lauscher etwas anfangen. Denn der Verschlüsselung liegt kein System zugrunde. Weil der Schlüssel eine Zufallsfolge ist, würfelt er den Klartext im wahrsten Sinne des Wortes willkürlich durcheinander. Man sieht das auch daran, dass der Buchstabe »E« zwei verschiedene Werte bekommt, einmal 33 und einmal 51. Weil der Schlüssel zufällig gewählt ist, lassen sich anhand der Häufigkeit bestimmter Ziffern keine Aussage machen. Eine Analyse der verschlüsselten Botschaft ist unmöglich – es gibt schlicht keine Regelmäßigkeit, die analysierbar wäre. Ein Angreifer hat ebenso wenig Chancen, den Klartext zu finden, wie ein Roulette-Spieler vorhersehen kann, welche Zahl als nächste kommen wird.

Doch wie kann dann die Geheimdienstzentrale den Klartext wieder herstellen? Ganz einfach: Sie besitzt den Einmalschlüssel des Agenten *ebenfalls* und zieht ihn nun wieder von der Botschaft ab.

Verschlüsselter Text	**33**	**70**	**67**	**51**
Schlüsselwert	22	39	55	40
Klartext als Zahlenfolge	11	31	12	11
Klartext	**E**	**L**	**B**	**E**

Das Ver- und Entschlüsseln in Handarbeit dauerte ein Weilchen. Zeit, die man sich beim »heißen Draht« zwischen Washington und Moskau nicht leisten wollte. Also nutzte man Chiffriermaschinen, die die Arbeit übernahmen. Das oft zitierte »Rote Telefon« hat es nie gegeben. An den beiden Enden des heißen Drahts standen Fernschreiber.[18] Sie codierten Buchstaben, wie auch in der heutigen Informationstechnologie üblich, mit einer Folge der beiden Werte »0« und »1«. Im Grunde geschieht dabei nichts anderes als beim oben skizzierten Verfahren, nur dass man Dualzahlen verwendet statt Dezimalzahlen.

Der Zufallsschlüssel war ebenfalls eine Folge von »0« und »1«, z.B. 00101110011010111000001...

Sowohl im Pentagon als auch (vermutlich) im Kreml befanden sich jeweils identische Kunststoffbänder, in die diese Schlüssel als Lochmuster gestanzt waren (»0« = kein Loch, »1« = Loch). Die Chiffriermaschinen konnten diese Bänder abtasten und erledigten so den oben skizzierten Job automatisch.

Sicherheitslücke zwischen Moskau und Washington

So sicher das One-Time-Pad-Verfahren auch ist, es hat einen Schönheitsfehler. Beide Parteien müssen die gleichen Schlüssel besitzen, im Fall des »heißen Drahts« Bänder mit identischen Lochmustern. Jede Seite produzierte eigene Schlüsselbänder, die zur jeweiligen Botschaft geliefert wurden und von dort ins Pentagon bzw. in den Kreml. Mit anderen Worten: Die Schlüsselbänder mussten Tausende Kilometer transportiert werden und gingen dabei durch mehrere Hände. Die Hände absolut vertrauenswürdiger Personen. Dennoch ließ sich nicht ausschließen, dass ein Doppelagent Kopien der Bänder anfertigte. Wenn eine dritte Partei sie besäße, könnte sie abgefangene Nachrichten entschlüsseln.

An diesem Punkt springt die Quantenphysik in die Bresche. Denn ihre Gesetze *verbieten* dem Lauschangreifer jeden Erfolg. Das ist bemerkenswert: *Naturgesetze*, und nicht die mehr oder weniger perfekte Sorgfalt oder der Kommunikationspartner, schützen den Nachrichtenaustausch. Dafür gibt es in der klassischen Physik keine Entsprechung!

Wie funktioniert das? Aus Kapitel 3 kennen wir Alice und Bob. Sie wollen jetzt einen geheimen Einmalschlüssel austauschen. Dazu verwenden sie Photonen. Die Lichtteilchen können nämlich die Bits »0« und »1« tragen und zwar in Form ihrer Polarisation. Die Polarisation ist die Richtung, in der eine Lichtwelle schwingt. Licht kann z.B. horizontal oder vertikal schwingen, ähnlich wie ein Seil, das man mit der Hand in verschiedenen Ebenen hin- und her schütteln kann (siehe Abb. 4–1). Fotografen nutzen das Phänomen, um Reflexionen an Scheiben aus den Bildern zu filtern. Das reflektierte Licht schwingt bevorzugt in der Vertikale. Der Fotograf kann dieses Licht daher mit einem Polarisationsfilter unterdrücken. Auf dem Bild sieht man dann z.B. die Schaufensterpuppe hinter dem Schaufenster statt die Spiegelbilder der Passanten, die vor dem Schaufenster stehen.

Abb. 4–1 Ein Seil, das vertikal (links) bzw. horizontal (rechts) schwingt. Ähnlich kann auch Licht unterschiedliche Schwingungsebenen besitzen. (Quelle: Matthias Homeister, »Quantencomputing verstehen«)

Alice könnte Bob nun eine zufällige Folge von horizontal und vertikal polarisierten Photonen senden, indem sie einen Polarisationsfilter hinter die Photonenquelle stellt und diesen in zufälliger Abfolge zwischen den beiden Richtungen hin- und herdreht. Dabei bedeutet »horizontal« = »0« und »vertikal« = »1«.

Bob hat nun ebenfalls einen Polarisationsfilter, den er vor einem Photonendetektor aufstellt. Er stellt ihn, sagen wir, auf senkrecht. Sendet Alice ein senkrecht polarisiertes Photon, geht es durch und der Detektor klickt. Ein waagrecht polarisiertes Photon hingegen lässt der Filter nicht passieren. Anhand des Musters aus Klicken und Nicht-Klicken weiß Bob jetzt, welche Polarisation jedes Photon trug und kennt somit Alices Zufallsfolge. Also kennen beide Parteien den Schlüssel.

Ganz so einfach ist es aber nicht. Denn Eve (abgeleitet von englisch »eavesdropper«, zu deutsch: Lauscher) könnte in die Rolle von Bob schlüpfen und Alices Photonen abfangen. Sie würde dann die Polarisation jedes Photons kennen, könnte ein neues Photon der gleichen Polarisation erzeugen und an Bob weitersenden. Das Protokoll von Alice und Bob wäre also genauso töricht, wie einen Einmalschlüssel per Funk oder Telefonkabel zu versenden, was die Parteien im Kalten Krieg vermieden hatten.

Quantenphysik als Geheimnisgarant

Alice und Bob haben noch nicht den Umstand ausgenutzt, dass Photonen Träger von Quanteninformation sind. Solange Alice und Bob die gleichen Polarisationsrichtungen nutzen, tritt die für die Quantenphysik so charakteristische Unbestimmtheit nicht in Erscheinung. Wann Bobs Detektor klickt und wann nicht, ist durch die Polarisationsrichtung eindeutig festgelegt.

Was aber würde passieren, wenn Bob seinen Polarisationsfilter zwischendurch mal auf 45 oder 135 Grad stellt statt auf senkrecht oder waagrecht? Graphisch ausgedrückt: auf »×« statt auf »+«? × und + nennt man dann »Basen«, und der Code für die von Bob eingeführte zweite Basis lautet: 45° = »0« und 135° = »1«.

Antwort: Für Bobs Polarisationsfilter ist das von Alice gesendete Photon in einem unbestimmten Zustand, weder in »0« noch in »1«. Es schwebt dazwischen. In Kapitel 3 haben wir das Superposition genannt. Beide Möglichkeiten »0« und »1« haben die gleiche Chance, von Bob gemessen zu werden. Auch Alice kann das Photon in der ×-Basis erzeugen. Somit wäre das Ergebnis von Bobs Messung unbestimmt, wenn er die +-Basis wählt.

Staatsbesuche folgen einem strengen Protokoll, also einer festgelegten Abfolge von Handlungen. »Protokoll« nennt man auch den Ablauf, den Bob und Alice bei ihrem Informationsaustausch anwenden müssen, um Eves Lauschangriff zwangsläufig zu bemerken. Die Wissenschaftler Charles Bennett und Gilles Brassard haben es 1984 entworfen, es heißt den Initialen der beiden und der Jahreszahl entsprechend »BB84«.

Es geht wie folgt. Alice und Bob drehen für jedes neue Photon ihre Polarisationsfilter zufällig und unabhängig voneinander zwischen × und + hin und her. Bob erhält somit eine chaotisch wirkende Folge der Bits 0 und 1. Jetzt ruft er Alice per Telefon an. Die beiden vergleichen die Reihenfolge der Basen, die sie genutzt haben. Die Bits selbst erwähnen sie dabei freilich nicht! Nach dem Telefonat werfen sie alle Bits weg, bei denen sie unterschiedliche Basen gewählt hatten, denn bei diesen stimmt Bobs Messergebnis nicht unbedingt mit Alices Wahl der Polarisationsrichtung überein. Die verbleibenden Bits könnten sie nun als gemeinsamen Schlüssel verwenden.

Aber Vorsicht! Sie wissen ja noch nicht, ob Eve mitgehört hat oder nicht. Angenommen, sie hat. Eve war während des Austauschs der Photonen in die Rolle von Bob geschlüpft und hatte die Polarisation von Alices Photonen gemessen. An Bob hat sie jeweils ein neues Photon geschickt. Wenn sie nachher das Telefonat zwischen den beiden mithört, erfährt sie einen Teil des Schlüssels, nämlich jene Bits, die sie zufällig in der gleichen Basis gemessen hat wie Alice und Bob. Sollten Alice und Bob ihren Schlüssel verwenden, könnte Eve später den Klartext immerhin als Lückentext erhalten, bei dem rund drei Viertel der Bits fehlen.

Aber das werden Alice und Bob nicht tun! Sie werden zuvor kontrollieren, ob der Schlüssel in Ordnung ist. Und falls Eve sich als Mittelsfrau in ihre Unterhaltung eingeklinkt hat, werden sie es feststellen. Da die Lauscherin während des Austauschs der Photonen ja genauso wenig wie Bob wusste, welche Basis Alice gewählt hat, lieferte sie oft eine andere Polarisation an Bob als Alice. Insbesondere auch in jenen Fällen, wo die Basen von Bob und Alice gleich waren und somit ihre Polarisationsrichtungen übereinstimmen sollten.

Alice und Bob vergleichen nun *einen zuvor festgelegten Teil* ihres Schlüssels, also eine konkrete Bitfolge, z.B. 0010101100000010111. Treten darin mehr Abweichungen auf als durch technische Messfehler erklärbar, dann wissen sie: Eve war im Spiel! Der tiefer liegende Grund dafür ist, dass bei einer Superposition das Messergebnis rein zufällig ist. Dadurch wird Eve die Kontrolle über das Geschehen entrissen. Sie kann ihre Spuren nicht verwischen, da es ihr zwangsläufig misslingt, Bob gegenüber in die Rolle von Alice zu schlüpfen.

Eve kann übrigens das von Alice kommende Photon nicht kopieren und die Messung an der Kopie machen, während das Originalphoton unbeeinflusst zu Bob weiterfliegt. Denn ein Teilchen in Superposition lässt sich nicht verdoppeln. Unbestimmtheit lässt sich nicht klonen. Dazu fehlt dem Kopierwilligen schlicht die

Information. Er kann nur Information über den Polarisationszustand gewinnen, indem er eine Messung macht. Und die zerstört den fragilen Überlagerungszustand.

Es ist schon bemerkenswert: Der Einmalschlüssel kann nun einfach durch eine Glasfaser ausgetauscht und muss nicht bei einem konspirativen Treffen auf einer fernen Pazifikinsel übergeben werden!

Der skizzierte Quantenschlüsselaustausch ist eine Form der Quantenkryptographie, also der Nutzung der Quantenphysik im Rahmen der Informationssicherheit. Das Tolle daran: Auch ein Quantencomputer kann den Code nicht knacken, denn dieser ist ja rein zufällig, und im Raten wird der neue Wunderrechner auch nicht besser sein als jeder andere Computer. Der Zufall bleibt unbestechlich. Also haben wir mit dem Quantenschlüsselaustausch ein veritables Mittel für eine quantencomputerresistente Kryptographie kennengelernt (im Kapitel 9 erfahren wir etwas über andere Methoden hierfür).

Heutige Verschlüsselungsmethoden hingegen gleichen Schlössern, von denen man *annimmt*, dass sie niemand knacken kann. Sie basieren auf der Schwierigkeit eines mathematischen Problems. Niemand kann ausschließen, dass morgen ein genialer Mathematiker eine Methode entwickelt, es effizient zu lösen. Dann wäre RSA mit einem Schlag obsolet. Die Naturgesetze hingegen lassen sich auch mit noch so viel Hirnschmalz nicht aushebeln.

Sicherheit ohne Verfallsdatum

Dazu kommt, dass die heutigen Verschlüsselungen ein Verfallsdatum haben. »Bisherige Verschlüsselungsverfahren haben nie länger als 20 Jahre Sicherheit geboten«, sagt der IT-Sicherheitsexperte Johannes Buchmann, ein renommierter Kryptographie-Experte, der an der Technischen Universität Darmstadt gelehrt hat. »In Zukunft werden aber immer weniger Informationen auf langfristige Sicherheit verzichten können«, ergänzt der Mathematiker. Während früher hauptsächlich kurzfristig relevante Informationen verschlüsselt wurden, z.B. wann sich ein Politiker bei einem Staatsbesuch gerade wo aufhielt, wandert im Zuge der Digitalisierung auch Information in die »Cloud«, die längerfristigen Schutz verlangt: Grundbücher, elektronische Steuererklärungen, neue Designs etc.

Weil sie auf Naturgesetzen beruht, die sich nach heutigem Wissen während der letzten ca. 13 Milliarden Jahre nicht verändert haben und dies in Zukunft wohl auch nicht tun werden, bietet Quantenkryptographie im Prinzip einen Schutz *ohne* Verfallsdatum.

Warum also steht noch nicht auf jedem Schreibtisch ein QKD-Modul? Warum enthält der Glasfaseranschluss einer Siedlung oder der Zentrale eines Großkonzerns noch keinen Quantenkanal? Das hat zwei Gründe. Erstens haben die derzeit existierenden QKD-Produkte begrenzte Reichweiten und Übertragungsgeschwindigkeiten. Und zweitens: Die technischen Umsetzungen erreichen noch nicht die theoretisch gegebene absolute Abhörsicherheit. Der Teufel steckt da im Detail. Beide Mankos hängen mit noch unzureichender Kontrolle über die Quanteneigenschaften von Photonen zusammen.

Durch Glasfaserkabel liegt die Reichweite der QKD derzeit bei gut 400 Kilometern[19]. Auch durch Luft können Alice und Bob ihren Schlüssel austauschen. Der Rekord dafür liegt seit 2006 bei 144 Kilometern.[20] Das klingt nach viel, überdeckt aber bestenfalls die Gebiete kleiner Länder. Für das globale Internet ist es natürlich zu wenig. Einen solchen Aktionsradius erreicht Quantenverschlüsselung vorerst nur per Satellit. Denn die Luft wird mit zunehmender Höhe immer dünner, und das Signal kommt nach oben deutlich weiter als in der Waagrechten.

Den chinesischen Satelliten Micius haben wir schon kennengelernt. Die kanadische Regierung will 2022 einen spülmaschinengroßen Satelliten in den Orbit senden, als ersten Schritt zu einem landesweiten Quantenkommunikations-Netzwerk.[21]

Auch Deutschland ist 2019 auf den Zug aufgesprungen. In mehreren Projekten[23] fördert das Bundesforschungsministerium die Entwicklung eines quantenkryptographischen Netzes. Dazu soll auch ein Kleinsatellit gehören, dessen Start für 2021 geplant sei, wie Christoph Günther vom beteiligten Deutschen Zentrum für Luft- und Raumfahrt mitteilt. Die Vorhaben beziehen Geld aus einem recht großen Forschungstopf für Quantentechnologie der deutschen Regierung, der rund 650 Millionen Euro umfasst. Die Anfänge sind noch bescheiden, die Ziele jedoch groß: »Unsere Vision für Europa ist es, mit mehreren Dutzend Kleinsatelliten eine Infrastruktur für den Austausch von Quantenschlüsseln aufzubauen«, erklärt Günther. »Wir stellen uns ein Netzwerk von Bodenstationen vor, die es erlauben, die Photonen vom Satelliten zu empfangen und beispielsweise in einen Umkreis von zehn Kilometern an Endnutzer weiterzuleiten. So könnten die Nutzer weltweit sichere Schlüssel austauschen und damit kommunizieren.« Es scheint eine Art Wettrennen darum entbrannt zu sein, wer in Zeiten des Quantencomputers Bürgern und Wirtschaft am meisten Datensicherheit bieten kann. »Deutschland und Europa sollen der vertrauenswürdigste Datenraum der Welt werden«, formuliert die Bundesforschungsministerin Anja Karliczek diesen Anspruch.

Der Marconi der Quantenkryptographie muss erst noch kommen

Es tut sich also einiges auf diesem Gebiet. Doch höhere Reichweiten sind erst die halbe Miete. Die Datengeschwindigkeiten bisheriger Quantenkryptographie sind verglichen mit den im Internet üblichen lächerlich. Zwar erreichte QKD auf kurzen Strecken (10 Kilometer Glasfaser) schon mehr als zehn Megabyte pro Sekunde,[22] mehr als eine gute ISDN-Verbindung schafft. Aber über längere Strecken gehen Photonen in der Glasfaser verloren. Bei Feldversuchen über 50 Kilometer Entfernung, z. B. in Tokio, wurden bislang nur rund 40 Kilobyte pro Sekunde erreicht.[23] Verglichen mit einem Gigabyte pro Sekunde bei einer Glasfaser-Internetverbindung ist das ca. 25.000 Mal langsamer. Per Satellit, so hoffen Forscher, könnten höhere Datenraten erzielt werden. Denn die größte Strecke würden die Lichtsignale außerhalb der Atmosphäre zurücklegen und dort kaum abgeschwächt werden. Auch die Atmosphäre selbst schwächt Signale pro Kilometer weniger ab als eine Glasfaser. Bislang jedoch wird dieses Potenzial längst nicht ausgeschöpft. Der chinesische Quantensatellit sendet derzeit weniger als 10.000 Photonen pro Sekunde,[24] was einer Datenrate von knapp 10 Kilobyte pro Sekunde entspricht, somit also astronomisch unter dem im Internet üblichen Datentempo liegt.

Die Quantenkryptographie hat also einen Status, der vergleichbar ist mit dem Radio vor Guglielmo Marconi, der als Erster über den Atlantik funkte (Kap. 2): Man konnte nicht weit funken und binnen einer Sekunde nur wenig Information übertragen. Um das zu ändern, braucht man mehr Kontrolle über die Photonen.

Auch beim heutigen Internet würden Signale durch eine Glasfaserleitung nicht weit kommen, gäbe es nicht alle rund 50 Kilometer Verstärker, die das abgeschwächte Lichtsignal wieder aufpeppen. Bei QKD tragen die Photonen aber Quanteninformation, die ein solcher Verstärker zerstören würde. Denn er *misst* das Signal, bevor er es verstärken kann.

Um die Quanteninformation alle paar Kilometer aufzubereiten und weiterzusenden, bräuchte man eine Kette von so genannten Quantenrepeatern. Man kann sich die Quantenrepeater als Beamer-Stationen für die Photonen vorstellen. In Kapitel 3 haben wir gesehen, dass die Quantenteleportation einen Quantenzustand von A nach B transferiert, ohne ihn zu kennen. Dafür braucht man ein Paar verschränkter Teilchen an A und B. Zwischen je zwei Repeatern gibt es so ein verschränktes Teilchenpaar. Sie reichen sozusagen die Verschränkung weiter, sodass letztendlich eine Teleportation der Nachrichten-Photonen von Alice zu Bob möglich wird (siehe Abb. 4–2). Gebeamte Sicherheit sozusagen.

Im Labor haben Physiker schon einzelne Komponenten von Quantenrepeatern verwirklicht. Ein komplettes Gerät gibt es indessen noch nicht. Besonders schwierig ist es, den Quantenzustand zwischenzuspeichern, da die Dekohärenz (siehe Kapitel 3) ihn schnell zerstört – ein Problem, mit dem auch die Entwickler von

Quantenrechnern kämpfen. Um die Dekohärenz wenigstens ansatzweise zu unterdrücken, benötigen Laborprototypen Vakuum und sehr kalte Temperaturen. Forscher fangen gerade erst an, Quanteninformation auch unter Normalbedingungen, also bei normalem Luftdruck und Raumtemperatur, zu kontrollieren. Vom Praxiseinsatz sind Quantenrepeater daher noch weit entfernt.

Mit diesem Wissen verwundert es, dass China schon eine 2000 Kilometer lange Quantenleitung zwischen Shanghai und Peking betreibt. Der Trick: Die Verbindung wird gestückelt. An den rund 20 Nahtstellen werden so genannte »Trusted Nodes« aufgestellt. Das sind vertrauenswürdige Relaisstationen, an denen die Nachricht jeweils automatisch entschlüsselt und neu verschlüsselt wird.

Ein Experte moniert, dass die »Trusted Nodes« für ein internationales Netz untauglich wären, denn nach Snowden sei viel Vertrauen in Länder wie die USA oder Großbritannien verlorengegangen. Wirkliche vertrauenswürdige Knotenpunkte gebe es daher nicht. Nur der Quantenrepeater garantiere Sicherheit auf Basis der Naturgesetze. Masahide Sasaki vom Nationalen Institut für Informations- und Kommunikationstechnologie in Tokio sieht das anders: Der Quantenrepeater sei sehr weit weg. »Daher müssen wir unser Denken ändern und neue Schemata ausprobieren«, meint Sasaki.

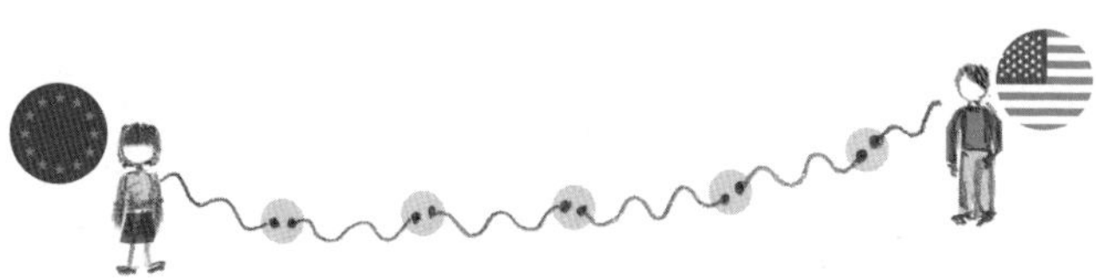

Abb. 4–2 Quantenkommunikation über den großen Teich. Die Kreise repräsentieren so genannte Quantenrepeater, die gewellten Linien symbolisieren je eine Verschränkung zwischen Teilchen in zwei Repeatern. Die Kette der verschränkten Teilchenpaare erlaubt eine Teleportation des Informationsträgers von Europa in die USA.

An mangelhafter Kontrolle über die Quanten liegt es auch, dass es einen Typ von Forschern gibt, dem laut Theorie die Existenzgrundlage fehlt: Quantenhacker. Professor Vadim Marakov, der heute im

»Quantenhacker-Labor« des Russischen Quantenzentrums in Moskau arbeitet, pflegt sein Hacker-Image schon nach außen: lange Haare, Vollbart und mit Bildern von Punkern bedruckte T-Shirts. Schlagzeilen machte der heute 46-Jährige 2010, als er den sicher geglaubten Quantenschlüsselaustausch erfolgreich angriff. Nein, das ist nicht ganz richtig formuliert: Er knackte ein bestimmtes kommerzielles System, nämlich das der Firma IDQuantique aus Genf, indem er eine Lücke in deren technischer Umsetzung der QKD nutzte (siehe Kasten).

Solche »Seitenkanäle«, wie Fachleute sagen, können jedes auf dem Papier todsichere Verfahren aushebeln. So haben im Kalten Krieg sowjetische Sekretärinnen die Einmalschlüssel per Schreibmaschine getippt. Doch Menschen sind keine besonders gute Quelle für rein zufällige Folgen von Zahlen. Leicht schleichen sich in der Routine diverse Muster ein. So kam es vor, dass eine der Sekretärinnen die Zahlen abwechselnd mit der linken und der rechten Hand eintippte.[25] Dadurch entstanden Zahlenfolgen, bei denen sich Ziffern von der linken Seite der Tastatur (1, 2, 3, 4, 5) mit denen der rechten Seite abwechselten (6, 7, 8, 9, 0): Ein Muster, das ein cleverer Angreifer für sich nutzen kann.

Wie Vadim Marakov den todsicher geglaubten Quantencode hackte

Als Quantenhacker muss man sich sehr gut mit Elektronik auskennen. Marakovs Team (damals an der Technisch-Naturwissenschaftlichen Universität Norwegens in Trondheim) nutzte eine Schwäche von Bobs Photonendetektor.

Es spielte Eve, indem es gegenüber Alice in die Rolle von Bob schlüpfte und umgekehrt. Eve misst mit zufälliger Wahl der Basis die von Alice gesendeten Photonen. Das Ergebnis sendet sie, ebenfalls mit zufälliger Wahl der Basis, an Bob weiter. Dabei dreht sie den Laser aber etwas mehr auf als üblich. Dadurch wird Bobs Photonendetektor »geblendet«. Er verarbeitet die Quanteninformation nicht

→

mehr. Wenn die Basen von Eve und Bob nicht übereinstimmen, würde er im Normalbetrieb zufällig 0 oder 1 melden. Durch die Blendattacke meldet er in diesen Fällen jedoch nichts mehr. So sorgt Eve dafür, dass Bob nur ein Bit registrieren kann, wenn seine Basis mit der von Eve übereinstimmt.

Also hat Eve nun dieselbe Information wie Bob und kann durch Belauschen des Telefonats zwischen ihm und Alice die gültigen Bits extrahieren. Eve kann nicht entdeckt werden, weil sie alle Bits herausfiltert, bei denen sie eine andere Basis gewählt hat als Alice und Bob. In diesen Fällen hätten die beiden Eves Anwesenheit bemerken können, da ihre Messergebnisse voneinander abweichen. Solche Fehler gibt es aber mit Marakovs Technik nicht mehr.

Marakov ist nicht der einzige Quantenhacker, es hat schon mehrere erfolgreiche Angriffe auf kommerzielle QKD-Systeme gegeben. Zwar stopften die Hersteller daraufhin die bekannt gewordenen Seitenkanäle mit so genannten Sicherheitspatches. Dennoch ist eine gewisse Ernüchterung eingetreten. Die Hacks raubten der Quantenkryptographie den Nimbus der Unknackbarkeit. Sie zeigten, wie sehr die Quantenkryptographie noch in den Kinderschuhen steckt.

Hacker seien ein wichtiger Baustein in der Entwicklung einer Sicherheitstechnik, betont Marakov. »Auch RSA ist am Anfang seiner 30-jährigen Geschichte oft gehackt worden«, sagt er. Die Abwehr solcher Angriffe hat die Technologie nach und nach immer sicherer gemacht, ähnlich wie ausgiebiges Training die Abwehr einer Fußballmannschaft immer standfester werden lässt. Heute ist RSA etabliert, schützt weltweit digitale Signaturen und verschlüsselt Daten.

»In Forschungslabors entsteht derzeit eine zweite Generation von QKD-Systemen, die resistenter gegen Angriffe sein werden«, zeigt sich Marakov überzeugt. So sollte Alice idealerweise nur einzelne Photonen an Bob senden. Aber es gibt bislang keine Lichtquellen, die wie eine Drehtür wirken und Photonen zuverlässig immer nur einzeln ins Freie entlassen. Zu oft kommen zwei oder mehr heraus. Was es sehr schwierig macht: der Zufallscharakter der Quantenphysik. Die Wahrscheinlichkeit für »Ein Photon wird emittiert« müsste genau 100 % sein, die für »mehr als ein Photon wird emittiert« genau 0 %. Eine echte Herausforderung. Mehrfach gesendete Lichtteilchen geben Eve die Möglichkeit, von Alices Signal unbemerkt einige Photonen abzuzweigen und so an die Information zu kommen. Daher entwickeln Physiker derzeit Quellen, die zuverlässig einzelne Photonen aussenden, und machen stetige Fortschritte. Vom Praxiseinsatz sind die Laborprototypen aber noch Jahre entfernt.

Der perfekte Würfel

Ein weltumspannendes, garantiert abhörsicheres Quanteninternet wird also noch auf sich warten lassen. Ohne Einschränkungen einsatzfähig hingegen ist eine andere Quantentechnik. Online-Casinos zählen zu ihren wichtigsten Anwendern. Wovon Spieler träumen und was bislang nur in Mystery-Geschichten vorkam, mussten einige Online-Spielbanken schon bitter erfahren: dass ein Spieler im Voraus wusste, wie die Würfel fallen würden, und entsprechend absahnte.

Wie kann das sein? Erinnern wir uns an Einsteins Statement »Gott würfelt nicht«. Gründlicher konnte sich das Genie kaum irren. Es gibt sozusagen *keinen besseren* Würfler als Gott. In der Welt der kleinsten Teilchen waltet der *objektive* Zufall (siehe Kap. 3). Ein Elektron z. B. materialisiert sich an einem nicht vorhersehbaren Ort, wenn man misst, wo es sich befindet.

Ein Spielwürfel hingegen produziert im Grunde gar keinen echten Zufall. Er gehorcht den Gesetzen der klassischen Physik und die funktioniert wie ein Uhrwerk. Würde man den Zustand eines Systems bis ins kleinste Detail kennen, ließe sich daraus seine gesamte Vergangenheit und Zukunft berechnen. Für den Würfel bedeutet das: Würde jemand genau wissen, mit welcher Geschwindigkeit er geworfen wird, welchen Drall er dabei erhält, wie glatt die Unterlage ist, wie stark sie geneigt ist, aus welcher Richtung der Wind weht etc. pp., kurz: alle Faktoren kennen, die den Würfel beeinflussen, dann könnte dieser Jemand vorausberechnen, welche Augenzahl der Würfel zeigen wird. Diese ebenso allwissende wie hypothetische Person, oft auch Laplace'scher Dämon genannt, könnte auch die Lottozahlen vorherberechnen, denn sie würde exakt *alle* Eigenschaften der 49 Kugeln und des Ziehungsgeräts kennen.

In der Praxis ist das freilich unmöglich. Der Würfelwurf und die Lottoziehung verlaufen chaotisch. Für sie gilt der oft zitierte Schmetterlingseffekt. Ändern sich die Startbedingungen nur geringfügig, weht zum Beispiel der Wind mit 5,1 Stundenkilometern statt mit 5, dann kann sich das Ergebnis dramatisch ändern. Also entsteht eine Unvorhersagbarkeit, die die Lottoziehung oder den Würfelwurf unmanipulierbar macht.

In einem Online-Casino hingegen gibt es keine Menschen, die Würfel werfen, oder Maschinen, die Kugeln ziehen. Stattdessen kommt eine Art Software-Würfel zum Einsatz: der Zufallsgenerator im Computer. Er erzeugt so genannte Pseudozufallszahlen. Eine Zahlenfolge aus dem Computer lässt sich zwar mit statistischen Methoden nicht von einer echten Zufallsfolge unterscheiden. Aber es gibt Fallstricke. Nachlässiger Umgang mit dem Zufallsgenerator kann die »Zufallszahl« vorhersagbar machen. Denn auch ein Computer arbeitet wie ein Uhrwerk. Eine bestimmte Eingabe erzeugt immer die gleiche Ausgabe. Das gilt auch für den Zufallsgenerator. Es ist ähnlich wie bei einem Abzählreim. Wenn er mehrmals beim selben Kind beginnen würde, würde er auch immer beim selben Kind enden.

Es muss also von außen ein Zufallselement hinzukommen. Beim Abzählreim wählt man willkürlich jemanden, bei dem er beginnt. Dem Zufallsgenerator im Computer kann man beispielsweise die Uhrzeit als Zufallselement übergeben.

Doch so leicht erratbare Elemente sind riskant. Der Browser-Hersteller Netscape hatte Mitte der 1990er-Jahre eine Sicherheitstechnik für E-Commerce entwickelt. Die Technik erzeugte die

Schlüssel aus Pseudozufallszahlen. Zwei Studenten probierten herum und fanden heraus, dass das Zufallselement von der Uhrzeit und von der Kennung des jeweiligen Vorgangs abhing, zwei leicht zu erratende Zahlen also. Mit diesen Infos knackten sie Schlüssel binnen weniger Minuten. Auf ähnliche Weise gelang es Betrügern schon, Online-Casinos zu überlisten.

Vor solchen Attacken sollen Quantenzufallsgeneratoren schützen. Mehrere Firmen, z.B. IDQuantique oder QuintessenceLabs (Australien), bieten sie an. Diese unbestechliche Art von Zufallsgenerator basiert auf einem halbtransparenten Spiegel (siehe Abb. 4.3). Wenn ein Photon auf einen solchen trifft, geht es mit 50-prozentiger Wahrscheinlichkeit hindurch und mit der gleichen Wahrscheinlichkeit wird es reflektiert. Es handelt sich also um die Quantenversion eines Münzwurfs. Vor der Entscheidung gibt es keine Information, die diese vorhersagen könnte. Reiner Zufall also. Reflektierte Photonen werden von einem Detektor registriert, durchgehende von einem anderen. Das Klicken des einen Detektors bedeutet »0«, das des anderen »1«. Sendet man einen Strom von Photonen auf den halbtransparenten Spiegel, so spucken die Detektoren eine zufällige Folge von Nullen und Einsen aus.[26]

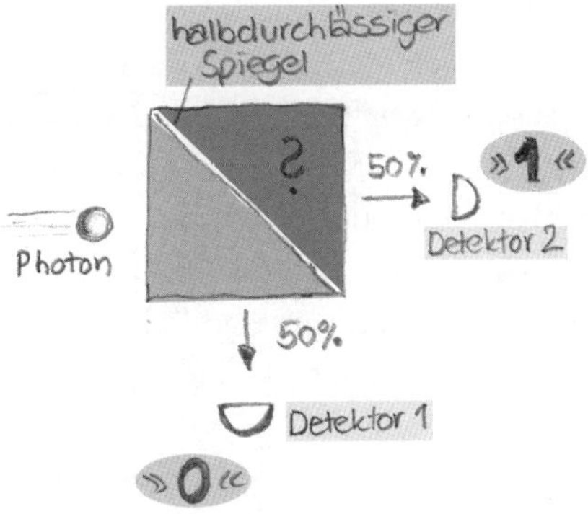

Abb. 4–3 Schema eines Quantenzufallsgenerators. Von links kommt ein Photon. Ob es den halbtransparenten Spiegel einfach durchquert und vom Detektor 2 registriert wird oder ob es reflektiert und zum Detektor 1 gelenkt wird, entscheidet der Zufall. Im ersten Fall ergibt sich eine digitale »1« und im zweiten Fall eine »0«.

Quantenzufallsgeneratoren sind nicht nur für Online-Casinos interessant. Sie finden auch Einsatz in QKD-Systemen, um die Richtung der Polarisation zufällig zu wählen. Da schlechte Pseudozufallszahlen Sicherheitslücken verursachen, sind echte Zufallszahlen in der Sicherheitstechnik ganz allgemein von Interesse. Bei digitalen Signaturen werden Zufallszahlen gebraucht und generell bei der Verschlüsselung von Daten. Auch Wissenschaftler brauchen Zufallszahlen, z.B. wenn sie mit dem Computer chaotische Prozesse in der Natur simulieren, zu denen etwa das Wetter gehört.

So feinfühlig, wie es die Natur erlaubt

Die winzigsten Bausteine der Natur sind als Informationsträger so sensibel, dass sie jeden Lauschangreifer entlarven – im Prinzip wenigstens. Es verwundert daher nicht, dass ihr unnachahmliches Feingefühl auch für extrem empfindliche Messgeräte taugt. Vieles davon ist noch Zukunftsmusik, etwa Waagen, die einzelne Atome wiegen können. Um das mit der Genauigkeit einer Küchenwaage zu vergleichen: Diese wiegt etwa auf ein Gramm genau. Doch ein Gramm Salz besteht aus ca. 20 Millionen Trillionen Atomen.

Ein superfeines Messgerät für extrem schwache Magnetfelder – genau gesagt: zehn Billionen Mal schwächer als das ohnehin schon schwache Magnetfeld der Erde –, das auf einem Quanteneffekt beruht, gibt es schon seit Jahrzehnten. Es nennt sich SQUID. Das ist die Abkürzung für »Superconducting Quantum Interference Device«, zu Deutsch: Supraleitende Quanteninterferenzeinheit. Seit seiner Entwicklung in den 1960er-Jahren wird es in immer mehr Bereichen genutzt: routinemäßig in der Medizin, aber auch in der Archäologie, bei der Erkundung von Bodenschätzen und zum Aufspüren von Bomben.

Wie kann dieser SQUID dermaßen sensibel auf Magnetfelder reagieren? Supraleiter gehören zu einer höchst erstaunlichen Kategorie von Materialien: Sie zeigen, dass ein Quantenobjekt nicht unsichtbar klein sein muss. In ihrem Innern verbinden sich Elektronen zu Paaren, so genannten Cooper-Paaren. All die unzähligen

Cooper-Paare in einem Supraleiter wiederum nehmen den gleichen quantenphysikalischen Zustand an. Das bedeutet, dass sie eine einzige Wellenfunktion (siehe Kap. 3) bilden. Bei einem supraleitenden Stromkabel kann diese Wellenfunktion mehrere Hundert Meter oder gar Kilometer lang werden.

Beim SQUID nutzt man die kollektive Wellennatur der Cooper-Paare auf trickreiche Weise zum Messen feinster Magnetfelder. Das Gerät besteht aus einem supraleitenden Ring. Zum Vergleich stelle man sich ein ringförmiges Wasserbecken und eine Wasserwelle darin vor. Wenn diese den Ring umrundet hat, trifft sie auf ihr eigenes Ende. Damit sich nun eine durchgehende Welle ausbilden kann, muss die Welle konstruktiv mit sich selbst interferieren. Ansonsten würde sie sich selbst auslöschen. Sie überlebt nur, wenn eine ganze Zahl an Wellenlängen in das Ringbecken hineinpasst. Ändern kann sich die Wellenlänge deshalb nur stufenweise.

Ähnlich ist es mit der Wellenfunktion der Cooper-Paare im supraleitenden Ring. Wenn nun ein Magnetfeld den Ring durchdringt, erhöht sich die Energie der Materiewelle. Dies würde sich normalerweise in einer kürzeren Wellenlänge widerspiegeln. Doch die Wellenlänge kann sich ja nur stufenweise ändern. Solange dafür die Energie nicht reicht, entstehen im Ring Ströme, die das Magnetfeld ausgleichen. Um diese Ausgleichsströme in Form einer Spannung messen zu können, fügt man zwei äußerst dünne Isolatorschichten so in den Ring ein, dass er in zwei Hälften geteilt wird. Die Cooper-Paare können durch sie hindurchtunneln, einige brechen dabei aber auseinander. Die Elektronen sind dann normalleitend, das heißt, sie erfahren einen elektrischen Widerstand, der eine messbare Spannung verursacht. Dieses Signal gibt Aufschluss über das Magnetfeld.

Scharfer Blick in die Vergangenheit

Die Interferenz von Materiewellen kann noch für andere höchst empfindliche Sensoren genutzt werden. Eine Welle lässt sich als Meterstab auffassen, dessen Striche nicht jeweils einen Millimeter auseinanderliegen, sondern nur eine Wellenlänge weit. Bei Lichtwellen sind das ca. 400 – 600 Nanometer. Viel genauer als diese Länge kann daher ein Lichtmikroskop nicht messen. Rote Blutkörperchen löst es zwar noch auf, Proteine oder das Erbgutmolekül DNA aber nicht. Die Materiewellen von Atomen hingegen haben eine 1000 Mal geringere Länge. Das heißt, sie stellen einen noch sehr viel feineren Meterstab dar. Atominterferometer können zum Beispiel Rotationen sehr präzise messen, denn diese verursachen einen Wegunterschied für zwei entgegengesetzt kreisende Materiewellen. Solche hoch präzisen Rotationsmessgeräte wirken wie ein extrem genauer Kompass, da sie jede Richtungsänderung bemerken. Ein Navigationssystem mit einem so präzisen inneren Kompass würde ohne Satelliten auskommen und daher z.B. auch in Straßenschluchten oder in Gebäuden funktionieren.

Nanodiamanten patrouillieren im Körper

Die nächste Generation hyperfeiner Magnetfeldsensoren ist möglicherweise schon unterwegs.

Qubits lassen sich in Diamanten einfügen, etwa in Form von Stickstoffatomen. Der Diamant schützt sie gut vor Dekohärenz, sodass sie sogar bei Raumtemperatur eingesetzt werden können. Die Qubits reagieren äußerst sensitiv auf elektrische und magnetische Felder. Wegen ihrer Kleinheit könnten sie die Kraftfelder sehr fein kartieren, mit einer Genauigkeit von wenigen Nanometern. Jörg Wrachtrups Team an der Universität Stuttgart erforscht Anwendungsbereiche solcher Sensoren, die von der Detektion einzelner Spins bis zu bildgebenden Verfahren reichen.

→

Denkbar sind auch Nanopartikel aus Diamant, die in den Körper von Patienten injiziert werden können, um mit bislang ungekannte Präzision Daten für diagnostische Zwecke zu sammeln, indem sie etwa die Aktivität einzelner Nervenzellen im Gehirn messen. Sie würden so eine Art Landkarte des Denkorgans erstellen, die wiederum zur Erforschung von Krankheiten wie Alzheimer oder Parkinson nützlich wäre.

Auch als hoch sensitive Drucksensoren lassen sich die Qubits im Diamant nutzen. Weil Diamanten sehr temperaturbeständig sind, könnten die Sensoren auch im Abgasstrom oder bei der Automobilentwicklung im Zylinder eingesetzt werden.

Zurück zum SQUID und *dessen* Anwendungen. Seine Materiewelle reagiert äußerst empfindlich auf ein äußeres Magnetfeld, daher lassen sich winzigste Magnetfelder messen – sogar die mickrigen Magnetfelder, die von Hirnströmen hervorgerufen werden und jede Kompassnadel absolut kalt lassen. Die so genannte Magnetoenzephalographie (kurz MEG, siehe Abb. 4–4) findet in der Hirnforschung Einsatz, z. B., wenn die Funktion von Hirnarealen kartiert wird. Das 1968 entwickelte Verfahren ist Standard bei der Untersuchung von Epilepsie oder zur Planung von Hirntumor-Operationen. Künftig soll es bei der Diagnostik von Krankheiten wie Multiple Sklerose, Schizophrenie oder Alzheimer helfen. Schon in frühen Stadien von Alzheimer zeigen sich per MEG messbare Änderungen bei bestimmten Hirnwellen, wie Forscher der Freien Universität Amsterdam feststellten.[27] SQUIDs erlauben auch die Aufnahme der Herztätigkeit, genannt Magnetokardiographie (MKG), wobei keine Elektroden am Körper nötig sind. MEG und MKG werden weltweit in mehr als 100 Krankenhäusern genutzt.

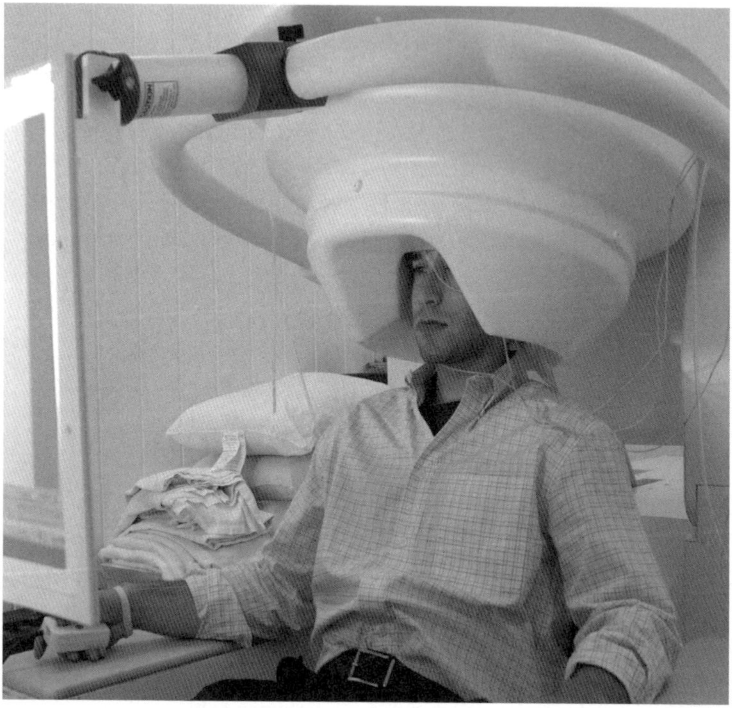

Abb. 4–4 MEG-Scanner bei der Arbeit. (Quelle: NIMH image library)

Der Blick unter die Erde wird mit SQUIDs ebenfalls geschärft. Archäologen profitieren davon. Denn unsere Vorfahren hinterließen magnetische Spuren. Keramiken und Ziegel verursachen schwache Störungen im Erdmagnetfeld. Sogar längst verrottetes Holz hinterlässt magnetische Fußabdrücke. Bakterien, die es einst zersetzten, orientierten sich am Magnetfeld der Erde. Dazu trugen sie, sozusagen als Kompass, winzige Magnetpartikel in sich, die sich bis heute an den Stellen des längst verrotteten Holzes finden. Im peruanischen Nasca, das für seine über 1000 Jahre alten Scharrbilder im Wüstenboden bekannt ist, zeigten SQUID-Aufnahmen unterirdische Siedlungsspuren an.

Getestet wird derzeit die Suche nach Blindgängern per SQUID. Mit der empfindlichen Technik lassen sich exakt der Ort und die Form ungewollter Überbleibsel aus dem Zweiten Weltkrieg oder jüngeren Konflikten auch bei schwierigen Untergrundbedingungen bestimmen, ohne dass man besonders nah an das Objekt heran muss.[28]

Sehr feine Änderungen des Erdmagnetfelds entstehen auch durch Wasser-, Öl-, Erz- oder Mineralvorkommen, weshalb SQUIDs auch für die Erkundung derselben eingesetzt werden. Das geschieht z.B. vom Helikopter aus, an dem eine Sonde mit dem SQUID-Magnetometer hängt, oder indem ein Geländewagen einen Anhänger mit den Messgeräten hinter sich her zieht. Weil SQUIDs empfindlicher sind als andere Verfahren, können tieferliegende Lagerstätten erkundet werden. Das chinesische Militär wiederum will SQUIDs nutzen, um U-Boote von Flugzeugen aus zu detektieren.[29] Das würde die jahrzehntelangen Mühen, U-Boote immer leiser zu machen, damit sie von Sonargeräten nicht erlauscht werden können, mit einem Schlag zunichte machen. Materialprüfung ist ein weiteres Einsatzgebiet von SQUIDs. Sie erkennen etwa Schäden an den Stahlsträngen in Stahlbeton.

Quantentechnologie am Schlüsselanhänger

Sehr viel weiter verbreitet als SQUID ist eine andere Quantentechnologie. In der Fußgängerzone, im Zug oder Bus begegnet man ihr alle naselang. Viele tragen sie in Geldbörsen oder an Schlüsselanhängern herum. Die Rede ist von so genannten Flash-Speichern, auf denen Tablets, E-Book-Reader, Digitalkameras oder USB-Sticks ihre Daten ablegen. Ihr großer Vorteil: Bei wenig Platz- und Energieverbrauch bieten sie einen nichtflüchtigen Speicher, sie sind sozusagen die Festplatten mobiler Geräte.

Für die Funktion von Flash-Speichern ist der Tunneleffekt (siehe Kap. 3) entscheidend. Der Speicher ist nichtflüchtig, weil Daten in Form von Elektronen auf Halbleiterinselchen abgelegt werden, auf denen sie bis zur Löschung liegenbleiben. Die Inselchen sind in elektrisch isolierendes Siliziumdioxid eingebettet. Elektronen können dorthin genauso wenig gelangen, wie man ohne Boot auf eine Meeresinsel kommt – es sei denn durch den

Tunneleffekt. Dieser erlaubt es Ladungsträgern, dünne elektrisch isolierende Schichten zu durchdringen. Beim Flash-Speicher brauchen sie dafür aber sozusagen noch einen Schubs. Diesen gibt eine Steuerelektrode in der Nähe der Inselchen: Durch eine positive elektrische Spannung erleichtert sie es Elektronen, auf das Inselchen zu tunneln, und durch eine negative, wieder von diesem wegzutunneln. Ohne die Spannung bleibt die Insel leer oder die darauf sitzenden Elektronen bleiben dort. Auf diese Weise lässt sich ein Bit Information codieren: Leer bedeutet »0« und besetzt »1« oder umgekehrt (das wird unterschiedlich gehandhabt). Die stetig wachsende Speicherkapazität von Flash-Speichern beruht u.a. darauf, dass pro Inselchen mehrere Bits codiert werden können. Das geht, indem man die Menge der Ladungsträger auf jedem Inselchen in mehr als zwei Stufen unterteilt.

Der Markt für Flash-Speicher wächst. Für so genannte NAND-Flash-Speicher (eine von zwei Arten von Flash-Speichern) soll er allein zwischen 2020 und 2024 um über acht Milliarden US-Dollar wachsen. Heute stecken die Speicher vor allem in Smartphones. Neue Trends lassen den Bedarf wachsen: Mit dem Mobilfunkstandard 5G erwarten Experten deutlich mehr mobile Anwendungen und damit einen höheren Bedarf an Speicherkapazität. Smartphones sollen mehr künstliche Intelligenz erhalten, etwa zur Stimm- oder Gesichtserkennung. Aber auch Alltagsgegenstände werden intelligenter, etwa autonome Autos oder Pflegeroboter. Die Welt wird noch dichter von digitalen Geräten bevölkert. Das »Internet der Dinge« soll Informationen aus der wirklichen Welt sammeln, etwa über den Verkehr in Großstädten oder die Luftbelastung, miteinander verknüpfen und nützliches Wissen herausziehen, das z.B. zu flüssigerem Verkehr führt. Dafür braucht es Sensoren sowie Rechen- und Speicherkapazität. Die Quantentechnik Flashspeicher wird sich wohl noch dichter mit unserem Alltag verknüpfen.

Ein Quantencomputer, aber kein besonders schneller

USB-Sticks gibt es für ein paar Euro zu kaufen. Eine andere Quantentechnik hingegen kostet viele Millionen Dollar pro Stück: der Rechner der kanadischen Firma D-Wave Systems. Google, die NASA und der US-Rüstungs- und Technologiekonzern Lockheed Martin haben sich ihn geleistet. Die Firma bietet zahlenden Kunden auch einen Cloudservice an. So nutzen Volkswagen und BMW den Computer. Was man mit der ungewöhnlichen Rechenmaschine machen kann, haben wir in Kapitel 1 erfahren. Hier nun ein paar Worte dazu, wie sie funktioniert, warum viele Quantencomputerexperten diesen Rechner nicht als Quantencomputer betrachten und warum er dennoch eine Quantentechnik ist.

D-Wave Systems nennt sich selbst »die erste kommerzielle Quantencomputer-Firma der Welt«. Der tiefgekühlte Computerchip (siehe Abb. 4–5) enthält tatsächlich Qubits, in der aktuellen Version des Rechners 2048 davon. Jedes Qubit besteht aus einer supraleitenden Leiterschleife, ähnlich wie ein SQUID. Wir haben schon erfahren, dass die Elektronen in einem Supraleiter kollektiv eine Wellenfunktion teilen, also ein Quantenobjekt bilden. Dieses kann eine Superposition einnehmen, das heißt, der Strom in der supraleitenden Schleife kann gleichzeitig rechtsherum *und* linksherum fließen, als handle es sich *gleichzeitig* um einen Kreisverkehr in London *und* in Paris. Wenn eine Stromrichtung dem Bit »0« und die andere dem Bit »1« entspricht, dann kann das Qubit also eine Überlagerung aus beiden Zuständen tragen.

Klassisch betrachtet können 2048 Bits immer nur eine aus einer Unzahl an Kombinationsmöglichkeiten der 0en und 1en einnehmen. Also z.B. 01000111011111000011000000..., aber vielleicht auch 11110000111010100110101111... Insgesamt gibt es mehr solcher Kombinationen als Teilchen im Universum!

2048 Qubits hingegen können *alle* diese Kombinationen simultan annehmen. Insofern ist die Bezeichnung Quantencomputer für den D-Wave-Rechner nicht übertrieben. Er hat das Potenzial der parallelen Prüfung einer Unzahl von Lösungsmöglichkeiten.

Abb. 4–5 Prozessor mit 512 Qubits der kanadischen Firma D-Wave Systems. (Quelle: D-Wave Systems)

Ein »richtiger« Quantencomputer mit dieser Anzahl an Qubits wäre schon eine gewisse Bedrohung für die Sicherheit von RSA-verschlüsselten Daten oder digitalen Signaturen. Doch Sie können weiter ruhig schlafen: Der D-Wave-Rechner kann RSA nicht knacken. Denn dazu müsste er in der Lage sein, den Shor-Algorithmus auszuführen, eine vom US-Mathematiker Peter Shor 1994 speziell für zukünftige Quantencomputer entwickelte Methode. Sie beschreibt, wie so ein Rechner große Zahlen in wenigen Rechenschritten in ihre Primfaktoren zerlegen kann. Darauf, dass klassische Rechner das bei Weitem nicht so schnell können, beruht die Sicherheit von RSA. Um einen Algorithmus abzuarbeiten, muss ein Quantencomputer bestimmte logische Operationen ausführen, ähnlich wie ein klassischer Computer, der logische Schaltkreise enthält, die die von der Software erteilten Befehle nacheinander ausführen.

Der D-Wave-Rechner hingegen rechnet nicht mit logischen Schaltkreisen, sondern mit einem Prozess, der dem Ausglühen von Metallen ähnelt. Dabei kühlt man glühend heiße Metalle langsam ab, zum Teil über Tage hinweg, damit unerwünschte Defekte im Kristallgitter nach und nach verschwinden. Durch das langsame Abkühlen erhalten die Atome im Kristall die Chance, verschiedene Anordnungen auszuprobieren, bis sie die fehlerfreie Struktur finden. Es handelt sich also um ein Verfahren zum Finden der optimalen Kristallstruktur.

Um die Ähnlichkeit nachzuvollziehen, muss man ein bisschen ausholen. Auch der D-Wave-Rechner sucht nach möglichst optimalen Lösungen. Viele Optimierungsprobleme lassen sich als Suche nach einem bestimmten Muster aus »0« und »1« darstellen. Klingt abstrakt? Machen wir es konkret.

Schneller Reisen mit Quanten

Dazu sehen wir uns das so genannte »Problem des Handlungsreisenden« an. Angenommen, der Vertreter einer Firma plant eine Verkaufstour durch 15 europäische Städte. Jede Stadt soll dabei nur einmal besucht werden und die Reise soll am Ausgangspunkt enden. Der Vertreter hat zwischen läppischen 87 Milliarden Möglichkeiten zu wählen. Käme noch eine Stadt dazu, wären es schon über eine Billion möglicher Reiserouten. Unmöglich zu sagen, welche davon die kürzeste ist.

Ein Computer nach D-Wave-Art kann ihm potenziell bei der Suche der richtigen Lösung helfen. Die Tour lässt sich als Muster aus »0« und »1« darstellen, wie das folgende Schema für die Reiseroute München – Paris – Rom – Barcelona – München exemplarisch zeigt. Eine »1« steht in der Tabelle, wenn die Stadt in der Zeile direkt nach der Stadt in der Spalte besucht wird. Wenn zwei Städte nicht direkt hintereinander besucht werden, steht eine »0«.

	München	**Paris**	**Rom**	**Barcelona**
München		0	0	**1**
Paris	**1**	0	0	0
Rom	0	**1**	0	0
Barcelona	0	0	**1**	0

Um die Länge einer Reiseroute zu codieren, ordnet man jeder »1« eine Energie zu, die der Länge der entsprechenden Strecke entspricht. Die »1« in der vierten Spalte (Barcelona – München) hätte dann etwa 60 Prozent mehr Energie als die »1« in der ersten Spalte

(München – Paris), weil die Strecke entsprechend länger ist. Physikalisch lässt sich das durch ein an das Qubit angelegtes Magnetfeld realisieren.

Die kürzeste Strecke ist dann diejenige Konfiguration aus »0«en und »1«en, die die niedrigste Gesamtenergie besitzt.

Der Trick, um dieses Energieminimum zu finden: Der Quantencomputer verlässt das Energieminimum gar nicht. Der Startpunkt ist eine Superposition aus allen Konfigurationen, also ein Zustand, der alle Reiserouten enthält. Die Entfernungen in Form der an die Qubits angelegten Magnetfelder sind anfangs *ab*geschaltet, daher ist die Energie minimal. Die Magnetfelder werden nun ganz sachte hochgefahren. Geschieht dies langsam genug, bleibt das System immer im Grundzustand, also dem energieärmsten Zustand. Es wird auf dem Weg zwar verschiedene Konfigurationen durchlaufen, aber am Ende erreicht es die gesuchte Konfiguration, die man dann nur noch ablesen muss.

Das Verfahren heißt »Quantum Annealing«, zu deutsch etwa: »Quantenausglühen«. Obwohl die Langsamkeit bei ihm eine Schlüsselrolle spielt, herrscht die Hoffnung, dass es ein Optimum deutlich schneller findet als herkömmliche Optimierungsverfahren, und zwar dank der Quantenphysik. Entscheidend ist auch hier der Tunneleffekt.

Die Suche nach dem Energieminimum ist vergleichbar mit der Suche nach dem tiefsten Tal in einem Gebirge. Klassisch gesehen muss man über viele Berge steigen, um zum tiefsten Tal zu gelangen. Dafür braucht man viel Energie, die beim Ausglühen von Metallen von der Hitze kommt. Beim Quantenausglühen hingegen bewirkt der Tunneleffekt ein schnelleres Vorankommen. Es ist, als ob die Täler eben durch Tunnel verbunden wären. So lassen sie sich schneller »abklappern« und man findet relativ schnell das Optimum, das tiefste Tal.

Forscher nennen das »Quanten-Speedup«. Den Begriff umwabert eine magische Aura. Denn manches Problem, das im Kleinen simpel ist, wird im Großen zu einem Monster von Rechenaufgabe – wie eben das Problem des Handlungsreisenden oder die Primzahlzerlegung. Die Zahl 15 in ihre Primfaktoren 3 und 5 zu zerlegen ist simpel, aber versuchen Sie das Gleiche mal mit der Zahl 49238834982747024500507158523475234.

Solche Probleme wachsen »exponentiell«, das heißt, mit jeder zusätzlichen Stadt oder jeder zusätzlichen Dezimalstelle vervielfacht sich die Rechenzeit. Wie sehr man dieses exponentielle Wachstum unterschätzt, veranschaulicht die Legende mit den Weizenkörnern auf einem Schachbrett. Ein indischer König wollte den Erfinder des Schachspiels belohnen. Der wünschte sich auf das erste Feld ein Weizenkorn, auf das zweite zwei Körner, auf das dritte vier: also auf jedes folgende Feld die doppelte Zahl wie beim aktuellen Feld. Der König lachte über diesen vermeintlich bescheidenen Wunsch. Mehrere Tage später, so lange dauerte die Berechnung der Zahl an Weizenkörnern, musste er erfahren, dass seine gesamten Weizenvorräte bei Weitem nicht reichen würden, um den Wunsch des Schacherfinders zu erfüllen. Es wären mehr als 18 Trillionen (18.000.000.000.000.000.000) Weizenkörner gewesen. Das entspricht einer Lastwagenkolonne, die mehr als 20.000 Mal um die Erde reicht.

Exponentiell wachsende Rechenprobleme geraten ähnlich schnell jenseits jeder Handhabbarkeit. Auch wenn man ein Lösungsrezept kennt, werden die Probleme in der Praxis unlösbar, weil selbst ein Superrechner Jahre daran ackern würde. Quanten-Speedup bedeutet: Es gibt ein Lösungsrezept für einen Quantencomputer, dessen Rechenzeit bei Vergrößerung des Problems *nicht* exponentiell wächst.

So ein Lösungsrezept ist z.B. der Shor-Algorithmus. Er *garantiert* den Quanten-Speedup, sobald es einen ausreichend potenten Quantencomputer geben wird. Für das Quantenausglühen hingegen gibt es keinen mathematischen Beweis, dass es tatsächlich einen Quanten-Speedup zeigen wird. Es mag Optimierungsprobleme geben, für die es funktioniert, »und es gibt sicher Probleme, für die es nicht funktioniert«, schreibt der US-Informatiker und Blogger Scott Aaronson.

Zwar zeigen Laborexperimente Hinweise für den Quanten-Speedup beim Quantenausglühen.[30] Der D-Wave-Rechner hingegen ließ bei mehreren Tests den Quanten-Speedup vermissen. Zwar gab es schon eine Art Wettrechnen mit herkömmlichen Computern, bei dem der Quantencomputer der kanadischen Firma 50.000 Mal schneller optimierte. Kritiker beanstandeten jedoch, dass die klassischen Rechner nicht mit der bestmöglichen Software antraten. Der Quantenrechner war also nicht besonders schnell, sondern die anderen besonders langsam.

Der Physiker Matthias Troyer vom Quantencomputer-Team der Firma Microsoft hat diese Waffenungleichheit bei einem Test in 2014 beseitigt, zumindest für eine Klasse von relativ einfachen Optimierungsproblemen. Damals forschte Troyer noch an der ETH Zürich. Die Forscher untersuchten, wie schnell die Rechenzeit mit der Größe des Problems anwuchs, ob also ein »Quanten-Speedup« vorlag. Ergebnis: kein Unterschied zwischen Normalcomputer und Quantencomputer.

Frustration und Hoffnung

Dennoch ist Troyer zuversichtlich, dass Quantenausglühen funktioniert. Der D-Wave-Rechner ist die bislang einzige Umsetzung eines darauf basierenden Quantencomputers. Troyer meint, es sei zu früh, das Konzept aufzugeben.

Dass es bei einer Klasse von Optimierungsproblemen nicht funktioniert, bedeutet nicht, dass es bei anderen Klassen auch nicht funktioniert. Wie gesagt gibt es keine allgemeingültige mathematische Analyse der Methode, ihr Erfolg kann von Fall zu Fall unterschiedlich sein. Trevor Lanting von D-Wave meint, die bisher getesteten Probleme seien zu einfach gewesen.

Ein weiterer Grund für das bisherige Versagen könnte auch eine mangelnde Kontrolle über das Quantensystem sein. Laut Troyer muss das bildliche Wandern durch die Gebirgslandschaft hochgradig kontrolliert verlaufen. Zwischen den Tunneln müsse man sich schnell bewegen und dann vor den Tunneln abbremsen.

Wenn man allerdings nicht wisse, wo sich die Tunnel befinden, sei man gleichsam gezwungen, sich ständig langsam zu bewegen, sprich einen langsamen Optimierungsprozess zu erhalten. Außerdem verlange die Technik eine sehr genaue Kalibrierung, also z.B. eine exakte Einstellung der Energie der Qubits. Schon kleine Fehler könnten den Speedup zunichte machen.

Eine mangelhafte technische Umsetzung betrachten viele Experten als Ursache für den fehlenden Erfolg des D-Wave-Rechners. Möglicherweise arbeite der Rechner im Wesentlichen klassisch, meinen viele. Zwar haben Tests gezeigt, dass die Maschine tatsächlich Quantenphysik nutzt. So bewies Lantings Team, dass während der Rechnung einige Qubits miteinander verschränkt sind. In Fachkreisen ist man sich einig, dass Verschränkung eine Voraussetzung für Quanten-Speedup ist. Doch Verschränkung kann stark oder schwach sein. Bei D-Wave sei sie schwach, meint Graeme Smith vom IBM-Forschungszentrum in Yorktown Heights. Daher verhalte sich die Maschine eher klassisch und rechne langsam.

Ein weiterer Grund könnte die äußerst kurze Zeit sein, für die die Qubits im D-Wave-Rechner die Superposition aufrechterhalten: Es handelt sich nur um Nanosekunden (Milliardstel Sekunden). In einer Nanosekunde kommt selbst das Schnellste, was das Universum zu bieten hat, nämlich Licht, nur rund 30 Zentimeter weit.

Troyer wurde einmal gefragt, ob er in D-Wave Systems investieren würde.[31] Seine Antwort: »Wenn ich ein Vertreter einer großen Firma wäre, die sehr viele Optimierungsprobleme zu lösen hat, würde ich sagen: Man kann diese Hochrisiko-Investition machen.« Doch noch wisse niemand, ob sich das auszahlt, denn es gebe noch einige Hürden zu nehmen. Die Hürden werden jedoch schwer zu überwinden sein, denn diese Art von Forschung ist äußerst teuer. D-Wave hat 177 Millionen US-Dollar investiert[32] Forschungslabors bringen solche Summen in der Regel nicht auf, erst recht nicht bei ungewissem Ausgang. So gibt es bislang keinen weiteren Versuch, das Quantenausglühen in die technische Praxis umzusetzen.

Probieren geht über studieren

Doch es muss nicht immer gleich eine exponentielle Beschleunigung sein. Es wäre schon etwas gewonnen, wenn man Optimierungsprobleme zehn- oder hundertmal schneller lösen könnte. Da man im Vorhinein nicht weiß, ob und bei welchen Aufgaben das gelingt, versucht man es mit dem Prinzip »Versuch und Irrtum«. Um möglichst viele Ideen von externen Forschern ausprobieren zu lassen, bietet D-Wave Zugriff auf seine Maschine über das Internet. Das Angebot nutzt zum Beispiel Volkswagen. Forscher der Firma haben mit D-Waves Quantencomputer den Taxiverkehr in Peking virtuell optimiert, um Fahrzeiten zu verkürzen. »Das hat geklappt«, sagt der beteiligte VW-Experte Christian Seidel, »wenn auch noch nicht effizienter als mit einem klassischen Rechner.« Doch das könne sich mit künftigen größeren Modellen des kanadischen Quantenrechners ändern. »Wir wollen die Möglichkeiten des Quantencomputings ausloten und schauen, was unternehmerisch sinnvoll sein kann«, sagt Seidel. Das sei eine Art Technologiebeobachtung. Jüngst hat das 15-köpfige Team chemische Verbindungen simuliert, die für den Batteriebau wichtig sind. Sein Ziel: die Chemie einer kompletten E-Fahrzeug-Batterie auf einem Quantenrechner nachzuahmen.

Ein weiteres Schwergewicht der deutschen Autoindustrie, BMW, will nicht hintanstehen, falls es einen Quantensprung bei der Performance von Computern geben sollte. Auch die Bayern probieren die kanadische Rechenmaschine aus. Es geht allerdings um ein ganz anderes Problem, was die Vielfalt der Ansätze illustriert: BMW versucht zu optimieren, wie drei Roboter an einer Karosserie beim Setzen von Schweißpunkten am effektivsten eingesetzt werden können.[33]

Quantentechnologien mit Kinderkrankheiten

Dieses Kapitel hat gezeigt: Quantentechnologie ist längst Alltag, im Fall der SQUID-Magnetometrie schon seit Jahrzehnten. Auch den Flash-Speicher gibt es schon seit rund 20 Jahren, Quantenkryptographie-Systeme und Quantenzufallsgeneratoren seit rund zehn Jahren. Sogar eine Art Quantencomputer gibt es schon zu kaufen.

Doch dieser hält noch nicht, was er verspricht. Auch das Versprechen absolut abhörsicherer Kommunikation durch Quantenphysik konnte bisher nicht eingelöst werden.

Das bedeutet jedoch nicht, dass die Hoffnungen sich zerschlagen hätten. Die Holprigkeit, mit der die Quantentechnologie in den Alltag einzieht, ist vielmehr ein ganz normales Beispiel von Technologieentwicklung. Auch der RSA-Code war in seiner Anfangszeit noch unsicher. Computersoftware muss sich ebenfalls im Alltag bewähren, Programmierfehler werden erst nach und nach ausgemerzt.

An den in diesem Kapitel gezeigten Technologien wird noch eifrig gefeilt. Die Entwickler versuchen immer mehr Kontrolle darüber zu gewinnen. Gelingt ihnen das, können die Technologien eine große Relevanz erlangen. Vor allem abhörsicherere Kommunikation dürfte sich, wenn sie einmal über weite Strecken mit hohem Datendurchsatz und zuverlässig funktioniert, verkaufen wie warme Semmeln. Für das entsprechende Bedürfnis hat die NSA mit ihrem Abhörterror gesorgt.

Doch wird auch das Kronjuwel der Quantentechnik, der Quantencomputer, in absehbarer Zeit Realität werden? Und wenn ja, wozu wird er verwendet werden? Diesen Fragen widmen sich die nächsten vier Kapitel.

5 Rechnen mit Chloroform, Ionen oder Licht

Wie geht die Entwicklung des Quantencomputers voran?

»Die Machbarkeit von Quantencomputern ist eine der faszinierendsten wissenschaftlichen Herausforderungen unserer Zeit.«

Gil Kalai, israelischer Mathematiker und Informatiker

Für Michel Dyakonov von der Universität Montpellier, ein alter Hase der Experimentalphysik, ist der Versuch, einen Quantencomputer zu bauen, vergebliche Liebesmüh'. Es handle sich um eine idealisierte Maschine, ausgedacht von Mathematikern und theoretischen Physikern, losgelöst von der physikalischen Realität. Mit einer idealen Maschine könne man theoretisch auch die Bewegungen aller Atome im Körper exakt umkehren und von diesem Zeitpunkt an jünger werden, ätzt Dyakonov.

Ganz allein steht er mit dieser Meinung zwar nicht, doch viele andere Forscher entgegnen, es sei kein Naturgesetz bekannt, das einen Quantencomputer verbiete. Und dass in den letzten Jahren entscheidende Fortschritte gelungen seien, die zuvor für unmöglich gehalten wurden.

Klar ist: Der Bau eines solchen Rechners ist kein Bastelabend. Warum der Quantencomputer eine neue Dimension der Ingenieurskunst erfordert und warum er mehr sein wird als einfach nur ein deutlich leistungsfähigerer Computer, mehr als nur eine Fortsetzung des Moore'schen Gesetzes mit anderen Mitteln, werden wir in diesem Kapitel sehen.

Um die Konstruktion und Funktionsweise dieser außergewöhnlichen Maschine zu verstehen, vergleichen wir sie zunächst mit dem klassischen Computer.

Hätte man um 1930 in den Straßen Londons gefragt, was ein »Computer« sei, wäre die Antwort etwas gewesen wie: Na ja, das sind diese armen Würstchen, die monotone Rechenarbeit ausführen. Ein »Computer« war damals ein Mensch, genauer eine Art Rechenknecht. In Rechenbüros tippten sie Zahlen in Tischrechenmaschinen, addierten oder multiplizierten, ohne mitzudenken. Sie arbeiteten Rechenpläne ab, die Ingenieure zuvor aufgestellt hatten, um etwa die Statik einer Brücke oder eines Flugzeugflügels zu berechnen. Die Ingenieure zerlegten ihre komplizierten Formeln in eine Abfolge von Grundrechenschritten, gleichsam ein Rechenrezept, die sie als Formular zu den »Computern« weitergaben. Diese füllten die Formulare mit Zwischen- und Endergebnissen aus.

Zuse erfindet den künstlichen Rechenknecht

Auch der deutsche Computerpionier Konrad Zuse hatte sich in dieser Zeit als »Computer« betätigen müssen. Während seines Studiums in Berlin hasste er die Statikberechnungen, »mit denen man uns Bauingenieurstudenten quälte«.

Das brachte den damals 25-Jährigen auf eine Idee: Wenn doch die komplizierteste Ingenieursrechnung letztlich nichts anderes ist als eine Aneinanderreihung von Grundrechenschritten, warum dann nicht eine Maschine bauen, die Rechenrezepte, die man ihr per Lochstreifen eingibt, automatisch abarbeitet? Die Idee des programmierbaren Rechners war wiedergeboren. »Wiedergeboren«, weil der englische Erfinder Charles Babbage den gleichen Einfall schon 100 Jahre zuvor gehabt hatte. Anders als Zuse setzte er ihn aber nur ansatzweise um.

Zuse benutzte schon damals das Dualsystem von Zahlen, mit dem noch heutige Computer rechnen. Es operiert mit zwei Ziffern, 0 und 1. Was beim Dezimalsystem die »Einer«, »Zehner«, »Hunderter«, »Tausender« etc. sind, sind beim Dualsystem die »Einer«, »Zweier«, »Vierer«, »Achter« etc. Die Zahl 1001 im Dualsystem ist demnach: 1 mal 8 plus 0 mal 4 plus 0 mal 2 plus 1 mal 1, entspricht also der Dezimalzahl 9.

Etwa zeitgleich mit Zuse entwickelte der Brite Alan Turing die Turingmaschine (siehe Kap. 2), also das theoretische Modell eines Computers. Auch er hatte sich den rechnenden Menschen zum Vorbild genommen.

Einen *praxistauglichen* Entwurf der Turingmaschine entwickelte der aus Ungarn stammende US-Mathematiker John von Neumann im Jahr 1945. Die meisten heutigen Rechner, ob PC, Tablet, Cloud-Server oder der Steuerchip in der Waschmaschine, arbeiten nach von Neumanns Rechnermodell, auch Von-Neumann-Architektur genannt. In den letzten Jahrzehnten sind unsere Rechner nur deshalb immer leistungsstärker geworden, weil ihre elektronischen Grundbausteine, die Halbleitertransistoren, immer weiter schrumpften. Auf einen fingernagelgroßen Chip passen heute Milliarden dieser mikroskopisch kleinen Rechenarbeiter. Die gesamte digitale Revolution beruht im Kern auf der stetigen Miniaturisierung des immer gleichen Bauschemas.

Von Neumanns Geniestreich lag darin, dass er den Datenspeicher eines Rechners konzeptuell erweiterte. Das Bauteil sollte nicht mehr nur die zu verarbeitenden Daten speichern, etwa zwei Zahlen, die addiert werden sollen. Sondern auch die Befehle, was mit diesen Daten geschehen soll, also die Software. Das ist möglich, weil sich jedes Computerprogramm in eine Folge von »0en« und »1en« zerlegen lässt, also letztlich auch nur eine Ansammlung von Daten ist. Jeder Befehl, z.B. »Drucken«, lässt sich codiert als Dualzahl darstellen.

Der Nutzer kann also, etwa durch Antippen des Symbols einer App, unterschiedliche Software in den Arbeitsspeicher seines

Computers laden. Der Rechner wird zur Allzweckmaschine, mit der jedermann seinen Spaß haben kann.

Der Von-Neumann-Rechner verarbeitet Information: Vorne kommen Rohdaten hinein, werden innen umgewandelt und kommen als Ergebnis hinten heraus. Ein Architekt zum Beispiel gibt die Daten für eine geplante Brücke ein, z. B. Länge, Tragfähigkeit und Anzahl der Fahrspuren. Das Planungsprogramm verarbeitet die Eingabe. Schließlich gibt der Bildschirm das Rechenergebnis in Form einer 3-D-Graphik der Brücke aus.

Elektronische Schaltkreise ahmen den rechnenden Menschen nach

Was *im* Rechner passiert, ähnelt verblüffend einem Menschen, der mit einem Taschenrechner arbeitet. Dieser tippt nacheinander Zahlen ein und Symbole wie »Plus« oder »Minus«, die diese Zahlen verarbeiten. Ebenso schreitet der Computer Schritt für Schritt von den Eingabewerten über Zwischenergebnisse zu den Endergebnissen voran.

Beim elektronischen Computer geht das wie folgt: Aus dem Speicher holt sich der Prozessor Zahlen und Anweisungen, was er mit den Zahlen anfangen soll. Als Transportmedium dienen elektrische Signale, die durch eine Leitung, den so genannten Bus fließen. Es ergibt sich eine Abfolge wie z. B.: Addiere die Zahlen 4 und 3, multipliziere das Ergebnis mit 8, ziehe daraus die Wurzel etc.

Dabei wird ein Befehl nach dem anderen aus dem Speicher in den Prozessor geholt. Der Prozessor erkennt jeden Befehl und führt ihn in einem so genannten Rechenwerk aus. Das Rechenwerk enthält zwei wesentliche Komponenten. Zum einen Schaltkreise, die addieren, subtrahieren oder multiplizieren. Zum anderen Speicherzellen, so genannte Register. Diese bestehen aus einer Kette von einzelnen Bits. Ein Register speichert Zahlen und Befehle in Form von Dualzahlen, etwa die Zwischenergebnisse von Berechnungen. Es würde im oben genannten Berechnungsbeispiel etwa die Summe von 4 und 3 halten, um sie im nächsten Schritt mit 8 zu multiplizieren.

Die Schaltkreise im Rechenwerk sind wie ein Organismus, der sich aus mehreren kleineren Schaltkreisen, den so genannten Logikgattern, zusammensetzt. Die Logikgatter bestehen aus mehreren clever verdrahteten Transistoren, die dem Computer sozusagen sein Denkvermögen geben.

Aus ein paar Arten von Logikgattern lässt sich jede Art von Berechnung aufbauen. Das Gatter kann z.B. nach dem Sowohl-als-auch-Prinzip arbeiten: Nur wenn sowohl in den einen als auch in den anderen Eingang eine »1« gesteckt wird, kommt am Ausgang eine »1« heraus, sonst eine »0«. Das nennt man ein UND-Gatter.

Eine andere Sorte von Logikgatter arbeitet nach dem Entweder-oder-Prinzip: Wenn entweder in den einen oder in den anderen Eingang eine »1« gespeist wird, kommt auch eine »1« am Ausgang heraus, sonst eine »0«. So ein Gatter heißt »XOR«, vom Englischen »eXclusive OR«. Mit diesen beiden Gattern, UND sowie XOR, kann man Dualzahlen addieren (siehe Kasten).

Nachdem das Rechenwerk das Endergebnis ermittelt hat, verlässt dieses den Prozessor über einen Bus zu einem Ausgabegerät, etwa ein Bildschirm oder Drucker.

Der ganze Ablauf ist durch Software vorprogrammiert. Der Rechner arbeitet wie ein Uhrwerk. Die gleiche Eingabe erzeugt immer die gleiche Ausgabe. Der Zufall spielt dabei keine Rolle, genauso wenig wie in einem Rechenbüro des frühen 20. Jahrhunderts. Ähnlich determiniert ist eine Wanderung entlang eines vom örtlichen Wanderclub ausgesuchten Wegs: Man gelangt zuerst zum Bismarckturm, dann geht es ein Stück durch den Wald zum Aussichtspunkt und schließlich landet man an der Ausflugsgaststätte »Zum Falken«. Der klassische Computer geht gewissermaßen genauso zu Fuß wie ein rechnender Mensch, nur hat er ein deutlich schnelleres Schritttempo.

Wie man mit Logikgattern addiert

Eine Schaltung der beiden Logikgatter UND und XOR addiert zwei Bits. Sie hat zwei Ein- und zwei Ausgänge. A und B nehmen die beiden zu addierenden Bits entgegen. C und D geben die beiden Stellen der Summe im Dualsystem aus, C die Einer und D die Zweier.

Zwei Beispiele illustrieren die Addition:

1. Liegt am Eingang A eine »1« und an B eine »0«, so kommt am Ausgang C eine »1« heraus, weil das Entweder-Oder für das XOR-Gatter erfüllt ist. Das UND-Gatter bekommt die gleichen Bits als Eingabe (an den beiden Punkten auf den Zuleitungen werden die Bits kopiert und ins UND-Gatter gespeist). Weil es aber nach dem Sowohl-als-auch-Prinzip funktioniert, gibt es an Ausgang D eine »0« aus. An den Ausgängen DC steht also 01, das duale Ergebnis von 1+0.

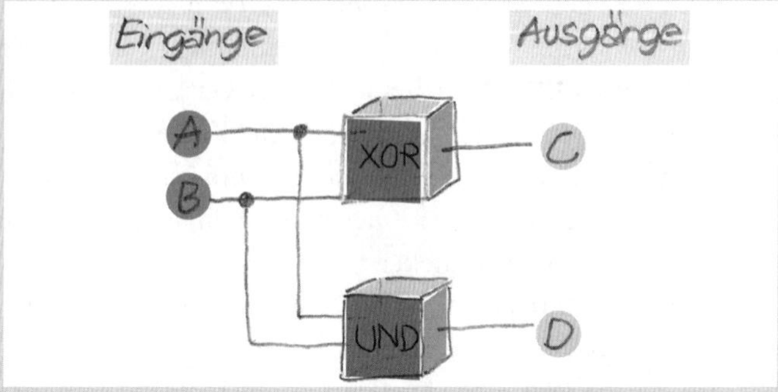

Abb. 5–1 Schaltung zur Addition zweier Bits (auch Halbaddierer genannt)

2. Liegt an beiden Eingängen eine »1«, kommt am Ausgang C eine »0« heraus, weil das Entweder-Oder für das XOR-Gatter nicht erfüllt ist. Das ist sinnvoll, weil bei der stellenweisen dualen Addition 1+1=0 gilt, ähnlich wie bei der stellenweisen dezimalen Addition 9+1=0 oder 8+2=0. Man muss dann eine »1« zur nächsten Stelle übertragen. Das erledigt das UND-Gatter: Bei ihm ergibt 1+1=1. An den Ausgängen DC steht also 10.

Parallelen und Unterschiede zwischen klassischem Rechner und Quantencomputer

Der Quantencomputer unterscheidet sich darin grundsätzlich, er geht sozusagen nicht zu Fuß und arbeitet auch nicht determiniert. Neben Unterschieden gibt es aber auch gewisse Parallelen, die beim Verständnis helfen.

Eine davon ist das Register. Auch ein Quantencomputer besitzt Register, die dann eben »Quantenregister« heißen. Diese dienen allerdings nicht allein zum Speichern oder Zwischenspeichern von Daten, sondern verarbeiten die Daten auch. Eine klare Trennung zwischen Speicherplätzen und Rechenwerk wie bei der Von-Neumann-Architektur gibt es also beim Quantencomputer nicht.

Sehen wir uns den Aufbau des Quantenregisters an. Im klassischen Rechner ist das Register ein Speicher für mehrere *Bits* Information. Analog dazu setzt sich ein Quantenregister aus mehreren *Qubits* zusammen. Weil Qubits unterschiedlichste Gestalt haben – die Polarisation von Lichtteilchen etwa, der Spin eines Elektrons oder energetische Anregungen der Elektronenhülle eines Atoms – können auch Quantenregister unterschiedliche Formen annehmen. Es kann sich um ein Molekül handeln, bei dem z.B. die Spins der Atomkerne als Qubits dienen. Auch Lichtteilchen, die durch lichtleitende Kanäle auf einem Chip flitzen, bilden ein Quantenregister. Nicht zuletzt verkörpert auch eine Kette von supraleitenden Schleifen oder von Ionen, also elektrisch geladenen Atomen, ein Quantenregister. Sehen wir uns ein konkretes Beispiel an.

Ein Team um Rainer Blatt von der Universität Innsbruck hat ein Quantenregister aus 14 Kalzium-Ionen gebaut (siehe Abb. 5–2[34]). Auf Ionen wirkt in einem elektrischen Feld eine Kraft. Durch geschickte Anordnung mehrerer Elektroden lässt sich ein Ion in der Schwebe halten, das Ion sitzt in der Falle. Eine länglich gebaute Ionenfalle kann mehrere Ionen wie eine Perlenkette gefangenhalten. Jedes Ion hat zwei stabile Elektronenorbitale, die als »0« und »1« fungieren, wodurch das Ion zum Qubit wird.

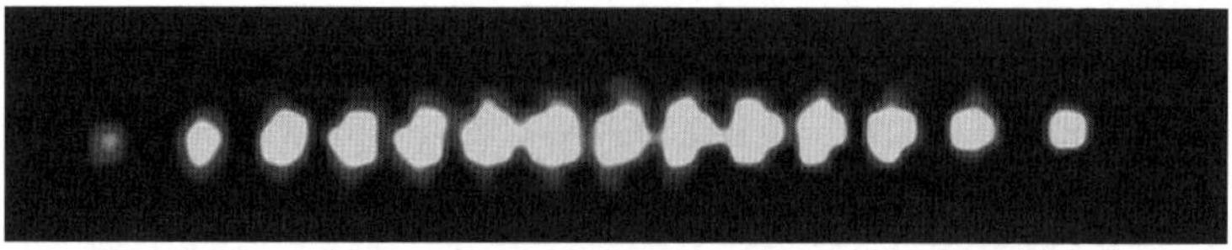

Abb. 5–2 Ionen, wie eine Perlenkette in einer Ionenfalle aufgereiht, bilden ein Quantenregister. Die ganze Kette ist etwa einen Zehntel Millimeter lang. (Quelle: Universität Innsbruck)

Wie benutzt man nun so ein Quantenregister zum Rechnen? Am Anfang der Aktionen eines Quantencomputers steht der Upload von Daten in das Quantenregister, ähnlich wie beim Laden der Information vom Speicher in den Prozessor eines klassischen Rechners. Allerdings erfolgt dieser nicht der Reihe nach, sondern es werden alle Dualzahlen, die das Quantenregister speichern kann, auf einmal geladen.

Im klassischen Register leitet der Bus die Bits in Form elektrischer Signale. Das Quantenregister wird auf andere Weise mit Information gefüttert. Mit Lichtteilchen »redet« man über halbdurchlässige Spiegel (siehe Kasten »Logische Lichtstrahlen«). In der Regel aber dienen elektromagnetische Wellen als Sprachrohr zu den Qubits, die Forscher *funken* die Information quasi in das Quantenregister hinein.

Rainer Blatts Team etwa benutzt dafür Laserstrahlen. Diese fokussiert es so scharf, dass sie einzelne Ionen ansprechen. Etwas anders kontaktiert man die Spins der Atomkerne von Molekülen. Sie lassen sich mit Mikrowellen unterschiedlicher Frequenz gezielt ansprechen.

Mit einem Mikrowellenpuls bestimmter Dauer kann man den Spin um exakt 90 Grad drehen. Im Bild mit der Weltkugel (oder »Blochkugel«) aus Abbildung 3–7 betrachtet, dreht der Radiopuls das Qubit vom Nordpol zum Äquator. Somit bringt er es in eine Superposition aus »0« und »1«, bei der beide Werte die gleiche Amplitude erhalten, also mit gleicher Wahrscheinlichkeit gemessen werden. Diese Aktion wird als Hadamard-Gatter bezeichnet (nach dem französischen Mathematiker Jacques Hadamard). Bei den Ionen-Qubits geht das ganz ähnlich, nur eben mit Laserstrahlen.

Wendet man das Hadamard-Gatter auf alle Qubits im Quantenregister an, gelangt dasselbe in eine Superposition *aller* Werte, die es speichern kann. Beim 14-Qubit-Register wäre das eben die simultane Speicherung aller 14-stelligen Dualzahlen: Das sind insgesamt 16.384 Zahlen. Für eine vergleichbare Leistung bräuchte es 16.384 klassische 14-Bit-Register[35] und somit einen Speicher von immerhin rund 200 Kilobyte, also mehr als das Dreifache des Arbeitsspeichers des legendären Heimcomputers Commodore 64 aus den 1980er-Jahren. Doch es kommt noch besser: Mit *jedem* zusätzlichen Qubit *verdoppelt* sich die Kapazität des Quantenregisters. Ein Quantenregister aus nur 25 Qubits kann demnach mehr Werte simultan aufnehmen als ein moderner 4-Gigabyte-Arbeitsspeicher!

Logische Lichtstrahlen

Licht ist die Ruhelosigkeit selbst. Photonen, also die Teilchen des Lichts, flitzen mit 300.000 Kilometer pro Sekunde durch die Gegend. Dennoch kann man sie als Qubits verwenden, mit denen sich kommunizieren lässt. Dazu braucht man lediglich einen halbdurchlässigen Spiegel.

Man kann einem waagrecht fliegenden Photon die Botschaft »1« zuordnen und einem vertikal fliegenden die Botschaft »0«. Wenn es waagrecht auf den Spiegel zufliegt, codiert es also eine »1«. Der Spiegel lenkt es mit je 50 Prozent Wahrscheinlichkeit nach oben ab oder lässt es einfach passieren. Solange die Wellenfunktion des Photons nicht per Lichtdetektor gemessen wird, fliegt es gleichzeitig horizontal und vertikal weiter, sprich: es befindet sich in einer Superposition aus »0« und »1«. Der halbdurchlässige Spiegel hat also als Hadamard-Gatter gewirkt.

→

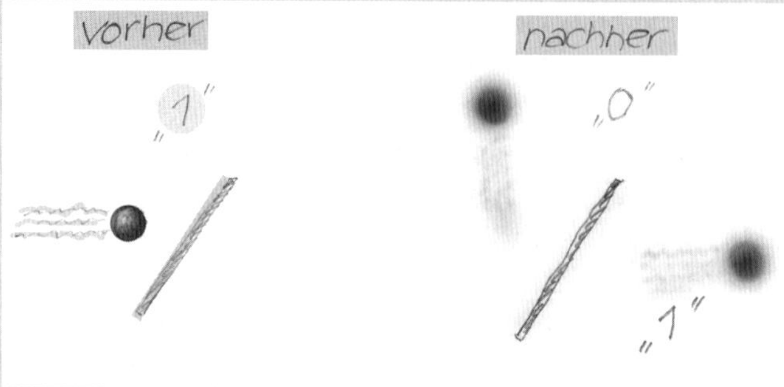

Abb. 5–3 Hadamard-Gatter für Photonen.

Die gigantische Speicherkapazität eines Quantenregisters hört sich toll an, ist aber erst einmal nutzlos. Anstatt Eingabewerte, Zwischenergebnisse und Endergebnis nacheinander aufzunehmen und das Ergebnis am Schluss auszugeben, enthält das Quantenregister diese Werte alle schon beim Start, man weiß lediglich nicht, welche es sind (siehe Abb. 5–4). Die Antwort versteckt sich wie eine Nadel im Heuhaufen.

Die Situation ist ähnlich wie in der Geschichte »Die Bibliothek von Babel« des argentinischen Schriftstellers Jorge Luis Borges. Diese fiktive Bibliothek enthält in einer unendlichen Zahl von Büchern alle möglichen Buchstabenkombinationen. Das meiste ist Zeichensalat, etwas wie »wklaöaghblcäbajklertn, yb lkti«. Da aber auch »Hamlet« von Shakespeare eine »mögliche Buchstabenfolge« ist, kommt auch dieses Drama in den unendlichen Regalmetern dieser phantastischen Bücherei vor. Man weiß halt nur nicht, wo, und kann die Leben mehrerer Bibliothekare damit verschwenden, das Zufallsprodukt – wahrscheinlich erfolglos – zu suchen.

Um den richtigen Wert aus dem Quantenregister herauszufiltern, könnte man eine Messung vornehmen. Diese zerstört die Superposition, wie wir aus Kapitel 3 wissen. Der pure Zufall bestimmt, welchen der möglichen Werte das Messgerät anzeigt. Man bekommt also *irgendeinen* der gespeicherten Werte. Was soll man damit anfangen? Das ist doch nichts anderes als ein Würfel mit 16.384 Seiten, ein besserer Zufallsgenerator. Es gleicht einem willkürlichen Griff in ein Regal der Bibliothek von Babel. Ziemlich sinnlos also. Wo sind die phänomenalen Fähigkeiten eines Quantencomputers?

Abb. 5–4 Rechenprozess beim herkömmlichen Rechner (oben) und beim Quantencomputer (unten). Der klassische Computer verarbeitet Daten Schritt für Schritt. Es benötigt Zeit, bis das Endergebnis erreicht wird (angedeutet durch das Tick-Tack-Tick ...). Der Quantencomputer hingegen speichert alle Werte auf einmal, zu einem Zeitpunkt (»Tick«). Das Ergebnis ist *einer* dieser Werte. Die Aufgabe ist, den richtigen Wert herauszufiltern.

Die Antwort darauf beginnt mit einer weiteren Gemeinsamkeit zwischen klassischem Computer und Quantenrechner. Auch Letzterer arbeitet mit Logikgattern, man bezeichnet sie nur anders, nämlich als »Quantengatter«. Die Quantengatter manipulieren die Wahrscheinlichkeitswellen. Konkret heißt das, dass sie Qubits »drehen«, wie wir es, ebenfalls in Kapitel 3, anhand der »Blochkugel« kennengelernt haben. Das Hadamard-Gatter ist eine Variation davon.

Datenverarbeitung in parallelen Welten

Ebenso wie die Logikgatter operieren Quantengatter mit wenigen Qubits. Das Hadamard-Gatter manipuliert jeweils nur ein Qubit. Ein weiteres Ein-Qubit-Gatter ist das NICHT- oder NOT-Gatter: Es dreht per Laser- oder Mikrowellenpuls das Qubit von einem Pol zum gegenüberliegenden Pol der Blochkugel, etwa vom Nord- zum Südpol. Es schaltet also den Wert des Qubits zwischen »Ja« und »Nein« um.

Ein Phasengatter manipuliert lediglich die Phase des Qubits, verschiebt es also, wenn wir uns die Blochkugel als Globus vorstellen, *entlang* eines »Breitengrads«. Wir werden in Kapitel 6 sehen, wie Quantencomputer dies einmal nutzen sollen, um in riesigen unsortierten Datenbanken in wenigen Schritten ein gesuchtes Element zu finden.

Das Erstaunliche ist, dass zwei Phasengatter zusammen mit einem einzigen weiteren Quantengatter, das mit zwei Qubits arbeitet, ausreichen, um *jede denkbare Berechnung mit einem Quantencomputer* durchzuführen.

Dieses zusätzliche Gatter, das so genannte »kontrollierte NICHT-« oder abgekürzt CNOT-Gatter[36], hat es in sich. Es lässt zwei Qubits miteinander »reden«. Das eine Qubit sagt dem anderen, ob es ein NOT-Gatter ausführen soll oder nicht. Die Erlaubnis dazu erteilt es, wenn es selbst auf »1« steht. Steht es hingegen auf »0«, bleibt das zweite Qubit in seinem Zustand.

Das CNOT-Gatter kann zwei Qubits miteinander *verschränken*. Dies geschieht dann, wenn das kontrollierende Qubit eine Superposition aus »0« und »1« speichert. Angenommen, das zweite Qubit steht auf »0«. Durch die Anwendung des CNOT passiert nun etwas Seltsames. Zwei Operationen laufen simultan ab. Weil Qubit 1 auf »0« steht, bleibt Qubit 2 auch auf »0«. Weil Qubit 1 aber gleichzeitig auf »1« steht, schaltet Qubit 2 auch um, auf »1«. Direkt beobachten lässt sich dieser merkwürdige Zustand nicht. Doch das Schicksal der beiden Qubits ist nun verknüpft. Misst man nämlich den Wert von Qubit 1 und es kommt »0« heraus, so materialisiert sich Qubit 2 ebenfalls als »0«. Lautet das

Messergebnis hingegen »1«, dann nimmt Qubit 2 sofort den gleichen Wert an. Das Messergebnis des einen hängt vom Messergebnis des anderen ab, sprich die Qubits sind verschränkt. Man kann diesen verschränkten Zustand symbolisch als »00 + 11« darstellen. Das CNOT-Gatter stellt somit die neben der Superposition zweite wesentliche Ressource des Quantencomputers bereit, eben die Verschränkung.

Das gerade genannte Beispiel ist ein Spezialfall, bei dem Qubit 2 auf »0« steht. Im Allgemeinen kann es wie Qubit 1 eine Mischung von »0« und »1« halten. Dann führt das CNOT-Gatter *alle vier* möglichen Operationen simultan aus.

Die konkrete Umsetzung des CNOT-Gatters in der Ionenfalle zeigt besonders anschaulich, auf welche Weise die zwei Qubits miteinander »reden«.[37] Dazu müssen sie noch nicht einmal Nachbarn in der Kette sein. Die Kommunikation erfolgt über Vibrationen der gesamten Kette. Laut Welle-Teilchen-Dualismus bestehen solche Vibrationen aus Teilchen, die als *mobile Qubits* dienen. Mobil, denn die Schwingungen pflanzen sich ja entlang der Kette fort. Die Vibrations-Teilchen tragen Information von einem Qubit zum anderen, wobei Absender und Empfänger durch Laserstrahlen beliebig ausgewählt werden können. Wenn das mobile Qubit eine »1« transportiert, dann ändert das Empfänger-Qubit seinen Wert, sonst nicht (siehe Abb. 5–5).

Abb. 5–5 Das CNOT-Gatter in einer Ionenfalle arbeitet ähnlich wie die Impuls-Kugelreihen auf manchen Schreibtischen. Wenn die Kugel links außen auf die Reihe prallt, pflanzt sich ihre Wucht durch die Reihe fort und die Kugel rechts außen schwingt nach rechts aus. Im CNOT-Gatter entspricht eine schwingende Kugel dem Wert »1«. Im Bild ist dargestellt, wie eine »1« die »0« am anderen Ende wegschubst und durch eine »1« ersetzt. Wenn links eine »0« wäre, würde nichts passieren. In der Ionenkette überträgt ein Laserpuls das Qubit des linken Ions auf ein Vibrations-Qubit, das dann zum rechten Qubit wandert. Dort überträgt ein weiterer Laserpuls das Vibrations-Qubit auf das rechte Ion. Steht im rechten Qubit eine »1«, wird sie in eine »0« verwandelt.

Alle Quantengatter teilen die bemerkenswerte Fähigkeit, mehrere Aktionen simultan auszuführen, die herkömmliche Logikgatter nacheinander abarbeiten müssen. Angenommen, ein NOT-Gatter wird auf ein Qubit angewendet, das in einer Superposition aus »0« und »1« schwebt. Dann wirkt das Gatter auf *beide Teile* dieser Superposition. So wird das gleichzeitige Rechnen mit mehreren Eingabewerten möglich, in der Fachsprache als Quantenparallelismus bezeichnet.

Die Quantengatter machen also aus dem Quantenregister mehr als nur einen Ablageplatz für Daten. Gesteuert von Laserstrahlen oder Funkwellen wird es zu einem Prozessor, genauer zu einem Prozessor für Quanteninformation.

Das Orchester der Möglichkeiten

Nun können wir uns ein Bild davon machen, wie der Rechenprozess in einem Quantencomputer abläuft. Zunächst bringen Laser (oder Mikrowellen, halbdurchlässige Spiegel etc.) das Register in einen Anfangszustand. So kann etwa ein Hadamard-Gatter jedes Qubit in eine Superposition von »0« und »1« bringen. Das Quantenregister speichert dann jeden möglichen Wert mit der gleichen Amplitude.

Der eigentliche Rechenprozess besteht dann in einer Abfolge von Quantengattern an verschiedenen Qubits bzw. Paaren von Qubits. Die Abfolge spiegelt die Art des Problems wieder, die der Quantencomputer lösen soll, ähnlich wie die Abfolge der Befehle in einem Programm für einen klassischen Rechner.

Da die Quantengatter nacheinander unterschiedliche Paare von Qubits miteinander verschränken, entsteht nach und nach immer mehr Verschränkung im Quantenregister. Oder innerhalb und zwischen den Quantenregistern, denn ein Quantenrechner kann mehrere davon besitzen.

Statt einer Unzahl von Leitungen, die Daten in Form von elektrischen Signalen durch ein Netzwerk aus Logikgattern schleusen, rechnet ein Quantencomputer mittels einer zeitlichen Abfolge aus Signalen, die an eine überschaubare Anzahl von Qubits gesendet werden.

Das lässt sehr viel mehr an das Dirigieren eines Orchesters denken als an ein sequenzielles Abarbeiten von Befehlen. Erinnern doch unterschiedlich lange Laserpulse, gerichtet an unterschiedliche Qubits, an einen Dirigenten, der sich mit seinem Taktstock an verschiedene Musiker eines Orchesters wendet.

Ein entscheidender Unterschied zum klassischen Computer ist dabei der Quantenparallelismus. Die Gatter angewendet auf eine Superposition verarbeiten mehrere Werte gleichzeitig. Es ist sogar möglich, mit wenigen Quantengattern *alle* gespeicherten Werte parallel zu verarbeiten. Mit 14 Qubits lassen sich demnach 16.384 Werte simultan verarbeiten.

Der Quantencomputer kann also prinzipiell mehrere Lösungsmöglichkeiten eines Problems gleichzeitig testen. Hier wird die Analogie mit einem Orchester noch greifbarer, denn die Quantengatter bringen die Wahrscheinlichkeitswellen der Qubits zu einer Überlagerung, sodass sich die Wellen, die zu falschen Lösungen führen, durch Interferenz auslöschen, während sich die Wege zur richtigen Lösung gegenseitig verstärken. Ähnlich verbinden sich Töne im Orchester zu Akkorden und diese zu einem Musikstück. Faszinierend dabei: Verwendete man 300 Qubits oder mehr, ließe sich mit ein paar Taktschlägen quasi ein ganzes Universum dirigieren.

Das Ganze gleicht einem Filterungsprozess, bei dem die anfangs im Quantenregister gespeicherten Werte nach und nach neutralisiert werden, bis der richtige Wert übrig bleibt. Das Auslesen des Ergebnisses erfolgt ebenfalls per »Funk«, bei den Innsbrucker Ionen z.B. per Laser: Laserlicht regt die Ionen zum Aussenden von Licht an, sofern sie im Qubit-Zustand »1« sind. Leuchten bedeutet also »1«, Nicht-Leuchten »0«. Ein Bildsensor registriert diese Information.

Ein klassischer Computer hingegen müsste alle Werte, fein säuberlich einen nach dem anderen, durch seine Maschinerie schleusen, um zum gleichen Ergebnis zu kommen. Er kann zu einem Zeitpunkt x immer nur eine Lösung erreichen. Entpuppt sie sich als falsch, ist nichts gewonnen. Der Rechner muss einen neuen Lösungsweg probieren, von dem er genauso wenig weiß, ob er besser oder schlechter ist als der vorige.

Einen Nachteil hat das Quantenrechnen aber: Es ist nicht deterministisch. Das richtige Ergebnis kann zwar eine höhere Messwahrscheinlichkeit erlangen als die anderen, was aber nicht unbedingt heißt, dass die anderen Wahrscheinlichkeiten auf null sinken. Das gemessene Ergebnis kann falsch sein. Dann muss der Prozess so oft wiederholt werden, bis man sich sicher ist.

Paralleles Rechnen ist natürlich auch mit klassischen Computern möglich und wird in Computernetzwerken oder Superrechnern ja auch praktiziert. So kann man durchaus mehrere Lösungswege gleichzeitig testen, wenn auch mit erhöhtem Aufwand an Hardware.

Ein Superrechner, groß wie Mitteleuropa

Der Punkt ist, dass dieser Zusatzaufwand bei bestimmten Aufgaben astronomische Ausmaße annähme. Der Physiker Jörg Wrachtrup von der Universität Stuttgart veranschaulicht das anhand der Schwierigkeit, RSA zu knacken (siehe Kap. 1).

Um an den Schlüssel zu kommen, müsste ein Angreifer eine 640-stellige Zahl in ihre Primfaktoren zerlegen. Er müsste also zwei bestimmte 320-stellige Zahlen im Heuhaufen aller Zahlen dieser Größe finden. Wobei »Heuhaufen« stark untertrieben ist: Es gibt mehr 320-stellige Zahlen als Elementarteilchen im Universum. Weil die beiden richtigen erraten werden müssen, hat der Angreifer extrem schlechte Karten. Ein Sechser im Lotto ist eine sichere Bank dagegen.

Um schneller zu raten, kann er einen Computer einsetzen. Doch selbst wenn er den ziemlich starken Supercomputer der Uni Stuttgart verwendet, der pro Sekunde eine Million Billiarden Rechenoperationen ausführt, würde das Stochern im Heuhaufen zehn Jahre dauern. Nun werden Rechenchips immer leistungsfähiger, und in fünf oder zehn Jahren könnte es einen Rechner geben, der es in ein paar Stunden schafft. Doch es wäre dann relativ leicht, RSA auf Zahlen mit 2048 Stellen zu basieren und damit die Schwierigkeit zu vervielfachen, sodass auch die neuen Rechner wie der Ochs' am Berg dastehen würden.

»Um eine 2048-stellige Zahl mit *heutiger* Technik in Primfaktoren zu zerlegen, bräuchte man einen Rechner von der Größe Mitteleuropas«, sagt Wrachtrup.[38] Dessen Kühlanlagen würden zudem ganz Skandinavien bedecken. »Er würde eine Million Billionen Euro kosten und an einem einzigen Tag den gesamten Energievorrat der Erde aufzehren«, veranschaulicht der Physiker.

Für einen künftigen Quantencomputer hingegen sind 640-stellige, aber auch noch viel größere Zahlen durchaus handhabbar, ohne dass sämtliche Kraftwerke des Planeten heißlaufen würden. Weil sich die Speicherkapazität mit jedem zusätzlichen Qubit verdoppelt, reichen schon relativ wenige Qubits aus, um eine enorme Anzahl von Möglichkeiten zu testen. Wir erinnern uns: 300 Qubits speichern mehr Werte, als es Teilchen im Universum gibt. Experten schätzen, dass ein RSA-knackender Quantencomputer einige Tausend Qubits benötigen würde. Allerdings ist man davon heute noch weit entfernt, wie wir gleich sehen werden.

Ohne Verschränkung würde der Quantencomputer diese Leistung nicht hinbekommen. Für diese »spukhafte Fernwirkung« (Einstein) gibt es in der klassischen Welt einfach keine Entsprechung, auch Parallelprozessoren in Supercomputern kriegen sie nicht hin. Sie ist so wichtig, dass die Innsbrucker Physiker eine Kette aus 64 Kalziumionen, die sie ebenfalls herstellen können, nicht als Quantenregister bezeichnen. Denn nur die aktuell 20 Ionen der kürzeren Kette können sie auf kontrollierte Weise miteinander verschränken (Stand 2020).

Signale aus der Zukunft

Warum ist die Verschränkung so wertvoll? Während das Quanten-Orchester spielt, baut sich eine Verschränkung zwischen den Eingabewerten und den möglichen Ergebnissen auf. Die Wirkungen sprechen sozusagen mit ihren Ursachen. Das ist so ähnlich, als würden im klassischen Computer die Endergebnisse, die falschen wie die richtigen, Rückmeldungen aus der Zukunft geben, in der sie nacheinander eintreffen, und den Startwerten melden: »Hallo! Diesen Weg könnt ihr euch sparen!« Oder eben: »Genau! Das ist der richtige Weg!« Ohne eingebaute Zeitmaschine ist das nicht zu machen. Wie diese Kommunikation zwischen Ergebnissen und Ausgangswerten konkret aussieht, werden wir im nächsten Kapitel anhand des Shor-Algorithmus sehen. Der Shor-Algorithmus ist eine Art Programm für einen Quantencomputer, im Orchester-Bild also eine Partitur. Der Mathematiker Peter Shor hat ihn 1994 an den Bell Labs im US-amerikanischen Murray Hill entwickelt und damit die öffentliche Aufmerksamkeit auf das bis dahin wenig beachtete Forschungsfeld »Quantencomputer« gelenkt. Denn der Shor-Algorithmus ist es, der das bis dahin als todsicher geltende RSA-Verfahren auszuhebeln droht.

Da die Rechenergebnisse mit ihren Ausgangswerten direkt zusammenhängen, kann während der Quantenrechnung keine Information verlorengehen. Der Prozess könnte genauso gut rückwärts ablaufen. Ähnlich wie der Bindfaden, den man beim Durchschreiten eines Labyrinths abspult, sicherstellt, dass man wieder zurückfindet.

Ein klassischer Computer hingegen »vergisst« während des Rechnens. Man sieht diesen Unterschied schon zwischen herkömmlichen Logikgattern und Quantengattern. Ein UND- oder XOR-Gatter hat zwei Eingänge und einen Ausgang. Aus zwei eingegebenen Bits wird ein ausgegebenes Bit, ein Bit Information geht verloren. Die Quantengatter hingegen haben entweder einen Eingang und auch einen Ausgang oder zwei Eingänge und zwei Ausgänge (CNOT-Gatter).

Wir wissen nun, worin sich Quantencomputer von normalen Rechnern wesentlich unterscheiden. Der Abschnitt hat auch gezeigt, dass keine Magie dahintersteckt und dass ein Quantencomputer relativ einfach aufgebaut ist. Warum steht dann noch kein superschneller, energiesparender Quantencomputer auf meinem Schreibtisch, mögen Sie fragen. Nun, die Orchestrierung der Qubits erfordert ein hohes Maß an Kontrolle über einzelne atomare und subatomare Teilchen. Die Entwickler des Quantencomputers stehen auch nach 25 Jahren Arbeit noch vor enormen Hürden. Wir werden sehen, wie weit sie sind, was ihre Computer schon gemacht haben und worin die Hürden auf dem Weg zu einem wirklich leistungsfähigen Quantencomputer bestehen.

Quantenrechnen mit Chloroform

In den letzten vier Jahrzehnten hat sich sehr viel getan. Die Idee des Quantencomputers betrat im Jahr 1982 die Bühne. Sie stammt vom Physik-Nobelpreisträger Richard Feynman. Der US-Amerikaner war ein Technologie-Visionär. In einer legendären Rede mit dem Titel »Unten ist jede Menge Platz«[39] hatte er schon 1959 mikroskopisch winzige Technologie vorhergesehen, weshalb er heute als einer der Erfinder der Nanotechnologien gilt.

Feynman beeinflusste die Entwicklung der Quantenphysik seit den 1940er-Jahren maßgeblich. 1981 stellte er die Frage, ob ein klassischer Computer in der Lage sei, physikalische Systeme *effizient* zu simulieren. Die Frage ist rhetorisch, denn schon einfache Quantensysteme lassen sich auf einem Computer nur mithilfe von starken Vereinfachungen beherrschen. Feynman hatte die Idee, Quantenobjekte als Rechner zu nutzen, da diese selbst nach den Regeln der Quantenphysik funktionieren und daher auch ohne die fehlerträchtigen Vereinfachungen auskommen sollten. Feynman sprach also von einer Art Quantenrechner.

Andere griffen die Idee auf. Erste theoretische Entwürfe für Quantencomputer tauchen noch in der ersten Hälfte der 1980er-Jahre auf, unter anderem vom israelisch-britischen Physiker David Deutsch. Anfang der 1990er-Jahre wurden erste Algorithmen für den noch hypothetischen Rechner entwickelt. Zunächst gebrach es diesen an Spektakularität. Doch dann kam der Knüller: Shors Algorithmus. Er verlieh dem Feld deutlichen Schwung.

Theoretische Physiker machten sich Gedanken, wie man einen Quantencomputer bauen könnte. Die ersten konkreten Schritte folgten auf dem Fuß. Noch in 1994 schlugen der Spanier Ignacio Cirac und der Österreicher Peter Zoller vor, ein CNOT-Gatter mit Ionen in einer Falle zu verwirklichen. Das Team des späteren Nobelpreisträgers David Wineland setzte dies 1995 erstmals um. Im gleichen Jahr verwirklichte ein Team um Jeff Kimble vom California Institute of Technology ein CNOT-Gatter mit Photonen.

Um das zu erreichen, hatten die Forscher existierende Laborversuche modifiziert. »Weil das relativ einfach war, dachte man, schnell einen Quantencomputer bauen zu können«, sagt Seth Lloyd vom Massachusetts Institute of Technology (MIT) in Cambridge, selbst einer der Pioniere. Doch das sollte sich bald als Irrtum erweisen. Zunächst aber gab es weitere Erfolge.

Einer der wichtigsten Meilensteine war ein Quantencomputer aus dem *Reagenzglas*! Isaac Chuang, damals am Almaden Forschungszentrum von IBM, hat ihn gebaut. Es handelt sich um ein Molekül namens Perfluorobutadienyl-Eisen-Komplex. Kaum zu glauben, dass eine banale chemische Verbindung Shors Algorithmus ausführen kann, oder? Dennoch hat das Molekül die Zahl 15 in ihre Primfaktoren 3 und 5 zerlegt, im Jahr 2003 war das.

Die fünf Fluor-Atome und zwei der Kohlenstoff-Atome dieser Verbindung hat Chuangs Team durch Isotope (gleiches Element, aber unterschiedliche Zahl an Neutronen) ersetzt, die einen Spin haben, also als Qubit wirken können (das sind in Abbildung 5–6 die Kugeln, die von einem Pfeil aufgespießt erscheinen).

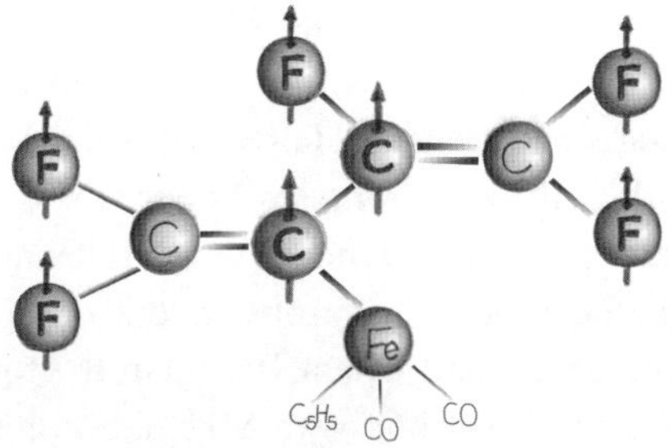

Abb. 5–6 Dieses Molekül ist der erste Quantencomputer, der Shors Algorithmus ausgeführt hat. Als Qubits dienen vier Fluor-19-Isotope und zwei Kohlenstoff-13-Isotope (fette »F« und »C« mit Pfeilen durch). Die Kerne dieser Isotope besitzen einen Spin, daher können sie als Qubits dienen. Faktorisiert wurde die Zahl 15.

Um mit dem Molekül zu rechnen, musste Chuangs Team mit ihm »sprechen«, also seine Qubits gezielt manipulieren und zwar so, dass mit jedem Qubit ein individueller Dialog möglich wurde. Als Sprachrohr verwendeten sie eine Technik, die Otto Normalverbraucher aus der Medizin kennt: die Kernspinresonanz, kurz NMR (vom englischen »Nuclear Magnetic Resonance«).

Die Forscher haben eine Flüssigkeit dieser Moleküle – die eine Unzahl der winzigen Quantencomputer enthält – einem starken Magnetfeld ausgesetzt. Dadurch richten sich die Spins der Atomkerne der Fluor- und Kohlenstoff-Atome aus wie Kompassnadeln. Dabei bleiben sie aber nicht statisch, sondern taumeln wie Kreisel um die Richtung des Magnetfelds herum. Jeder Spin kreiselt mit einer etwas anderen Frequenz.

Strahlt man nun Radiowellen mit einer dieser Frequenzen ein, reagiert der so angesprochene Spin. Die sieben Qubits sind also mit Antennen vergleichbar, von denen jede eine andere Empfangsfrequenz hat. So lassen sie sich einzeln ansprechen, sie können also einer Abfolge von Hadamard-Gattern, Phasengattern oder CNOT-Gattern ausgesetzt werden.

Chuangs Team etwa sendete Hunderte kurzer Radiopulse zu den sieben Qubits. Am Ende dieser Sequenz sendeten die Qubits über Radiowellen das Rechenergebnis. Die Moleküle antworteten so auf die Frage der Forscher. Alle Moleküle in der Flüssigkeit machten dabei denselben Prozess durch. Wie ein Fanchor in der Südkurve schrien sie aus einem Hals das Ergebnis, sodass es die Forscher auch »hören«, sprich messen konnten.

In der Folgezeit haben Forscher andere Moleküle auf ihre Eignung als Quantencomputer ausprobiert, etwa Chloroform, das mit einem Kohlenstoff- und einem Wasserstoff-Atom als Qubits rechnet. Physiker um Leo Zhou vom MIT haben mit Chloroform den so genannten Grover-Algorithmus umgesetzt (siehe auch Kap. 6). Das ist eine »Partitur« des indisch-amerikanischen Informatikers Lov Grover, die unsortierte Datenbanken deutlich schneller durchsucht, als jedes klassische Computerprogramm dies könnte. Allerdings durchsuchte das Chloroform nur eine »Datenbank« mit vier Einträgen.

Auch mit Ionenketten wurden schon Rechnungen ausgeführt, z.B. der so genannte Deutsch-Algorithmus von David Deutsch. Der Algorithmus prüft, bildlich gesprochen, mit einem Blick, ob eine Münze zwei gleiche Seiten hat, also gezinkt ist oder nicht. In der klassischen Welt braucht man dafür zwei Blicke, zwischen denen man die Münze umdrehen muss, um ihre andere Seite zu sehen.

Ein Rangierbahnhof für Lichtteilchen

Es würde den Rahmen dieses Buchs sprengen, *alle* Ansätze abzuhandeln, die in den letzten zwei Jahrzehnten entwickelt wurden. Zwei weitere Beispiele möchte ich jedoch noch ausführen, um einen Eindruck davon zu vermitteln, wie unterschiedlich die Konzepte sind (einen kurzen Überblick liefert der Kasten »*And the Winner ... steht noch nicht fest*«).

Obwohl Photonen mit Lichtgeschwindigkeit durch die Gegend sausen, kann man sie als Qubits nutzen. Der aus Deutschland stammende Physiker Dirk Englund vom MIT weiß auch, wie das geht. Sein Team entwickelt Mikrochips, auf denen Lichtteilchen durch eine Art Rangierbahnhof aus Lichtbahnen reisen (siehe Abb. 5–7).

Der »Bahnhof« ist ein programmierbarer Rechner: Je nachdem, wie die Weichen gestellt sind, flitzen die Photonen entlang unterschiedlichen Wegen. Das bedeutet, dass Quantengatter unterschiedlich durchlaufen werden – die Berechnung ändert sich.

Abb. 5–7 Ein Silizium-Chip mit Lichtbahnen bildet einen programmierbaren photonischen Quantencomputer. (Quelle: Nicholas Harris, MIT)

Links treten die Photonen in Lichtbahnen ein, die auf Abbildung 5–7 als feine Linien zu erkennen sind. Je zwei davon bilden ein Qubit, je eine Bahn steht dabei für »0« bzw. »1«. Die Lichtbahnen laufen aufeinander zu, eine Weile parallel und dann wieder auseinander. Wo sie sich nahekommen, können Photonen die Positionen wechseln. Wie wahrscheinlich dieser Wechsel ist, lässt sich mit elektronischen Bauelementen, deren Zuleitungen am oberen Bildrand erkennbar sind, steuern. Der obige Kasten »Logische Lichtstrahlen« hat gezeigt, wie ein halbdurchlässiger Spiegel als Hadamard-Gatter für photonische Qubits dienen kann. Ähnlich ist es hier, nur dass die Durchlässigkeit des Spiegels variiert werden kann: Er lässt ein Photon mit 20, 50 oder 80 Prozent passieren oder mit irgendeinem anderen Wert. Auf diese Weise lassen sich nicht nur Hadamard-Gatter, sondern unterschiedliche Quantengatter programmieren.

Englunds Mitarbeiter Nicholas Harris erzählt, dass er versucht, den Energietransport bei der Photosynthese zu simulieren. Die Photonenchips werden also bereits als Quantencomputer benutzt.

Eine andere Variante von Qubits erfreut sich derzeit hoher Beliebtheit, insbesondere bei den großen Tech-Unternehmen. Sie bestehen aus supraleitenden Schaltkreisen, meist aus den Metallen Aluminium oder Niob. Als »führende Kandidaten« bezeichnet sie der Physiker Morten Kjaergaard vom Massachusetts Institute of Technology.[40] Mit dieser Meinung ist er nicht allein. Diese Art von Qubits lässt sich mit ähnlichen Verfahren auf Chips fertigen, wie sie die Halbleiterindustrie verwendet. Das macht Hoffnung auf eine spätere billige Massenfertigung. Wie wir schon gesehen haben, nutzt sie das kanadische Unternehmen D-Wave Systems für das »Quantenausglühen«. Doch wie andere Forscher schon mehrfach gezeigt haben, eignen sie sich auch für Quantengatter, also für das »gatterbasierte« Quantencomputing, das wir in diesem Kapitel kennengelernt haben.

Vor 15 Jahren waren supraleitende Qubits mit Kohärenzzeiten von weniger als einer Millionstel Sekunde wenig vielversprechend.

Wir erinnern uns daran, dass die »Kohärenzzeit«, grob gesagt, die Lebensdauer eines Qubits ist, die Zeit also, die für das Abarbeiten von Quantengattern zur Verfügung steht. Forscher probierten mehrere Bauarten und Varianten aus und verbesserten diese stetig. Heute leben diese Qubits immerhin mehr als Hundert Tausendstel Sekunden.[41]

Abb. 5-8 Der Chip »Sycamore« von Google. Er besitzt 53 Qubits, mit denen Google im Jahr 2019 die so genannte Quantenüberlegenheit demonstrierte (siehe Text; Bild: Google).

Dass IT-Unternehmen wie Google oder IBM auf dieses Pferd setzen – Unternehmen mit enormen finanziellen Möglichkeiten –, rückt supraleitende Qubits in das Zentrum der Aufmerksamkeit. Die Firmen haben eben auch professionelle, gut ausgestattete PR-Abteilungen. Jene Fortschritte, die es in die Schlagzeilen schaffen, werden meist mit supraleitenden Qubits erzielt. Ein Höhepunkt war das Erreichen der »Quantenüberlegenheit«, die Google im Jahr 2019 meldete. Zum ersten Mal löste ein nur fingernagelgroßer Quantenchip eine Aufgabe binnen Minuten, für die der schnellste konventionelle Supercomputer wohl Jahrzehnte gebraucht hätte. Dafür brauchte der Chip nur 53 Qubits. Auch der »erste kommerzielle Quantencomputer der Welt«, den IBM im gleichen Jahr vorstellte, ist mehr PR-Finte als echter Fortschritt. Mit 20 Qubits übertrumpft das System klassische Rechner in keiner Weise. Das »kommerziell« bezieht sich eher darauf, dass man sich das Gerät kaufen und ins Labor stellen kann, auch wenn man kein Physiker mit Spezialkenntnissen im Betrieb von supraleitenden Quantenchips ist. Die deutsche Fraunhofer-Gesellschaft ist so ein Kunde. Sie hat das »Q-System-One« genannte Produkt 2019 gekauft, um damit »die Vorteile eines Quantencomputers nutzbar zu machen«, wie Fraunhofer recht unkonkret mitteilt.[42]

Mit ihren PR-Aktionen und dem oft wiederholten Hinweis auf die massenfertigungstaugliche Herstellungstechnik von supraleitenden Qubits suggerieren Google und Co., die Ära des Quantencomputers beginne schon jetzt – mit ihnen selbst als die Champions der Disziplin. Doch das ist eben nur PR. Zwar erzielen die Forscher und Ingenieure der Unternehmen Erfolge, die von Fachkollegen hoch geschätzt werden (dazu mehr in Kap. 8). Dennoch stehen zwischen supraleitenden Quantenchips und einem leistungsstarken Quantencomputer noch riesige Hürden.

Fotos wie in Abbildung 5–8 erinnern an den Chip in einem normalen PC oder Smartphone. Doch in einem normalen Gerät würde der abgebildete Quantenchip gar nicht arbeiten. Supraleitung funktioniert nur bei sehr tiefen Temperaturen von wenigen Grad über dem absoluten Nullpunkt (minus 273 °C). Die supraleitenden Qubits selbst brauchen es noch kälter, damit die mit Wärme verbundene Energie unterhalb der Energiedifferenz zwischen dem 0 und 1 des Qubits bleibt. Nicht viel mehr als rund zehn Tausendstel Grad über absolut Null sind tolerabel. Das erfordert eine aufwendige Kältetechnik, die mit flüssigem Helium arbeitet. Zu dessen Isolation von der Umwelt ist eine Art überdimensionale Thermoskanne nötig, die mehrere Hüllen mit Vakuum dazwischen besitzt. Das Ganze erreicht die Größe einer Öltonne, die Vakuumpumpen nicht mitgerechnet. Dazu kommt die Steuerungselektronik, die ein mannshohes Regal einnimmt.

Es ist schwer, die Elektronik zur Steuerung der Qubits in den Kälteapparat zu integrieren. Das erschwert die Skalierbarkeit, also den Ausbau zu viel mehr Qubits, von supraleitenden Quantencomputern enorm. Die ausgelagerte Schnittstelle zwischen Qubits und Elektronik bringt es mit sich, dass die Mikrowellensignale zum Ein- und Auslesen von Information zu und von den Qubits auch von außen zugeführt werden müssen – durch so genannte Koaxialkabel, die Platz brauchen. Es ist, als versuchte man, zehn

Strohhalme in eine Colaflasche zu stecken. An dieser Stelle zeigt sich anschaulich, dass der Bau eines Quantencomputers nicht allein der Job von Physikern ist. Ingenieure sind gefragt. Sie arbeiten bereits daran, die Steuerelektronik in den Kälteapparat zu integrieren, sowie an miniaturisierten Mikrowellenleitern.

Doch auch auf der Ebene der supraleitenden Chips besteht eine Herausforderung für Physiker und Ingenieure. Denn um ein Quantengatter auszuführen, müssen zwei Qubits miteinander wechselwirken. Dafür benötigen sie einen Verbindungskanal. Das lässt sich machen, aber bislang nur unter den nächsten Nachbarn eines Qubits, die auf dem Chip zweidimensional verteilt sind. Je nach Anordnung der Qubits kann ein Qubit mit maximal sechs Nachbarn kommunizieren. Idealerweise sollte aber jedes Qubit mit jedem anderen in Kontakt treten können, um beliebige Quantenalgorithmen ausführen zu können. Forscher arbeiten an einer besseren Vernetzung supraleitender Qubits, etwa indem sie sie dreidimensional anordnen. Doch das ist eben noch ziemlich grundlagenorientierte Wissenschaft.

Das sind Herausforderungen, die andere Arten von Qubits so nicht haben. Einen klaren Favoriten gibt es nicht. »Zwar haben viele Ansätze klare Vorteile auf einem Gebiet, dafür aber Nachteile auf einem anderen«, sagt Scott Aaronson, der das Forschungsgebiet auf seinem in der Szene viel beachteten Blog Shtetl-Optimized[43] beobachtet. Ein Prototyp, der bei Raumtemperatur funktioniert, was ein großer Vorteil ist, hat z.B. den Nachteil, dass sich die Qubits noch nicht präzise positionieren lassen und sich Information nur schwer auslesen lässt. Einen Überblick über wichtige Ansätze liefert folgende Tabelle (ohne Anspruch auf Vollständigkeit):

And the Winner ... steht noch nicht fest.

Es gibt viele Möglichkeiten, Qubits zu verwirklichen. Jeder der folgenden Ansätze könnte zu einem Quantencomputer führen. Auch eine Kombination daraus könnte das Rennen machen.

→

Technologie	Wie wird das Qubit verwirklicht?	Wer arbeitet daran? (Beispiele)
NMR-Quantencomputer	Kernspins von Atomkernen	Isaac Chuang, Massachusetts Institute of Technology, Cambridge
Gefangene Ionen	Per Laser ansprechbare Anregungen der Elektronenhülle des Ions; Vibrationen der Ionenkette als Datenleitung für Qubits	Rainer Blatt, Universität Innsbruck; David Wineland, NIST, Boulder, Colorado; Firma IonQ, Collegepark, US-Staat Maryland
Supraleitende Qubits	Supraleitende Leiterschlaufen, so genannte Josephson-Kontakte, in denen Strom links und rechtsherum simultan fließen kann	John Martinis, University of California, Santa Barbara; Firma D-Wave Systems, Burnaby, Kanada
Atome in optischen Gittern	Spin des Atoms	Immanuel Bloch, Max-Planck-Institut für Quantenoptik, Garching; Gerhard Birkl, Technische Universität Darmstadt
Photonische Quantencomputer	Polarisation von Lichtteilchen (die Richtung, in der die Lichtwelle schwingt); Die An- oder Abwesenheit von Photonen kann »1« bzw. »0« codieren. Eine weitere Verkörperung des Qubits ist die Ankunftszeit (früh oder spät) eines Photons.	Markus Aspelmeyer, Universität Wien; Andrew White, University of Queensland, Brisbane

→

Quantenpunkte (Quantendots)	Ein Quantenpunkt ähnelt einer Kirsche: Die eine Sorte von Halbleiter steckt wie ein Kern in einer anderen Sorte von Halbleiter, die die Schale bildet. Der Kern hält ein einzelnes Elektron gefangen. Dessen Spin oder sein Aufenthaltsort im Quantenpunkt dient als Qubit.	David DiVincenco, Forschungszentrum Jülich; Guido Burkard, Universität Konstanz
Diamanten-basierter Quantencomputer	Spin von »NV-Zentren« in Diamanten. NV-Zentrum: Kombination aus Stickstoff-Atom und einer Leerstelle im Kristallgitter des Diamanten	Jörg Wrachtrup, Universität Stuttgart; Mikhail Lukin, Harvard University, Cambridge (Massachusetts)
Gequetschtes Licht	Licht, bei dem entweder die Intensität oder die Phase minimal möglichen Schwankungen ausgesetzt ist, d. h., die Variationen sind nicht größer, als es die Heisenberg'sche Unschärferelation fordert. Die beiden Möglichkeiten (konstante Intensität bzw. Phase) können als »0« und »1« eines Qubits gewertet werden.	Christoph Marquardt, Max-Planck-Institut für die Physik des Lichtes, Erlangen

Das Rennen ist also noch offen. Wer gewinnt, wird auch davon abhängen, welcher Wettbewerber die Disziplin des Hürdenlaufs am besten beherrscht. Noch ist unklar, wie es gelingen kann, die ungestüme Physik der Qubits wirklich gut genug zu beherrschen.

6 Die Zähmung des wilden Rechenmonsters

Hürden auf dem Weg zum Quantenrechner

Wer einen Fehler gemacht hat und nicht korrigiert, begeht einen zweiten.

Konfuzius, chinesischer Philosoph (551–479 v. Chr.)

Auch wenn unterschiedliche Teams an unterschiedlichen Problemen herumdoktern, so gibt es doch zwei Hauptprobleme, die der Umsetzung eines Quantencomputers im Wege stehen und bei denen noch keiner der Ansätze wirklich überzeugt. Die eine Megahürde ist die so genannte Skalierbarkeit.

Um zu verstehen, was Skalierbarkeit ist und warum sie so wichtig ist, machen wir noch einmal einen Ausflug in die Geschichte der klassischen Computer. Bald nachdem Konrad Zuse den ersten lauffähigen Computer gebaut hatte, entstand an der University of Pennsylvania etwas, das man als den ersten Großrechner bezeichnen könnte: der Computer ENIAC[44]. Er füllte mit seinen 18.000 Elektronenröhren einen ganzen Saal. Das Ungetüm diente der Armee zur Berechnung der Flugbahnen von Geschossen. Schon damals kämpften die Ingenieure gegen Computercrashs: Alle zwei Tage versagte eine der Elektronenröhren, was den ganzen Rechner für mindestens 15 Minuten lahmlegte.[45]

Ein heutiger PC-Prozessor besitzt 500.000 Mal mehr elektronische Schalter als ENIAC und ist entsprechend leistungsfähiger und flexibler. Wäre damals jemand auf den Wahnsinn verfallen, ENIAC zu dieser Größe auszubauen, hätte er dafür nicht nur den gesamten Wohnraum einer Millionenmetropole gebraucht. Es wären auch pro Stunde über 100 Elektronenröhren ausgefallen. Der Reparaturaufwand wäre immens angestiegen. So ein Computer hätte in der Praxis nie laufen können. Im Fachjargon würde man sagen: ENIAC war nicht *skalierbar.* Er ließ sich ohne gigantischen Zusatzaufwand nicht beliebig vergrößern.

Dazu musste erst der Transistor erfunden werden, ein aus einem robusten Stück Halbleiter bestehender elektronischer Schalter. Das passierte gegen Ende der 1940er-Jahre. Der Transistor arbeitet wesentlich zuverlässiger als eine Elektronenröhre. Zudem lässt sich das Bauteil im Prinzip unbegrenzt verkleinern. Dieses Stück Technik, so viel war schon damals klar, konnte zu Tausenden oder Millionen auf kleinstem Raum untergebracht werden, ohne dass dabei die Häufigkeit von Ausfällen ins Kraut schoss. Die Skalierbarkeit, die ENIAC noch fehlte, war nun gegeben.[46]

An diesem Punkt übernahm die Industrie den Stab: Sie entwickelte Präzisionsverfahren für möglichst fehlerfreie Transistoren. Schließlich gelang es, Transistoren mit Lichtstrahlen in flache Halbleiterscheiben, die so genannten Chips, einzugravieren. Damit konnten Mikrochips fast wie Bücher oder Zeitungen in Massen hergestellt werden. Die Chips entstehen in weitestgehend von Staubpartikeln befreiten Reinräumen. So bleiben sie frei von störenden Fremdpartikeln. Abermillionen Transistoren können fehlerfrei arbeiten.

Gesucht: Der »Transistor« des Quantencomputers

Eine ähnliche Staffelübergabe zwischen Forschung und Industrie gab es beim Quantencomputer noch nicht. Zwar erforscht etwa das Branchenschwergewicht IBM in seinen Almaden-Forschungslabors in Kalifornien Quantencomputer. Auch Microsoft widmet sich in seinem Forschungslabor »Station Q« an der University of California, Santa Barbara, dem Quantenrechnen. Aber dabei geht es noch nicht um Massenherstellungsverfahren. Davon sind die Firmen noch weit entfernt (siehe auch Kap. 8).

»Der Quantencomputer hat seinen Transistor noch nicht gefunden«, sagt Scott Aaronson. Man befinde sich etwa auf der Stufe des ENIAC, vergleicht der Informatiker. Mit anderen Worten: Bislang gibt es noch keinen Quantencomputer, der sich auf mehr als rund 50 Qubits ausbauen ließe. Damit die Algorithmen von Shor und Grover für Alltagsanwendungen relevant wären, bräuchte man Quantencomputer mit Tausenden von Qubits. Wahrscheinlich jedoch noch deutlich mehr, wie wir gleich sehen werden.

Der Molekül-Quantencomputer lässt sich am wenigsten ausbauen. Denn ein Chloroform-Molekül ist ein Chloroform-Molekül. Es hat nun mal nur zwei Qubits, genauso wie ein Hund eben nur vier Beine hat.

Eine Perlenkette hingegen ist etwas, das sich beliebig verlängern lässt, dazu muss man nur weitere Kugeln auf die Schnur fädeln. Eine Perlenkette kann man also im Prinzip unendlich skalieren. Doch in der Praxis wäre das nutzlos. Mit wachsender Länge kann man sie sich zwar mehrfach um den Hals schlingen. Irgendwann wird sie aber zu schwer, um sie bequem zu tragen. Ein Musterbeispiel an Skalierbarkeit ist eine Perlenkette daher nicht.

Bei der Ionenfalle ist es ähnlich. Weil sie theoretisch beliebig lang gebaut werden kann, indem immer noch ein weiteres Ion dazugesetzt wird, setzten Entwickler des Quantencomputers in den 1990er-Jahren auf diese Technik.

Doch wie der Perlenkette gebricht es dem Ionenfallen-Quantencomputer an Skalierbarkeit und zwar aus dem gleichen Grund: Die Kette wird immer schwerer. Das macht Operationen in der Kette immer träger, und die Rechnungen brauchen immer mehr Zeit. Und Rechenzeit ist bei einem Quantencomputer eine knappe Ressource, wie wir noch sehen werden.

Dass es nur eine Datenleitung zwischen den Ionen gibt, nämlich die Ionenkette selbst mit ihren Vibrationen, ist ein weiterer

Flaschenhals. Je mehr Qubits die Kette enthält und je komplexer die Berechnungen werden, desto mehr Datenverkehr entsteht. Und den kann eine einzige Leitung freilich irgendwann nicht mehr schultern.

Auch der Kontrollaufwand schießt ins Kraut: Um die Verschränkung eines Quantenregisters aus 8 Qubits nachzuweisen, brauchten die Innsbrucker Forscher 650.000 Messungen, für das 14-Qubit-Register waren es fast eine halbe Milliarde Messungen, die Tage dauern.

Ernüchtert war das Team um Rainer Blatt zudem von der Beobachtung, dass mit jedem zusätzlichen Qubit die Empfindlichkeit gegenüber Störungen aus der Umwelt deutlich stärker zunimmt als angenommen. Mit der Größe des Quantenregisters steigt also die Dekohärenz. Als Vergleich taugt eine Schulklasse. Ein Lehrer kann vielleicht 20 oder 30 Schüler, darunter zwei oder drei notorische Störenfriede, bändigen. Eine 40-köpfige Klasse mit sechs Klassenclowns wird vielleicht noch so lala funktionieren. Aber 80 Kids, darunter 15 Rowdys – unmöglich.

Experten schätzen daher, dass Ionenketten höchstens für Quantenregister mit 100 Qubits taugen. Thomas Monz von der Universität Innsbruck hingegen sieht die Ionenfallen-Technologie keineswegs in der Sackgasse. »Die Physik an und für sich zeigt uns keine Schranken auf. Scheitern können wir nur an unseren Ideen, unserem Können und dem Willen, den Quantencomputer zu realisieren«, sagt er. Für nichts davon sieht Monz Anzeichen unter seinen Forscherkollegen.

Eine Idee, die Skalierbarkeit zu verbessern, sind Mikrochips, die mehrere parallel angeordnete kleinere Quantenregister enthalten. Wie bei einer Rohrpostanlage reisen Ionen auf dem Chip umher und transportieren Informationen zwischen den Registern. Mikrochips, auf denen Ionen so bewegt werden können, wurden schon gefertigt, etwa in Innsbruck[47] oder von der Gruppe um Ferdinand Schmidt-Kaler von der Universität Mainz. Auch der amerikanische Mischkonzern Honeywell hat einen Chip entwickelt, auf dem Ionen-Qubits reisen und sogar ihre Positionen tauschen können. Zu Ende gesungen ist das Lied des Ionenfallen-Quantencomputers also noch nicht.

Auch der Photonenchip von Dirk Englund am MIT kämpft mit der Skalierbarkeit. Im Prinzip sei das System zwar skalierbar, meint Englund. Allerdings produziere der Chip noch zu viele Fehler, um ihn auf deutlich mehr Qubits zu vergrößern. Die Photonen gehen nicht immer den Weg, den sie gehen sollen, sondern nur in ca. 96 Prozent der Fälle. Diese Güte müsste aber bei über 99 Prozent liegen, damit der Chip skalierbar würde.

Das Rauschen des Waldes kontrollieren

Englund spricht einen entscheidenden Punkt an: Dass der Computer nicht immer das tut, was er tun soll. Er macht Fehler. Zu viele Fehler. Noch. Das ist die zweite, vielleicht noch größere Hürde, mit der die gesamte Quantencomputer-Forschergemeinde kämpft. Die Physiker kriegen sie zwar langsam und stetig weiter unter Kontrolle, doch es bleibt offen, ob sie die Fehleranfälligkeit der Qubits je so weit beherrschen, dass ein brauchbarer Quantencomputer daraus resultiert. Das ist der Punkt, auf den Michel Dyakonov anspielt, wenn er meint, der Quantencomputer funktioniere nur in einer idealen Welt.

Was heißt in diesem Zusammenhang eigentlich »Fehler«? Dazu muss ich ein klein wenig ausholen. Ohne die Verrücktheiten der Quantenwelt, das heißt ohne Superposition und Verschränkung, kann ein Quantencomputer nicht besser rechnen als irgendein Computer. Für Quantenphysiker ist die Quantenwelt nicht verrückt, sondern die eigentliche Realität hinter den Dingen. Sie *erleben* sie in ihren Experimenten. Dass Otto Normalverbraucher sie als bizarr ansieht, liegt daran, dass er sie in seiner Alltagswelt eben nicht erlebt. Warum begegnet einem Schrödingers Katze nicht auf dem Trottoir? Warum sieht man nie *wirklich* eine Katze, die tot und gleichzeitig lebendig ist?

Wir haben gelernt, dass die Dekohärenz solch bizarre Begegnungen unterbindet. In der Natur passiert Dekohärenz extrem rasant. Sie sei »einer der schnellsten und effizientesten Prozesse in der gesamten Physik«, schreibt der britische Physiker Jim Al-Khalili. Bei einem Staubpartikel dauert es den Milliardsten Teil einer Milliardstel Sekunde. Und diesen natürlichen Prozess gilt es in den Griff zu bekommen, denn die Dekohärenz erzeugt einen großen Teil der Fehler, die ein Quantencomputer macht. Das gleicht fast der Aufgabe, das Rauschen des Waldes bei Wind zum Schweigen zu bringen.

Nur indem man die Katze in eine luftdichte und wärmeisolierte Kiste steckte, sie also perfekt von der Umgebung abschirmte, könnte sie gleichzeitig leben und tot sein. Mit einer Katze geht das freilich nicht. Atome, Ionen und andere Träger von Qubits hingegen können durchaus für eine kurze Dauer in Superposition gehalten werden. Qubits lassen sich von der Umwelt isolieren. Durch Abkühlen knapp über dem absoluten Temperaturnullpunkt (- 273 °C) verhindern Forscher, dass die Qubits etwas über sich preisgeben, indem sie Wärmestrahlung aussenden. Auch Stöße mit Luftmolekülen könnten einem Beobachter etwas über das Qubit sagen. Die Ablenkung des Luftmoleküls informiert über das Qubit, ähnlich wie die Ablenkung einer Billardkugel Rückschlüsse auf die Kugel zulässt, von der sie angestoßen wurde. Vakuumtechnik reduziert das auf ein Minimum.

Jörg Wrachtrup von der Uni Stuttgart schützt Qubits vor Dekohärenz, indem er sie in Diamanten einschließt. Der Physikochemiker Joris van Slageren, ebenfalls von der Uni Stuttgart, nutzt den Spin magnetischer Moleküle als Qubit. Die Kernspins von Nachbaratomen innerhalb des Moleküls stören die Superposition der Qubits. Van Slagerens Team hat 2014 eine Verbindung identifiziert, die nur wenige solcher Störenfriede besitzt, wodurch das Qubit wesentlich stabiler bleibt.

Dennoch geben Qubits noch Strahlung ab, stoßen mit Luftmolekülen zusammen – selbst das beste technisch herstellbare Vakuum enthält noch Zehntausende Moleküle pro Kubikzentimeter –, und selbst im harten Kristallgitter des Diamanten gibt es noch Schwingungen, die ein Qubit stören können. Kurz: Es gibt jede Menge Informationslecks, die aus den Qubits ordinäre Bits machen können, so wie aus Schrödingers Katze ganz schnell eine normale Katze wird.

Die Dekohärenz steht auch der Skalierung der Quantencomputer im Weg, da es für ein größeres Ensemble von Qubits freilich noch viel mehr Möglichkeiten gibt, Information mit der Umgebung auszutauschen. Die Dekohärenz schlägt also noch schneller zu. Ein großer Quantencomputer ist ein extrem empfindliches Soufflé, das beim leisesten Lufthauch zusammenfällt. Um mit einem Quantencomputer etwas anfangen zu können, muss das Soufflé deutlich längere Zeit durchhalten, als die Ausführung eines Quantengatters benötigt.

Besonders lange überleben Qubits bislang nicht. Wie lange, das hängt von der Art der Qubits ab. Die Regel sind Kohärenzzeiten von einigen Millionstel bis Tausendstel Sekunden. Relativ langlebig sind Ionen-Qubits, die typischerweise mehrere zehntel Sekunden durchhalten.[48] Nicht nur die Kohärenzzeit entscheidet darüber, wie viele Operationen ein Quantenrechner ungestört ausführen kann. Sondern auch die Zeit, die die Ausführung eines Quantengatters benötigt. Eine lange Kohärenzzeit nützt wenig, wenn ein einziges Quantengatter die Hälfte dieser Zeit braucht. Wie schnell ein Quantengatter ausgeführt werden kann, variiert ebenfalls mit dem Typ des Qubits. Bei Ionen dauert es einige Zehntausendstel Sekunden. Also passt nur eine recht begrenzte Zahl von Rechenoperationen in die Kohärenzzeit.

Allerdings zeigen einsame Rekorde, welch hohes Maß an Kontrolle erfahrene Gruppen inzwischen erlangt haben. Der Kernspin eines Phosphor-Atoms speicherte Quanteninformation für eine halbe Minute, wie ein Team um Juha T. Muhonen von der University of New South Wales in Sydney berichtete.[49]

Zwei verschränkte Ionen erhielten ihre Kohärenz stolze 20 Sekunden lang aufrecht, wie Forscher aus Boulder (Colorado) zeigten.[50] Beryllium-Ionen können in einem Magnetfeld bestimmte Zustände einnehmen, die wenig mit der Umwelt interagieren. Die amerikanischen Physiker nutzten diese Zustände als Qubits und stopften so Informationslecks. Das neue magnetische Molekül von Joris van Slageren verlängerte die Kohärenzzeit solcher Systeme von ein paar auf fast 70 Millionstel Sekunden. Und während molekulare Qubits zuvor nur bei extremen Minusgraden Kohärenz zeigten, funktioniert das Stuttgarter Molekül auch bei Zimmertemperatur.

»Die Kohärenzzeiten wachsen immer schneller an«, sagt David DiVincenco. Der Anstieg sei vergleichbar mit Moore's Gesetz, meint der Physiker, der im Jahr 2000 fünf Kriterien für einen praxisrelevanten Quantencomputer definiert hat.

Alle fünf Anforderungen seien heute bereits *qualitativ* erfüllt, sagt DiVincenco. Es gebe sogar einige physikalische Verkörperungen von Qubits, die alle fünf Kriterien gleichzeitig erfüllten, sagt er, z.B. Ionenfallen, supraleitende Qubits oder Elektronen in Quantendots.

Projekt »Perfektionierung«

Doch das reiche noch nicht, betont der Physiker. Die Güte von Quantengattern müsse stark verbessert werden. Denn Gatter sind neben der Dekohärenz die zweite Fehlerquelle, unter der Quantencomputer leiden. Sie werden von fehleranfälligen Geräten gesteuert, z.B. mit Lasern. Weil die Frequenz des Laserlichts nie ganz konstant bleibt, sondern minimal fluktuiert, kann es zu Fehlern bei der Gatterausführung kommen. Das Quantengatter kann auch versagen, weil einzelne Qubits nicht zielgenau angesprochen werden. Obwohl der Laser einen sehr scharfen Fokus hat, streift er das benachbarte Qubit. »Dadurch verbreiten sich Fehler«, sagt Thomas Monz. Das sei ähnlich wie bei einem Geschworenengericht. Die Geschworenen dürfen offiziell nicht kommunizieren, tun es aber oft trotzdem, wodurch sich eine Meinung ausbreiten kann. Fehler verbreiten sich auch durch CNOT-Gatter: Wenn das kontrollierende Qubit statt »0« eine »1« enthält, wird das kontrollierte Qubit verändert, obwohl es nicht verändert werden sollte. Aus *einem* fehlerhaften Qubit sind *zwei* geworden.

Die Forscher sind zwar erfolgreich darin, die Güte von Quantengattern stetig zu verbessern. Ziel ist es, die Wahrscheinlichkeit für einen Gatterfehler möglichst klein zu machen. Bei manchen aus Ionen hergestellten Quantengattern liegt die Fehleranfälligkeit bei nur rund einem Promille[51]: Führt man das Gatter 1000 Mal aus, passiert nur ein Fehler.

Das klingt nicht schlecht. Doch ein ausgewachsener Quantencomputer müsste Tausende oder mehr Quantengatter ausführen, um ein hochkomplexes Problem zu lösen. Es passiert das Gleiche wie beim Werfen von fünf Würfeln: Tut man es oft genug, kriegt man auch oft eine Straße. Bei so vielen Gatteroperationen würden also auch unwahrscheinliche Fehler zwangsläufig auftreten. Diese würden sich wie oben geschildert fortpflanzen. Am Ende hätten sich Hunderte Fehler angehäuft. Das Rechenergebnis könnte man vergessen. Es ist wie bei einem Schiff, das eine weite Strecke im Eismeer unterwegs ist. Zwar gelingt es gut, den Eisbergen auszuweichen. Doch nicht perfekt. Hin und wieder kommt es doch zu einer Kollision. Nach und nach bekommt das Schiff ein Leck nach dem anderen geschlagen – und geht schließlich unter.

Kurz gesagt: Je mehr Qubits benötigt werden, desto größer ist die Chance, dass sich Fehler einschleichen. Begegnen kann man dem nur durch das Unterdrücken von Fehlern. Man müsste die Fehleranfälligkeit eines Quantengatters auf etwa ein Milliardstel Prozent drücken, um ein vertrauenswürdiges Ergebnis zu erhalten. Das klingt aussichtslos und lässt berechtigte Zweifel aufkommen, dass Quantencomputer je funktionieren werden. Doch eine »große Entdeckung«, wie David DiVincenco sagt, lässt die Forschung weiter hoffen. Demnach können Quantencomputer mit den Fehlern leben, solange die Zahl der Fehler, die pro Sekunde und pro Quantengatter anfallen, unter einer gewissen Schwelle bleibt. Dann kann es gelingen, die allermeisten Fehler mit Hilfe von *zusätzlichen* Quantengattern zu korrigieren. Mit Hilfe dieser »Quantenfehlerkorrektur« kann erreicht werden, die effektive Fehlerrate beinahe beliebig weit zu drücken. Dorit Aharonov (Princeton University) und Michael Ben-Or (Hebrew University, Jerusalem) fanden das durch theoretische Betrachtungen heraus.[52]

Bildlich gesprochen: Das Schiff im Eismeer kann sich über Wasser halten, wenn die Besatzung ausreichend viele Löcher stopfen kann, sodass wenige Lenzpumpen das eindringende Wasser bis auf einen akzeptablen Rest hinausschaffen können. Diese Grenze nennen Experten »Fehlertoleranzschwelle« (siehe Abb. 6–1). Die Güte der Gatter und der Schutz vor Dekohärenz müssen also so weit verbessert werden (Löcher stopfen), dass eine automatische Fehlerkorrektur (Lenzpumpen) den Rest der Fehler korrigieren kann. Das Tolle daran ist, dass unterhalb der Fehlertoleranzschwelle im Prinzip beliebig viele Qubits hinzugefügt werden können. Mit anderen Worten: Die Skalierbarkeit wäre unbegrenzt.

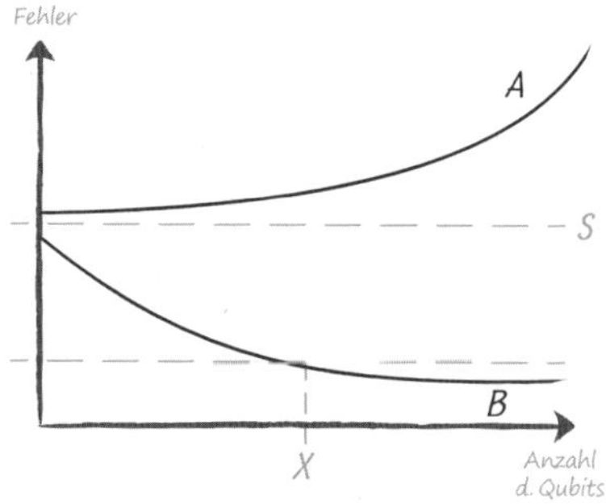

Abb. 6–1 Die Fehlertoleranzschwelle (S) ist so etwas wie eine Wasserscheide. Erzeugt ein Quantengatter mehr Fehler als S, dann produziert der Quantencomputer umso mehr Fehler, je mehr Qubits er enthält, angedeutet durch die ansteigende Kurve A. Liegt die Fehlerrate hingegen unterhalb S, dann lässt sich mit Hilfe zusätzlicher Quantengatter die Fehleranfälligkeit immer weiter herunterdrücken (Kurve B), bis sie ein akzeptables Maß unterschreitet (Punkt X). Der Quantenrechner wird beliebig skalierbar.

An dieser Herausforderung arbeiten derzeit viele Entwickler von Quantenrechnern. Die wichtigste Baustelle ist die Fehlerkorrektur. Diese arbeitet, wie der eigentliche Rechenvorgang auch, mit Quantengattern. Unterhalb der Fehlertoleranzschwelle würden die korrigierenden Quantengatter mehr nutzen als schaden, sprich: Die Fehler würden immer weniger. Die bangste Frage dabei: Wie viele zusätzliche Quantengatter braucht es, um Fehler bis zu einem hinnehmbaren Rest zu korrigieren? Die Sorge ist groß, dass ein gewaltiger »Wasserkopf« an Qubits nötig sein könnte, die nur damit beschäftigt sind, Fehler auszumerzen. Aber wie soll nun diese Quantenfehlerkorrektur funktionieren?

Der selbstheilende Quantencomputer

Auch klassische Computer, Festplatten oder Satellitenkommunikation würden ohne Fehlerkorrekturverfahren nicht arbeiten. Hollywood hat das Prinzip der digitalen Fehlerkorrektur im Science-Fiction-Streifen »Minority Report« zu Ehren kommen lassen. Drei »Precogs« sehen zukünftige Verbrechen, sodass die Täter präventiv verhaftet werden können. Falls einer der Precogs eine andere Version der Straftat sieht, den »Minority Report«, gilt die Fassung der anderen beiden.

»Precrime« beugt also Irrtümern vor, indem es die Mehrheitsmeinung als Wahrheit nimmt. Ähnlich ist es im Computer: Ein Bit Information wird auf zwei weitere Bits kopiert. Sobald eines der Bits von den anderen beiden abweicht, wird es korrigiert. Wenn nämlich Fehler nur selten passieren, ist es wahrscheinlicher, das der eine Abweichler falschliegt, als dass die beiden anderen gleichzeitig einem Fehler unterliegen.[53]

Eins zu eins auf den Quantencomputer übertragen lässt sich der Mehrheitsentscheid nicht. Denn wie wir aus Kapitel 3 wissen, können Qubits nicht kopiert werden. Ein Fehlerkorrekturverfahren kann dennoch funktionieren, wenn die Information über den Fehler verborgen bleibt, wenn also keine Messung stattfindet. In folgender Veranschaulichung spielt Schrödingers Katze die Rolle des Qubits.

Anstatt die Information in einer Katze zu speichern, wird sie auf *drei* Katzen verteilt. Man verschränkt die drei Tiere so, dass bei einer Messung entweder alle drei tot oder alle drei lebendig wären. Wenn sich nun ein Fehler einschleicht, ändert sich das: Bei einer Messung würden eine Katze tot und zwei lebendig sein, oder umgekehrt: eine lebendig und zwei tot. Doch diese Messung führt man nicht aus, denn sie würde ja die wertvolle Superposition zerstören. Stattdessen tastet man mit einer Sequenz aus CNOT-Gattern ab, welche der drei Katzen aus der Reihe tanzt.

Das Ergebnis wird in zusätzlichen Qubits gespeichert. Das ist keine Messung, denn es fällt keine Entscheidung, ob die betreffende Katze tot oder lebendig ist. Nur dass sie nicht konform mit den anderen beiden geht, wird detektiert. Die Detailkenntnis ist unnötig, denn beide Fehlermöglichkeiten können durch die *gleiche* Sequenz aus CNOT-Gattern korrigiert werden. Mit diesem Verfahren lassen sich mehrere Fehlerarten berichtigen.

So ein Schema aus sich gegenseitig kontrollierenden Qubits nennen die Quantencomputer-Experten einen »Code«. Die zusätzlichen Qubits verschlüsseln sozusagen den Wert des eigentlichen Qubits, mit dem gerechnet wird. Im klassischen Beispiel entspricht der Code »000« dem Bitwert »0« und der Code »111« dem Bitwert »1«. Die Extra-Qubits nennen Forscher »Ancillas«, auf deutsch Hilfs-Qubits. Die ganze Schaltung kann man als eine Art Blackbox betrachten. Man hat mehrere Qubits, die zusammen wirken wie ein stabiles, für Fehler weitgehend unempfindliches Qubit. Dieses nennen die Forscher ein »logisches Qubit« – im Unterschied zu einem Qubit, wie wir es bisher verstanden haben, das aus einem konkreten Atom, Ion oder einem Supraleiter besteht und das man »physikalisches Qubit« nennt.

In der Theorie gibt es viele »Codes«. Forscher indessen favorisieren den so genannten »Surface-Code«. Dieser hat zwei Vorteile. Erstens lässt er sich in zwei Dimensionen, also auf einer Fläche verwirklichen. Das passt zum Chip-Design, dem Entwickler zuneigen. Und zweitens braucht der Surface-Code nur Verbindungen zwischen benachbarten Qubits, was derzeit am leichtesten technisch umzusetzen ist (siehe Kapitel 5).

Was die Fehlerkorrektur allerdings erschwert: Es gibt zwei Arten von Fehlern, um die man sich separat kümmern muss. Zur Veranschaulichung erinnern wir uns an die Blochkugel aus Abbildung 3–7. Der vom Qubit gespeicherte Wert wird als ein »Zeiger«

symbolisiert, der an einen Punkt an der Oberfläche einer Kugel weist. Bei der ersten Fehlerart klappt der Zeiger um 180 Grad. Forscher sprechen von einem «Bit-Flip». Wenn sich der Zeiger hingegen um die senkrechte Achse verdreht, spricht man von einem Phasenfehler. Forscher knabbern gerade daran, ein logisches Qubit zu bauen, das mit beiden Fehlerarten klarkommt (Stand: Juni 2020).

In dieser Disziplin liefern sich die finanziell gut gepolsterten Forscher der Techbranche ein Wettrennen mit universitären Physikern, wobei letztere nach jahrelangem Rückstand nun Boden gut machen. Vorgeprescht waren zunächst zwei alte Bekannte, Google und IBM, mit zwei Versionen des Surface-Codes. Die Firmen verwenden Chips mit supraleitenden Qubits, wie wir schon wissen. Beide Ansätze hatten jedoch entscheidende Schwächen. Googles Schaltung mit neun Qubits konnte Bit-Flips erkennen und diese korrigieren.[54] Phasenfehler übersieht diese Schaltung jedoch. IBM konnte mit nur vier Qubits zwar sowohl Phasen- als auch Bit-Flips detektieren.[55] Bei zwei physikalischen Qubits, wie sie das IBM-Experiment verwendete, kann die Schaltung jedoch nie wissen, welches nun falsch liegt, da immer eine Patt-Situation vorliegt. Also lässt sich der Fehler zwar detektieren, nicht aber korrigieren.

Dieses Manko wollte das Team um Andreas Wallraff von der ETH Zürich beseitigen. Dazu musste es jedoch eine komplexere Schaltung basteln. Auf dem Chip der ETH-Forscher wird die Information auf vier physikalische Qubits verteilt. Die Forscher verschalteten die Qubits zusammen mit drei Hilfs-Qubits zu einer Doppelraute. Zwei der Hilfs-Qubits detektieren Bit-Flips und das verbleibende die Phasenfehler. Welches der physikalischen Qubits betroffen sei, könne man mit dieser Schaltung zwar immer noch nicht sagen, räumt Wallraff ein. Doch das Team will die Lücke binnen eines Jahres mit einer erweiterten Version mit insgesamt 17 Qubits schließen.

»Wir können die Fehlerdetektion mehrmals hintereinander ausführen«, hebt Wallraff die Besonderheit des Zürcher Experiments hervor. So lässt sich messen, wie lange die logischen Qubits durchhalten. Die Forscher beobachteten fehlerfreie Läufe, die etwa dreimal so lange andauerten wie die durchschnittliche Lebensdauer eines einzelnen physikalischen Qubits. Die Schaltung wirkt also tatsächlich stabilisierend. Die Qualität des logischen Qubits sei effektiv besser als die der physikalischen, erklärt Wallraff. Ein weiterer Aspekt: Das Auslesen der Hilfs-Qubits geht sehr schnell. Dies ist wichtig, da die Fehlerdetektion die Arbeit des Quantencomputers später einmal nicht ausbremsen soll.

»Diese Arbeit zeigt, dass Fehlerkorrekturverfahren tatsächlich zu Verbesserungen führen«, urteilt Gerhard Kirchmair vom Institut für Quantenoptik und Quanteninformation in Innsbruck. Sie sei ein wichtiger Schritt hin zu einem fehlertoleranten, skalierbaren Quantencomputer. Der Schritt zu einer etwas komplexeren Schaltung, die Fehler nicht nur aufdeckt, sondern auch korrigiert, sei nicht mehr weit.

Kirchmairs Statement deutet bei allem berechtigten Optimismus auch an, dass die Fehlerkorrektur eine aufwendige Sache ist. Wallraffs logisches Qubit umfasst 17 physikalische Qubits. Doch noch mehr Komplexität wird nötig sein. Rechnen wir aber mal mit den 17 physikalischen Qubits. Ein Quantencomputer, der eine RSA-Verschlüsselung knackt, würde rund 4000 logische Qubits benötigen. Das wären also schon mal 68.000 physikalische Qubits. Das ist weit weg von den rund 50 Qubits, die bisherige Quantenrechner in etwa erreichen.

Wie viele zusätzliche Qubits pro logischem Qubit nötig sein werden, um Fehler daran zu hindern, das Endergebnis zu vergiften, ist noch offen. Es könnten auch weit mehr als nur 17 sein. Die bisherigen Betrachtungen beziehen sich auf wahrscheinliche Fehler. Man muss aber auch unwahrscheinliche Fehler berücksichtigen. Blicken wir nochmal auf die klassische Analogie. Was sagt uns der Mehrheitsentscheid, wenn das Bit-Trio 001 vorliegt? Na, dass das dritte Bit fehlerhaft ist und der Wert in Wirklichkeit 000 beträgt. Wirklich? Der Film »Minority Report« zieht seine gesamte Dramatik aus dem Umstand, dass man der Mehrheit vertraut hat, statt die Minderheit zu berücksichtigen: Die Version eines

Mordes, die *einer* von drei Precogs geliefert hatte, war die richtige. Wieder zurück zu unseren drei Bits. Es ist zwar weniger wahrscheinlich, dass zwei Bits umgeklappt sind statt nur eines. Aber genau das kann passiert sein und der wahre Wert beträgt 111.

Arbeitet ein Quantencomputer an einer hochkomplexen Aufgabe, dann benötigt er womöglich so viele Qubits und muss so viele Quantengatter ausführen, dass auch seltene Fehler zu oft auftreten. Dem kann man nur durch aufwendigere Codes begegnen. Dies erreicht man durch noch mehr Redundanz, also grob gesagt, durch mehrfach gespeicherte Information. Im klassischen Beispiel wurden jedem Bit zwei zusätzliche Kontrollbits zugefügt, die Informationsmenge also verdreifacht. Im Fall des Quantenrechners ist noch unklar, wie groß der Wasserkopf sein muss, um Fehler stark genug zu unterdrücken. Manche befürchten, dass ein leistungsstarker Quantenrechner Millionen von physikalischen Qubits benötigen könnte. Andere sind optimistischer, zum Beispiel Todd Brun von der University of Southern California in Los Angeles. Der Wasserkopf wird kleiner, schreibt Brun, je besser es gelingt, die Fehleranfälligkeit von physikalischen Qubits weiter zu senken.[56] Die jüngsten Fortschritte auf dem Gebiet wiesen darauf hin, dass der Overhead »moderat« ausfällt. Eine Zahl nennt er indessen nicht.

Kein Masterplan »Quantencomputer«

Insgesamt lässt sich feststellen, dass die Kontrolle über die Qubits immer besser gelingt und dass ein langsamer, aber stetiger Fortschritt unbeirrt auf einen leistungsstarken Quantencomputer hinsteuert. Parallel dazu findet schon eine Miniaturisierung statt, indem Quantenforscher ihre Qubits auf Mikrochips unterbringen. Quantencomputer könnten also mit ähnlichen Techniken wie heutige Computerchips gefertigt werden. Beide Entwicklungen könnten mittelfristig zu einem Durchbruch führen. Die meisten Experten erwarten ihn in den kommenden 10 bis 20 Jahren.

Allerdings ähneln die bislang erzielten Erfolge Bausteinen, die so wenig zusammenpassen wie Puzzleteile aus verschiedenen Puzzles. Es fehlt noch eine klare Richtung, wohin die Reise gehen soll. Einen Masterplan »Quantencomputer« gibt es nicht. Oft ist das primäre Ziel der Forscher gar nicht ein solches Gerät. Sie wollen in erster Linie die Quantenphysik verstehen und betrachten ihre Versuche eher als Fragen an die Natur denn als zielgerichtete Technikentwicklung.

Skeptiker monieren darüber hinaus, das Konzept der Fehlertoleranzschwelle basiere auf falschen Annahmen. In seinem Aufsatz »How Quantum Computers Fail« (»Wie Quantencomputer versagen«) meint der israelische Mathematiker Gil Kalai, Fehler in einem Quantencomputer seien nicht unabhängig voneinander, wie es das Konzept voraussetzt. Er vergleicht dies mit Fehlern in der Wettervorhersage für eine bestimmte Region. Wenn Sonne vorhergesagt wird, tatsächlich aber Regen kommt, dann wird die Vorhersage für alle Orte etwa gleich falsch ausfallen. Es wird nicht an einem Ort das vorhergesagte Schönwetter herrschen, während es in allen anderen Städten regnet. Beim Quantencomputer seien Fehler an verschiedenen Qubits ähnlich korreliert und breiteten sich daher unkontrolliert aus. Glaubt man Kalai, wird das Schiff im Eismeer unweigerlich untergehen.

Scott Aaronson beschwert sich über den Pessimismus von Kalai oder Dyakonov. Von den Grundprinzipien der Physik ausgehend könnten die beiden nicht erklären, warum ein Quantencomputer nicht funktionieren sollte. Um seinem Ärger Ausdruck zu verleihen, hat er 10.000 Dollar für einen Beweis ausgelobt, dass ein Quantencomputer prinzipiell unmöglich ist. Der Mann ist sich offenbar ziemlich sicher, dass so ein Beweis sein Geld wert wäre. Denn er würde die Fundamente der Physik erschüttern. Das Ganze ist wohl eher ein Glaubensstreit. Letztlich wird die Zeit zeigen, wer recht hat.

Bizarre Visionen vom Superrechner

Eines ist indes jetzt schon sicher, an mangelnder visionärer Kraft, Kreativität und Phantasie der Forschergemeinde wird das Projekt Quantencomputer nicht scheitern. Zum Abschluss dieses Kapitels möchte ich drei teils sehr visionär und bizarr anmutende Konzepte vorstellen, die diesen Fakt illustrieren. Zwar widmen sich die meisten Forscher dem oben skizzierten Quantengatter-basierten Computer. Doch möglicherweise macht auch einer der drei hier vorgestellten alternativen Ansätze das Rennen.

1. Einweg-Quantencomputer

Beim Konzept des Einweg-Quantencomputers werden sehr viele in Gitterform angeordnete Qubits vor der Rechnung miteinander verschränkt, etwa durch gegenseitige Stöße von Atomen. Diese kollektive Verschränkung stellt eine enorme Ressource für Quantenrechnungen dar. Das Gitter enthält praktisch alle Ergebnisse aller möglichen Rechnungen, kommt somit dem Bild der »Bibliothek von Babel« sehr nahe. Das Problem ist, das gesuchte Ergebnis herauszufiltern.

Dazu prägt man einen Quantenschaltkreis in das Gitter ein wie ein Muster. Genauer gesagt, misst man ein Qubit nach dem anderen, wobei das Muster der gemessenen Qubits dem Schaltkreis entspricht. Durch die Verschränkung hängen die Messergebnisse voneinander ab, das heißt, Information wird verarbeitet. Die letzten gemessenen Qubits enthalten das Ergebnis. Danach ist die Ressource verbraucht, daher »Einweg«-Quantencomputer.

Das Gitter fungiert als Trägermaterial, in das sich alle nur denkbaren Schaltkreise einprägen lassen, ähnlich wie man sie auf ein Blatt Papier zeichnen könnte.

Das macht diesen Ansatz sehr flexibel. Er gilt auch als gut skalierbar, da der Aufwand zur Verschränkung unabhängig von der Größe des Gitters ist. Auch der Kontrollaufwand gilt als geringer als beim Quantengatter-Konzept, da man nur Messungen machen muss und keine subtilen Manipulationen an den Qubits. Man muss deshalb auch keine weit auseinanderliegenden Qubits in Wechselwirkung bringen.

Experimentell umgesetzt wurde der Einweg-Quantencomputer bislang nur in kleinem Maßstab, das heißt, mit einer Handvoll Qubits. Es gelang z.B. einem Team um Mark Tame von der University of KwaZulu-Natal in Durban, Südafrika. Sie haben dazu fünf Photonen miteinander verschränkt und prägten einen Schaltkreis in ihren Einweg-Computer, der dem Shor-Algorithmus zugrundeliegt.

2. Topologischer Quantencomputer

Zöpfe sind eine stabile Angelegenheit: Um sie in Einzelfäden zu zerlegen, muss man den Flechtvorgang umgekehrt ausführen. Die Idee des topologischen Quantenrechnens will eine spezielle Art von Zöpfen als Qubits nutzen. Diese wären stabiler als herkömmliche Qubits, sprich durch Umwelteinflüsse, etwa Stöße mit Luftpartikeln, bei weitem nicht so leicht zu beeindrucken. Der Dekohärenz wäre viel von ihrem Schrecken genommen. Das Adjektiv »topologisch« rührt daher, dass die Wicklungen der Zöpfe von einer mathematischen Subdisziplin namens »Topologie« beschrieben werden.

Was sind das nun für ominöse Zöpfe? Es sind Bahnen einer exotischen Teilchenart in Raum und Zeit, auf Englisch »Braids« genannt. Die Teilchen nennt man Anyonen. Sie sind keine Teilchen im herkömmlichen Sinn. Sie existieren nicht unabhängig, sondern innerhalb bestimmter Festkörper. Diese sind in ihrem Innern isolierend, an ihren Oberflächen allerdings leitend. In dieser 2-dimensionalen Oberflächenschicht existieren die Anyonen.

Theoretisch konnte gezeigt werden, dass die Rechenpower eines topologischen Quantencomputers genauso groß wäre wie die eines »normalen« Quantencomputers.

Es hapert aber noch mit der Umsetzung. Zwar gibt es Materialien, in denen Anyonen vorkommen. Doch für den Quantencomputer bräuchte man eine bestimmte Art von Anyonen, für deren Existenz es bislang nur Hinweise gibt.

Trotz solcher Unwägbarkeiten investiert Microsoft in die Erforschung dieser Technologie: In seiner Forschungseinheit »Station Q« beschäftigt sich der weltgrößte Softwareproduzent seit neun Jahren damit.

3. Zeitreisende Qubits

Das wohl abenteuerlichste Konzept eines Quantenrechners schlägt Seth Lloyd vom MIT vor, der wie kaum ein anderer Quantenphysiker das Talent besitzt, sein Metier auf fesselnde Weise zu verkaufen. Das Brechen des RSA-Codes wäre auch für ein Tablet kein Problem, wenn es in eine Zeitschleife geschickt werden könnte. Es würde eine Stunde rechnen, dann eine Stunde in der Zeit zurückgehen, wieder eine Stunde rechnen etc. Nach, sagen wir, fünf Milliarden Zyklen hätte es das Ergebnis und könnte es am Endpunkt der Zeitschleife ausspucken, also zum gleichen Zeitpunkt, an dem die Rechnung startete.

Unmöglich? Nicht unbedingt. Einsteins Allgemeine Relativitätstheorie erlaubt so genannte »geschlossene zeitartige Kurven«, vulgo: Zeitschleifen. Doch das skizzierte Vorhaben tappt in eine logische Falle: das Großvaterparadox. Ein Zeitreisender, der in der Vergangenheit seinen Großvater tötet, würde nie geboren und könnte seine Zeitreise nicht antreten und seinen Großvater töten. Das Großvaterparadox gilt auch für zeitreisende Bits in einem Computer, wenn man das Ergebnis einer Informationsverarbeitung als Nachkomme der Eingabe betrachtet. Die Verletzung der Folgerichtigkeit macht die Sache leider unmöglich.

In der Welt der Quanten hingegen sieht es anders aus. Dort gibt es keine Gewissheiten, ein Ereignis tritt nur mit einer bestimmten Wahrscheinlichkeit ein. Angenommen, der Zeitreisende wird mit einer Wahrscheinlichkeit von 50 Prozent geboren. Falls er geboren wird, reist er in der Zeit zurück und tötet seinen Großvater. Die Wahrscheinlichkeit, dass er die Zeitreise unternimmt und den Mord ausführt, beträgt also 50 Prozent. Deshalb bleibt eine Wahrscheinlichkeit erhalten, dass er doch geboren wird, nämlich

50 Prozent. Das ist ein Zyklus ohne Paradox! Qubits könnten demnach die oben skizzierte Zeitschleife durchlaufen.

Allerdings wurden Zeitschleifen noch nie beobachtet. Manche Physiker glauben, sie seien unmöglich.

Es gibt aber noch eine andere Variante der Zeitschleife. Laut Seth Lloyd ist es möglich, *nach* der Teleportation eines Teilchens den quantenmechanischen Zustand festzulegen, mit dem es gestartet ist. Im Endeffekt reist der Zustand, sprich die Information darüber, in die Vergangenheit. Ebenso ließe sich ein Qubit per Teleportation in die Vergangenheit schicken. Lloyds Team hat im Labor eine Situation nachgestellt, bei der ein Paar verschränkte Photonen als »Großvater« und »Enkel« fungieren. Der »Enkel« reiste einige Milliardstel Sekunden in der Zeit zurück, um seinen »Großvater« zu »töten«.

Zeitreisende Qubits würden einen Quantencomputer wesentlich rechenmächtiger machen, als man es für »herkömmliche« Quantencomputer annimmt. Selbst die komplexesten Aufgaben wären damit lösbar. Es würde definitiv eine ganz neue Ära der Informationsverarbeitung beginnen.

Die letzten beiden Kapitel sollten ein Gefühl dafür geben, wie ein Quantencomputer funktioniert und wie schwer es ist, einen zu bauen. Es bedarf Tausender Babysteps, um sich ihm zu nähern. Der Fortschritt lässt sich nicht messen wie der Rheinpegel in Köln. Doch arbeiten weltweit Forscher mit hoher Intensität an den vielen Problemen auf dem Weg zu dieser neuen Art von Computer und haben dabei bereits ein so hohes Maß an Kontrolle über die Quantenwelt erlangt, dass es fast so scheint, als warte der Quantencomputer gerade um die Ecke. Dieser durchaus vertretenen Meinung möchte ich mich nicht anschließen. Ich halte die Schätzung der Mehrzahl der Experten für realistisch, dass es im nächsten oder übernächsten Jahrzehnt so weit sein wird.

Die meisten von uns könnten also noch erleben, wie der Quantencomputer die Welt verändert. Oder auch nicht so sehr. Das wird davon abhängen, wie mächtig diese Maschine wirklich sein wird. Darüber gibt das nächste Kapitel Aufschluss.

7 Codeknacken, superschnelle Datensuche und sicheres Cloud-Computing

Werden Quantencomputer einmal allgegenwärtige Superrechner sein oder ein Nischenprodukt für einige Spezialanwendungen?

»Die Technik zog sich Siebenmeilenstiefel an. Das Bewusstsein hat normale Schrittlänge.«

Heinrich Wiesner, Schweizer Schriftsteller

Düsterer als das Magazin »Focus« kann man die Bedrohung »Quantencomputer« wohl kaum zeichnen: »US-Monsterrechner droht, die Welt ins Chaos zu stürzen«,[57] überschrieb das Blatt einen Artikel über die Absicht der NSA, einen Quantenrechner zu bauen. Himmelhoch jauchzend geht es aber auch, indem Journalisten, wie oft geschehen, vom »Wunderrechner« schreiben. In jedem Fall rückt mancher Journalist rechnende Quanten in die Nähe einer wahlweise zerstörerischen oder konstruktiven Allmacht.

Es geht aber auch in die andere Richtung. Mit Blick auf die bislang enttäuschende Quantentechnik der Firma D-Wave Systems ist oft von einem »Flop« die Rede.

Na, was denn nun? Kann einem denn niemand sagen, ob Quantencomputer die Welt umkrempeln oder eine Laborkuriosität bleiben werden? Genau das will ich in diesem Kapitel versuchen.

Es lässt sich bemäkeln, dass 20 Jahre nach den Entdeckungen des Shor- und des Grover-Algorithmus trotz intensiver Forschung kaum weitere »Partituren« für das Quantenorchester von vergleichbarer Schlagkraft komponiert wurden. Dies könnte ein Indiz dafür sein, dass die Grenzen des Quantencomputers sehr eng gesteckt sind. Doch Peter Shor selbst ist anderer Meinung, wie wir noch sehen werden.

Um einen »Wunderrechner« zu erfinden, muss man sich jedenfalls gewaltig ins Zeug legen, denn die Konkurrenz durch den klassischen Computer ist enorm. Das Konzept des Von-Neumann-Rechners kann im Prinzip alles, was *irgendeine Art von Computer* kann. Er ist eine Universalmaschine.

»Universell« bedeutet allerdings nicht, dass der klassische Rechner *alles* berechnen kann, er hat seine Grenzen, wie schon Alan Turing in den 1930er-Jahren bewies. Der britische Mathematiker fragte sich, was sich überhaupt berechnen lässt und was nicht. Vor dem so genannten Halteproblem muss jeder Computer kapitulieren, zeigte Turing. Demnach gibt es kein Computerprogramm, das ein anderes Programm daraufhin testet, ob dieses endlich oder unendlich lange braucht, bis es ein Ergebnis ausspuckt. Was akademisch klingt, begegnet vielen Menschen tagtäglich: abstürzende Software. Die Entwickler haben kein Testprogramm, das ihnen vorab sagt, ob neu entwickelte Software aufgrund eines Programmierfehlers in eine Endlosschleife geraten kann oder nicht. Das müssen die Nutzer leidvoll in der Praxis testen.

Einen Quantencomputer als »Wunderrechner« zu bezeichnen ist insofern irreführend, als er die gleichen Grenzen hat wie ein klassischer Computer. Zumindest, was die Art von Problemen angeht, die er lösen kann. Denn er ist eben auch nur ein Computer und kann nicht mehr können als eine universelle Maschine. Auch er wird am Halteproblem scheitern. Wer auf künftige Absturzsicherheit hofft, sei hiermit schon mal enttäuscht.

Es gibt allerdings Aufgaben, die normale Rechner zwar in einer endlich langen Zeitspanne *lösen* können, die aber *unakzeptabel* lang ist. Fünf Milliarden Jahre sind eben auch eine »endliche Zeitspanne«. Dies sind jene Probleme, die exponentiell mit ihrer Größe wachsen. Das Problem des Handlungsreisenden vervielfacht seine Komplexität mit jeder hinzukommenden Stadt. Und eine Zahl in ihre Primfaktoren zu zerlegen (was der RSA-Verschlüsselung zugrundeliegt) wird mit jeder zusätzlichen Dezimalstelle der Zahl um etwa den Faktor zehn zeitaufwendiger.

Um dieses Problems Herr zu werden, müsste man einen klassischen Rechner im gleichen Maß ausbauen, wofür man letztlich ganze Kontinente mit Prozessoren bedecken müsste. Diese Art Probleme sind also für klassische Rechner nicht handhabbar.

Der Quantencomputer unterscheidet sich wohltuend: Fügt man ein Qubit zu einem Quantenregister hinzu, passiert etwas Ähnliches wie beim Hinzufügen einer Stadt zum Problem des Handlungsreisenden: Die Zahl der parallel gespeicherten Werte verdoppelt sich. Die Rechenkapazität wächst somit genauso schnell wie die Komplexität des Problems, nämlich exponentiell. Der Quantencomputer sollte daher die hochkomplexen Aufgaben auch dann noch in wenigen Schritten lösen können, wenn ein normaler Rechner dafür Jahrtausende oder länger bräuchte.

So keimte nach Peter Shors Coup im Jahr 1994 die Hoffnung, der Quantencomputer würde *alle* diese aufsässigen Probleme handstreichartig niederstrecken. »Diese Hoffnung hielt ungefähr sechs Monate an«, kommentiert Seth Lloyd. Inzwischen ist eine deutliche Ernüchterung eingetreten.

Der Quantencomputer rechnet nicht *pauschal* schneller als ein normaler Rechner. »In der öffentlichen Wahrnehmung herrscht ein großes Missverständnis«, meint Scott Aaronson, der das Potenzial und die Grenzen von Quantencomputern erforscht. »Die Leute denken, dieser Rechner gehe durch eine Überlagerung aller möglichen Antworten und irgendwie schreie die korrekte Antwort laut über alle anderen hinweg, um sich bemerkbar zu machen«, sagt der Informatiker.

Im vorletzten Kapitel haben wir aber gelernt, dass vielmehr eine Orchestrierung nötig ist, um die richtige Antwort herauszufiltern. In Aaronsons Worten: »Die Antworten werden im Quantencomputer in Form von Wellen dargestellt und Wellen können sich gegenseitig auslöschen oder verstärken«, erklärt er. »Die Kunst ist, die Interferenz so zu steuern, dass sich die Wege, die zu den falschen Antworten führen, gegenseitig auslöschen und am Ende nur der Weg zur richtigen Antwort übrig bleibt.«

Ob das gelingt oder nicht, hängt von der Art des Problems ab. Es gibt sozusagen wohlorganisierte Profiorchester, bei denen sich der Dirigent leicht tut, den Musikern eine berührende Interpretation von Beethoven oder Tschaikowski zu entlocken. Das sind die für Quantencomputer lösbaren Aufgaben. Andererseits existieren Probleme, die eher einem frisch zusammengewürfelten Schülerorchester gleichen, aus dem selbst ein Daniel Barenboim keine sonderlich wohlklingende Symphonie herauskitzeln könnte.

Klingt abstrakt? O. K., sehen wir uns ein paar Beispiele für solche Orchestrierungen an. Fangen wir mit dem Grover-Algorithmus an, der in Datenbanken sucht.

Shiva und der Hütchenspieler

Stellen Sie sich vor, Ihr Smartphone zeigt Ihnen die unbekannte Nummer eines entgangenen Anrufs. Sie würden gerne wissen, wer da angerufen hat. Google schweigt sich aber darüber aus. Es bleibt nur das Telefonbuch. Wenn es sich um eine, sagen wir, Münchner Nummer handelt, haben Sie einen echten Scheißjob vor sich.

Denn eine bessere Methode, als Eintrag für Eintrag zu prüfen, gibt es nicht. Was dumm ist, wenn man sich entscheidet, von A bis Z Nummer für Nummer zu prüfen und sich schließlich herausstellt, dass die Person »Zwenger« heißt. Dann hat man eine Million Nummern gecheckt! Nur selten wird der Suchende dieses Pech haben, aber durchschnittlich fallen bei dieser mühseligen Methode immerhin 500.000 Prüfungen an.

Ein Quantencomputer hingegen würde, zumindest theoretisch, mit 1000 Rechenschritten auskommen, also 500 Mal weniger. Je größer die Datenbank ist, desto gewaltiger wird auch der Unterschied zwischen der Quantensuchmethode und dem herkömmlichen Abklappern. Bei zehn Milliarden Einträgen müsste ein klassischer Rechner im Schnitt fünf Milliarden davon prüfen, während ein Quantencomputer mit 100.000 Rechenschritten auskäme. Hier ist das Missverhältnis schon 50.000 : 1. Allgemeingültig ausgedrückt: Die Zahl der Anfragen steigt mit der klassischen Methode proportional zur Anzahl der Datenbankeinträge, mit dem Quantencomputer nur proportional zur Quadratwurzel dieser Anzahl.

Dass eine Google-Anfrage trotz riesiger Datenmengen nur Bruchteile von Sekunden dauert, liegt allerdings nicht etwa daran, dass im kalifornischen Mountainview schon Quantenserver stünden. Vielmehr gibt es ein mächtiges Hilfsmittel, um mit klassischen Suchmethoden schnell fündig zu werden: der so genannte Index. In unserem Szenario würde ein Index die Telefonnummern *in sortierter Reihenfolge* enthalten, sodass der Computer die Nummer schnell findet. Neben der Nummer stünde ein Verweis auf den Namen »Zwenger«.

Der Datenbankindex ähnelt dem Schlagwortregister am Ende eines Buchs.

Die Erstellung eines Index nimmt also bestimmte Suchanfragen vorweg, der Aufwand wird vorverlagert. Google liefert so fix, weil es schon zuvor Ressourcen in den Aufbau von Indizes gesteckt hat. Internet-Suchmaschinen erstellen laufend Indizes und verbrauchen damit immer mehr Energie und Speicherplatz.

Je mehr die Datenflut zu einem gewaltigen Daten-Tsunami anwächst, desto wünschenswerter wäre ein Computer, der auch in *unsortierten* Datenbanken schnell fündig wird, also ohne aufwendig erzeugte Indizes auskommt. Wie massiv die Datenberge anschwellen, sei hier nur anhand des größten Teilchenbeschleunigers der Welt, des Large Hadron Collider am europäischen Kernforschungszentrums CERN bei Genf, veranschaulicht. Dieser produziert jedes Jahr 15 Millionen Gigabytes an Messdaten, womit man mehrere Hunderttausend DVDs füllen könnte. Forscher durchsuchen die Daten nach hypothetischen und, falls existent, extrem seltenen Auffälligkeiten. Sie fahnden nach Abweichungen von der Regel, die auf neue Physik jenseits der Grenzen der bekannten Naturgesetze hinweisen.

Mit jeder neuen Datenquelle, jedem neuen Heuhaufen in der Welt, mit jeder darin versteckten Nadel wächst das Bedürfnis nach schnellen Suchmöglichkeiten.

Kann ein Quantencomputer die gewünschte Blitz-Suchmaschine liefern? Wir wissen: Er verarbeitet alle Lösungsmöglichkeiten parallel. Übertragen auf die Namenssuche: Er kann das Suchkriterium, die Telefonnummer, simultan mit allen Einträgen vergleichen. Der Quantenrechner ähnelt ein bisschen dem hinduistischen Gott Shiva mit seinen vielen Armen. Stellen wir uns vor, dass Shiva mit jedem seiner Arme in einer anderen Parallelwelt hantiert. Er könnte damit z.B. einen Hütchenspieler überlisten, indem er simultan unter alle drei Hütchen guckt. Doch jemandem, der sich Shiva zu Diensten machen will, bringt das nichts, solange der Gott ihm nicht mitteilt, unter welchem Hütchen die Nuss denn nun liegt.

Ein Quantencomputer ist ähnlich schweigsam. Das Quantenregister enthält zwar jede Menge Information, nämlich mit welchen Wahrscheinlichkeiten bei einer Messung welcher der vielen gespeicherten Werte herauskommt. Aber man kann eben immer nur *einen* dieser Werte auslesen, wobei die Information über die Wahrscheinlichkeit der anderen Messwerte verlorengeht.

Was fängt man aber mit einem Rechner an, der zwar »weiß«, unter welchem Hütchen das Ergebnis steckt, beim Messen aber *irgendein* Hütchen aufdeckt?

Man muss sich etwas einfallen lassen, um auf Anhieb das richtige Hütchen zu raten. Das gelingt, indem man die Wahrscheinlichkeiten geschickt manipuliert. Der indisch-amerikanische Physiker Lov Grover entwickelte 1996 an den Bell Labs in Murray Hill einen Algorithmus dafür, eben den Grover-Algorithmus. Dieser zeigt auf einfache Weise, wie Quantencomputer einmal arbeiten sollen. Deshalb sehen wir uns das mal genauer an.

Stellen Sie sich ein Quantenregister mit zwei Qubits vor. Es speichert vier binäre Werte, nämlich 00, 01, 10 und 11.

Auf das Register wendet man das Hadamard-Gatter an, sodass eine Superposition der vier Zahlen entsteht. Jeder der Werte ist gleichberechtigt, das heißt, er würde bei einer Messung mit gleicher Wahrscheinlichkeit herauskommen wie die drei anderen, was in Abbildung 6–1 als gleich lange Striche dargestellt ist.

Das Ziel von Grovers Algorithmus ist es, die Messwahrscheinlichkeit für den richtigen Wert zu vergrößern und die aller anderen möglichst auf null zu reduzieren. Dann wird beim Auslesen der Richtige angezeigt.

Den gesuchten Wert findet man mit einem Suchfilter. Stellen wir uns diesen als eine Black Box vor, die die Phase um 180 Grad dreht, wenn sie den gesuchten Eintrag prüft, und bei falschen Einträgen nichts verändert. Das manipuliert die Superposition wie in Abbildung 6–1 b dargestellt. Der Witz ist, dass der Suchfilter alle vier Einträge gleichzeitig prüft, da diese in der Superposition ja parallel existieren. Es ist wie mit Shiva und dem Hütchenspieler. (Wie gesagt, kommt es uns hier nicht so sehr darauf an, wie die Suche selbst funktioniert, sondern wie der Quantencomputer uns das Suchergebnis mitteilt.)

Die Phase der Wellenfunktion des richtigen Werts, angenommen, es ist 01, wird also um 180 Grad gedreht, während alle anderen unangetastet bleiben. Allerdings ist damit noch nichts gewonnen. Die Operation ist vergleichbar mit einer Drehung des Pfeils in der Blochkugel aus Abbildung 3–7 entlang deren Äquator. An der Wahrscheinlichkeit, diesen Wert zu messen, ändert das erst einmal nichts. Nennen wir die Messwahrscheinlichkeit wie weiter oben »Amplitude«.

Doch Grover fand eine Operation, die auf einem Quantenregister durchführbar ist und das Problem im Handumdrehen löst: nämlich die einzelnen Amplituden am Mittelwert aller Amplituden zu spiegeln. Auch dies ist graphisch dargestellt (Abb. 6–1 c). Die

Spiegelung führt dazu, dass die Amplitude des Eintrags 01 auf den Wert 1 erhöht und die Amplituden der anderen Einträge jeweils auf den Wert 0 reduziert werden. Wenn jetzt gemessen wird, lautet das Ergebnis mit Sicherheit »B«. Bingo!

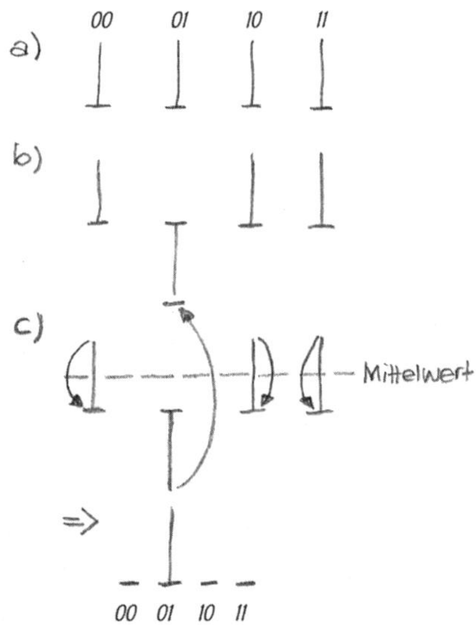

Abb. 7–1 Graphische Darstellung des Grover-Algorithmus

a: Am Anfang haben alle Einträge die gleiche Amplitude.

b: Drehen der Phase des gesuchten Eintrags

c: Spiegeln der Amplituden am Mittelwert aller vier Amplituden

In nur *zwei* Schritten kommt der Quantencomputer zu einem Ergebnis – was bei vier Einträgen allerdings auch klassisch gelingt. Erst bei deutlich mehr Datenbankeinträgen zeigt der Grover-Algorithmus seinen Geschwindigkeitsvorteil. Allerdings reichen zwei Operationen dann nicht mehr. Denn nach dem Drehen des richtigen Eintrags weicht der Mittelwert umso weniger von den Amplituden der restlichen Einträge ab, je mehr Einträge es gibt. Das Spiegeln am Mittelwert reduziert deren Amplituden also kaum, sodass sehr wahrscheinlich ein falscher Eintrag gemessen wird.

Wird die Prozedur aus Drehen und Spiegeln aber mehrmals wiederholt, schrumpfen die Amplituden der falschen Einträge bei jedem Schritt und die des richtigen wächst entsprechend, bis es praktisch sicher ist, das richtige Ergebnis zu messen. Eine einfache

Rechnung zeigt, dass die Anzahl der nötigen Wiederholungen der Wurzel aus der Anzahl der Einträge entspricht.

Auch der Quantencomputer kommt also nicht in einem Schritt zum Ergebnis. Man muss die Wahrscheinlichkeitswellen in seinem Innern so geschickt überlagern, dass die der falschen Ergebnisse ausgelöscht werden und die der richtigen verstärkt. Dafür muss eine gewisse Anzahl von Operationen ausgeführt werden.

Harmonien im Universum der Zahlen

Als zweites Beispiel betrachten wir Shors Algorithmus, bei dem die besondere Rolle der Verschränkung auf faszinierende Weise zutage tritt. Der Job lautet: Finde die Primfaktoren einer großen Zahl, also jene Teiler dieser Zahl, die sich nicht weiter zerlegen lassen. Bei der Primzahl 15 sind das die Teiler 5 und 3 und bei der Primzahl 21 lauten sie 7 und 3.

In Presseartikeln steht oft, Shors Verfahren probiere alle möglichen Teiler parallel aus. Das ist das Missverständnis, das Scott Aaronson anprangert. Der Quantencomputer kann das genauso wenig, wie ein Dirigent es schaffen würde, die kreischenden Möwen an einer Steilküste dazu zu bringen, Beethovens Neunte zu trällern. Vielmehr hat das Faktorisierungsproblem eine schwache Flanke, die ein Quantencomputer ausnutzen kann.

Die folgende Erklärung soll nur plausibel machen, wo diese Achillesferse liegt und wie ein Quantenrechner hineinstößt. Eine detaillierte mathematische Beschreibung findet sich zum Beispiel im ausgezeichneten Buch »Quantencomputing verstehen« von Matthias Homeister. Ich gebe zwei Erklärungen: eine, die nahe am mathematischen Algorithmus ist mit ein paar Formeln, und eine bildliche, die sich im Kasten »Der Wanderer und Quanten-Reinhold« findet. Wer mit Zahlen und Formeln nicht so gut kann, darf abkürzen, die zwei folgenden Absätze lesen und dann direkt zum Kasten springen.

Ein Kunstgriff, den Mathematiker gerne machen, um widerborstige Probleme zu lösen, besteht darin, die Aufgabe auf eine andere zu »reduzieren«, die leichter zu knacken ist. Dazu braucht es aber irgendeine Art von mathematischer Struktur hinter dem Problem. Um es kurz zu machen: Eine solche gibt es bei der uns interessierenden Frage. Die Faktorisierung lässt sich auf das *Finden von Perioden* zurückführen. Was ist damit gemeint? Stellen Sie sich Außerirdische vor, die auf der Erde landen und Beobachtungen machen. Ziemlich schnell würden sie bemerken, dass es einen Tag-Nacht-Rhythmus von 24 Stunden gibt. Etwas länger würden sie benötigen, um die Periodizität der Mondphasen zu finden und noch länger, um die der Jahreszeiten festzustellen. Sie hätten durch Beobachtung mehrere Perioden gefunden.

Welche Art von Perioden sucht man nun beim Faktorisieren? Es geht um regelmäßige Widerholungen innerhalb von Zahlenfolgen. Dazu sehen wir uns eine spezielle Zahlenfolge an, nämlich die der Potenzen von zwei, also 2^1, 2^2, 2^3 ... Hier ist jede Zahl das Doppelte der vorangegangenen.

2, 4, 8, 16, 32, 64, 128, 256, 512, 1024, ...

Nun teilen wir jede dieser Zahlen durch 15 und sehen uns jeweils den Rest dieser Division an. In der Mathematik bezeichnet man diese Operation als »Modulo«, geschrieben als

$2^x \bmod 15$.

Die Divisionsreste ergeben ebenfalls eine Folge:

2, 4, 8, 1, 2, 4, 8, 1, 2, 4, ...

Wir sehen: Nach vier Zahlen wiederholt sich das Ganze. Die Folge ist periodisch. Machen wir das gleiche mit 21 als Teiler, ergibt sich eine Periode von sechs Zahlen:

2, 4, 8, 16, 11, 1, 2, 4, 8, 16, ...

Was hat das jetzt mit der Primfaktorenzerlegung zu tun? Die Antwort gab das Mathematik-Genie Leonhard Euler schon im 18. Jahrhundert. Angenommen, die Zahl N hat die Primfaktoren p und q. Dann sehen wir uns diese Zahlenfolge an:

$x \bmod N$, $x^2 \bmod N$, $x^3 \bmod N$, $x^4 \bmod N$, ...

Auch diese Folge wird eine Periodizität haben. Der Clou: die Periode ist ein Teiler von $(p-1)(q-1)$. Kurz gesagt: *Sie hängt mit den gesuchten Primfaktoren zusammen.* Nun kann man die Perioden für mehrere dieser Folgen ausrechnen (indem man x variiert) und lernt so immer mehr über die Primfaktoren, bis man p und q selbst ermittelt hat.

Man kann das Faktorisierungsproblem also lösen, indem man Perioden bestimmt. Wenn N klein ist, geht das auch ohne Quantenrechner. Weil aber die Wiederholungen fast so lang werden können wie die Zahl selbst, bekommt man ein Problem, wenn N ein paar hundert Dezimalstellen hat wie bei RSA üblich. Einen normalen Computer überfordert das, denn er müsste mehr Divisionsreste ausrechnen, als es Partikel im All gibt. Er müsste quasi wie zuvor schon bei der Datenbanksuche eine Zahl nach der anderen abklappern, bis er feststellt, wo die Folge sich wiederholt. Um es in der obigen Metapher mit den Außerirdischen zu sagen: Mit einem normalen Rechner kann man den Tag-Nacht-Rhythmus erkennen, vielleicht gerade noch die Mondphasen, aber auf keinen Fall den Wechsel der Jahreszeiten.

Hätten wir aber einen Quantencomputer: Ha! Dann sähe die Welt völlig anders aus. Angenommen, wir wollen eine Bank knacken oder digitale Signaturen fälschen. Dazu müssen wir eine 600-stellige Zahl faktorisieren, nennen wir sie N.

Alles, was wir brauchen, sind zwei Quantenregister, von denen jedes N Werte speichert. Dafür braucht man insgesamt etwa 1000 Qubits. Die Sache bleibt also übersichtlich. Das eine Quantenregister speichert einfach die laufenden Nummern von 1 bis N. Aus diesen Werten lassen sich nach dem oben skizzierten Rezept eine Zahlenfolge und daraus die Folge der Divisionsreste berechnen. Der Quantencomputer macht das parallel mit allen Werten und schreibt die Ergebnisse in das zweite Register.

Und jetzt kommt der Witz. Die Ergebnisse der Berechnung sind mit ihren Ausgangswerten im ersten Quantenregister verschränkt. Sie merken sich sozusagen ihre Herkunft, ihre Eltern, wenn man so will. Nun braucht man nur noch ein paar Schritte zur Lösung.

Zunächst misst man das zweite Quantenregister. Dabei kommt *irgendeiner* der Reste heraus, was natürlich überhaupt nichts aussagt. *Aber*: Wegen der Verschränkung geschieht gleichzeitig auch etwas mit dem ersten Register. Angenommen, der gemessene Wert ist *X*. Wegen der Wiederholungen tritt *X* mehrmals im zweiten Register auf. Also hat *X* mehrere Eltern. Die Messung löscht nun die Amplituden aller Werte im ersten Register bis auf die der Eltern von *X*.

Die gesuchte Periode ist nun also im ersten Register enthalten, nämlich als Differenz zwischen je zwei benachbarten Werten. Diese Differenz lässt sich durch weitere Manipulationen und eine Messung am ersten Register gewinnen.

Der Shor-Algorithmus arbeitet sehr effizient. Im »Handumdrehen«, wie es oft heißt, wird aber auch ein Quantencomputer nicht die Primfaktoren einer großen Zahl finden. Die Frage ist letztlich: Wie stark wächst die Zeit, die er dafür braucht, mit der Größe der Zahl, die es zu zerlegen gilt? Die Sicherheit von RSA basiert darauf, dass man dem Fortschritt der Computertechnik leicht vorauseilen kann, indem man diese Zahl vergrößert. Der Igel wird immer schon längst da gewesen sein, wo der Hase gerade ankommt. Beim Quantencomputer wächst die Rechenzeit aber *nicht* exponentiell. Das bedeutet, dass eine Vergrößerung der Zahl zwar auch für den Quantencomputer mehr Rechenzeit bedeuten würde. Aber sie würde sich nicht potenzieren. Es bliebe bei Minuten, vielleicht eine Stunde, eine Zeit jedenfalls, die der Angreifer abwarten könnte.

Der Wanderer und Quanten-Reinhold

Ein fauler und sadistischer Landvermesser gibt einem Wanderer und einer Quanten-Version von Reinhold Messner folgende Aufgabe: Geht über diese Berglandschaft und sagt mir, wie weit die Gipfel auseinanderliegen. Außer einem Funkgerät, mit dem ihr mir das Ergebnis meldet, und einem Höhenmesser dürft ihr keine technischen Hilfsmittel verwenden!

→

Der Wanderer macht sich auf den Weg. Ihm ist klar, dass er keine andere Möglichkeit hat, als von Gipfel zu Gipfel zu wandern und die Schritte dazwischen zu zählen. Mit dem Höhenmesser stellt er fest, wann er jeweils den höchsten Punkt erreicht hat.

Nach gut einer Stunde kommt er am ersten Gipfel an. Er macht nur ein Wurstbrot lang Pause, stapft weiter und fängt mit dem Schrittezählen an. Bei Schritt Nummer 28644, nach weiteren drei Stunden, kommt er am zweiten Gipfel an. Zuvor hat er seine Schrittlänge gemessen, sie beträgt 50 Zentimeter. Völlig erledigt greift er zum Funkgerät und meldet dem Vermesser: »Die Gipfel liegen 28.644 Schritte auseinander, das sind 14 Kilometer und 322 Meter.«

Nun ist Quanten-Reinhold dran. Er greift den Höhenmesser und steht auf. »Willst du keinen Proviant mitnehmen, es ist ein langer Weg«, sagt der Aufgabensteller sarkastisch. »Ach was, brauch ich nicht!«, entgegnet Quanten-Reinhold. »Und das Funkgerät?« Quanten-Reinhold winkt mit einem spöttischen Lächeln im Gesicht ab.

Er macht den ersten Schritt in Richtung des ersten Gipfels. Aber was passiert da bloß? Der Landvermesser reibt sich die Augen. Quanten-Reinhold hat den ersten Schritt noch nicht auf den Boden gesetzt, da erscheint eine kilometerlange Kolonne von identischen Kopien Quanten-Reinholds, die sich auf den ersten Gipfel zieht. In der Ferne erkennt der Aufgabensteller vage, dass sich die Kolonne weiter durch das nächste Tal und zum zweiten Gipfel erstreckt.

Fast im gleichen Moment drehen sich die Quanten-Reinholds um und melden unisono, mit vielfachem, etwas überheblichem Grinsen: »14 Kilometer und 322 Meter.«

»Wie hast du … äh, ich meine, wie habt ihr das gemacht?«, fragt der Landvermesser. »Na, wie wohl«, antworten die Quanten-Reinholds. »Wir haben eine Höhenmessung vorgenommen. Dabei sind zufällig 250 Meter herausgekommen. Drei von uns stehen auf genau dieser Höhe. Weil wir miteinander verschränkt sind, kennen wir die Positionen der drei in unserer Kolonne. Sie sind jeweils 28.644 Schritte

→

bzw. 14 Kilometer und 322 Meter voneinander entfernt. Da die Landschaft regelmäßig geformt ist, entspricht dies dem Abstand der Gipfel.«

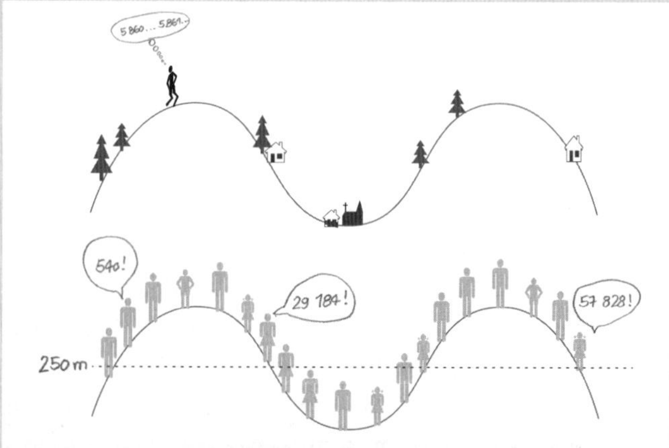

Abb. 7–2 a: Der Wanderer zählt die Schritte, um zu erfahren, wie weit die Gipfel auseinanderliegen.
b: Quanten-Reinhold ist an allen Orten gleichzeitig, das heißt, jeder Quanten-Reinhold steht für einen Schritt auf dem langen Weg. Er besetzt sehr viele unterschiedliche Höhen. Bei einer Messung kommt zufällig eine Höhe von 250 Metern heraus. Weil die Versionen von Quanten-Reinhold miteinander verschränkt sind, wissen sie, welche von ihnen bei der Höhe von 250 Meter stehen, und damit, welcher Schrittzahl diese Höhe entspricht. Damit wiederum lässt sich der Abstand berechnen.

Der Shor-Algorithmus funktioniert nur deshalb, weil sich hinter dem Faktorisierungsproblem eine mathematische Struktur verbirgt, nämlich eine Periode. Die Stärke des Quantencomputers ist es, diese im Zahlensalat gut verborgene Periode herauszufiltern.

Bemerkenswert dabei ist, dass die Lösung nicht eine der gespeicherten Zahlen ist wie zuvor beim Grover-Algorithmus, sondern eine »globale Eigenschaft« dieser Zahlen, wie Scott Aaronson es nennt. Also eine Charakteristik des Kollektivs aller in den Quantenregistern gespeicherten Zahlen. Eine einzelne Zahl allein kann keine Periodizität besitzen, ebenso wenig wie ein einzelnes Auto einen Stau bilden kann.

Experten sehen darin die größte Stärke von Quantencomputern. »Sie werden sehr viel schneller nach gemeinsamen Eigenschaften vieler Eingaben suchen können«, meint Anton Zeilinger. Seth Lloyd wird etwas konkreter: Mustererkennung, Big-Data-Anwendungen oder maschinelles Lernen.

Was meint Lloyd damit? Maschinen können programmiert werden, aus Erfahrung zu lernen und das Gelernte zu verallgemeinern. Sie lernen anhand von Tausenden Einzelbeispielen, Objekte in verschiedene Schubladen einzuordnen, und nutzen diese Erfahrungen, um später unbekannte Daten automatisch Rubriken zuzuordnen. Auch hierbei geht es um gemeinsame Eigenarten vieler Eingabewerte.

Als Beispiel dafür nennt Lloyd die Erkennung von Handschriften. »Sie geben dem Computer 10.000 Beispiele der handgeschriebenen Ziffer 5 und 10.000 Beispiele der Ziffer 7. Danach kann er selbstständig handgeschriebene 5en und 7en unterscheiden«, führt Lloyd aus. Herkömmliche Computer täten sich damit schwer, sagt der Physiker. »Wir glauben, dass Quantencomputer das sehr viel schneller lernen könnten.«

Er hat Ähnliches 2014 anhand eines Verfahrens mit dem sperrigen Namen Hauptkomponentenanalyse bewiesen,[58] einer für maschinelles Lernen oft eingesetzten Technik (siehe Kasten).

Computer sehen, worauf es ankommt

Oft sind Daten in einer unübersichtlichen Weise geordnet, sodass man wenig aus ihnen herauslesen kann. Schiffe zum Beispiel könnten in einer Datenbank mit einer ganzen Latte von technischen Merkmalen wie Wasserverdrängung, Länge, Tiefgang, Geschwindigkeit, Maschinenleistung, Mannschaftsstärke beschrieben sein.[a]

Eine Hauptkomponentenanalyse würde entdecken, dass sich fast alle Merkmale zu zwei Gruppen zusammenfassen lassen. Die eine versammelt etwa Länge, Tiefgang und Mannschaftsstärke, ist also gut mit »Größe« beschrieben, in der anderen finden sich Geschwindigkeit und Maschinenleistung, diese könnte man »Geschwindigkeit« nennen. Mithilfe dieser beiden Werte würde es leichter fallen, in der Datenbank schnelle und gleichzeitig große Schiffe zu finden.

Auf ähnliche Weise lassen sich in einer Kundendatenbank die wichtigsten Faktoren entdecken, die das Kaufverhalten bestimmen. Das könnte etwa das Alter oder der soziale Status sein.

a Siehe Wikipedia-Eintrag: Hauptkomponentenanalyse

Es gibt weitere Quantenalgorithmen, die zum Teil deutlich schnellere Problemlösungen versprechen als ihre klassischen Pendants. Der Mathematiker Stephen Jordan vom National Institute of Standards and Technology in Gaithersburg (US-Staat Maryland) hat sie gelistet. Sein »Zoo« der Quantenalgorithmen zählt 64 Exemplare (bei der ersten Auflage dieses Buchs vor sechs Jahren waren es noch 50 Stück).[59]

Die meisten behandeln komplexe mathematische Probleme, die in erster Linie akademischer Natur sein dürften. Doch es gibt auch einige Quantenalgorithmen, die praktisch anwendbar sind. Einer davon berechnet den elektrischen Widerstand zwischen zwei beliebig gewählten Knotenpunkten in komplexen elektrischen Schaltkreisen[60] – was beim Design von Computerchips helfen könnte. Er kann das, zumindest in der Theorie, sehr viel schneller, als es mit klassischen Rechnern möglich ist. Auch hier geht es um eine globale Eigenschaft: nämlich den Widerstand der *gesamten* Schaltung.

Es gibt auch die Hoffnung, dass Quantencomputer das Entwickeln neuer Arzneien beschleunigen könnten, insbesondere für Krebstherapien. Im Prinzip geht es darum, aus einer riesigen Menge von potenziellen Wirkstoffen jene herauszufiltern, die sich mit fehlerhaft funktionierenden Molekülen an Krebszellen verbinden und diese deaktivieren. Dabei ginge es ebenfalls um das Finden gemeinsamer Eigenschaften zwischen dem Arzneimolekül und dem Zielmolekül, da die Deaktivierung auf dem Schlüssel-Schloss-Prinzip basiert. Konkrete Forschung in diese Richtung betreibt etwa die Karlsruher Firma HQS Quantum-Simulations. Die Ausgründung des Karlsruher Instituts für Technologie hat bereits Kundschaft aus der Pharmabranche, etwa das Darmstädter Unternehmen Merck. Gemeinsam erstellen sie Quantenalgorithmen für erste noch relativ kleine Quantencomputer, wie sie einige schon in wenigen Jahren erwarten (siehe Kap. 8).

Der gehemmte Superrechner

Dass Experten eine bestimmte Stärke des Quantencomputers herausstellen, nämlich das Finden versteckter Muster in Daten, sollte stutzig machen. Deutet es doch darauf hin, dass Quantencomputer keine so weite Verbreitung finden werden wie klassische Rechner. Die Stärke einer *universellen* Maschine ist ja gerade ihre Flexibilität, also *keine* besondere Stärke zu haben. Hans-Dampf-in-allen-Gassen statt Experte, sozusagen. Und Quantencomputer scheinen eher Experten fürs Suchen zu sein.

»Es ist nicht für jedes Problem möglich, die richtige Orchestrierung zu finden«, bestätigt Seth Lloyd. »Insgesamt sieht es so aus, als gebe es nicht für allzu viele Probleme so eine Orchestrierung«, räumt er ein. Scott Aaronson spricht noch mehr Klartext: »Das Faktorisierungsproblem ist zwar sehr schwierig. Aber es gibt Zehntausende Probleme, von denen viele für Anwendungen interessant sind, die noch sehr viel schwieriger sind. Sie haben nicht die mathematische Struktur, die Peter Shor ausnutzte. Wir haben bislang keinerlei Hinweise, dass diese Probleme effizient gelöst werden können, weder von einem normalen Computer noch von einem Quantencomputer.«

Aus diesem Grund ist auch die Befürchtung des »Focus«, der »Monsterrechner« werde die Welt ins Chaos stürzen, krass übertrieben. Denn schon heute kennen Mathematiker mehrere Verschlüsselungsverfahren, für die kein Quantenalgorithmus bekannt ist, die also vor dem vermeintlichen Rechenmonster wahrscheinlich sicher sein werden.[61] Denn die zugrundeliegenden mathematischen Probleme besitzen keine versteckte Periodizität, die diese Art von Rechner nutzen könnte.

Schon heute arbeiten Forscher, etwa Juliane Krämer von der TU Darmstadt, daran, diese Verfahren fit für den schnelllebigen Internetalltag zu machen. Der Quantenrechner wird zwar der Tod der heute genutzten Kryptoverfahren sein. Aber noch lange nicht der Tod der Kryptographie an sich (siehe Kap. 9).

Zu den »noch viel schwereren« Problemen, die Aaronson anspricht, gehören Optimierungsaufgaben wie das Problem des Handlungsreisenden. Hier liegen die Hoffnungen eher auf der Maschine von D-Wave Systems als auf gatterbasierten Quantencomputern, für die die meisten Quantenalgorithmen entwickelt werden.

Als Zwischenfazit möchte ich festhalten: Derzeit sieht es so aus, dass Quantencomputer eher für Spezialaufgaben eingesetzt werden denn als Mädchen für alles wie die heutigen Mikrochips. Es könnte sogar so kommen, dass verschiedene Arten von Quantenrechnern verschiedene Nischen besetzen. Die einen suchen nach versteckten Mustern, etwa in Satellitenaufnahmen oder Börsenkursen. Die anderen optimieren Schaltkreise oder Raumfahrtmissionen und screenen nach neuen Medikamenten.

Es könnte aber auch anders kommen, wie Peter Shor vermutet: »Als klassische Computer in die Welt kamen, wurden eine Menge neuer Algorithmen entdeckt, weil die Leute sie an den Geräten ausprobieren konnten. Das Gleiche könnte mit Quantencomputern geschehen«, sagt der Mathematiker. Die wichtigsten Anwendungen würden demnach erst dann gefunden, wenn das Baby tatsächlich da ist.

Ein sicheres Quanteninternet

Wenn nicht wegen herausragender Rechenkünste, so könnten Quantenrechner aus einem anderen Grund dennoch die Welt erobern. Dieser heißt Sicherheit. Das Quantenrechnen könnte zum Garant für sorgloses Cloud-Computing werden. Dass die Quantenphysik abhörsichere Kommunikation ermöglicht, haben wir schon gesehen (Kap. 4). In Form des so genannten »blind quantum computing«, zu deutsch etwa: blindes Quantenrechnen, gibt es aber noch etwas Weitgehenderes. In Zukunft könnten Cloud-Dienste existieren, die große Quantencomputer betreiben und Rechenzeit auf diesen anbieten.

Angenommen, eine Firma will vertrauliche Daten auf diesem Quantenserver verarbeiten. Weder die hochgeladenen Daten noch die Art der Rechnung noch die heruntergeladenen Rechenergebnisse soll irgendjemand mitlesen können, auch nicht der Dienstleister selbst. Das blinde Quantenrechnen, dessen prinzipielle Machbarkeit Wiener Physiker um Stefanie Barz 2012 experimentell bewiesen,[62] garantiert alles zusammen.

Die Methode kombiniert die Quantenkryptographie (siehe Kap. 4) mit dem Konzept des Einweg-Quantencomputers. Zur Erinnerung: Dabei werden an einem Ensemble aus verschränkten Qubits Quantengatter ausgeführt, indem nacheinander Messungen an einzelnen Qubits vorgenommen werden (siehe Kap. 5). Der Cloud-Dienst besitzt die Ressourcen, um diese Methode auszuführen. Der Kunde sendet dem Cloud-Dienst eigene Qubits, denen er als Zufallselement unterschiedliche Phasen verleiht. Am besten geeignet dafür, so schreibt das Team um Barz, seien Photonen. Denn sie können Quanteninformation durch Glasfasern transportieren wie bei der Quantenkryptographie. Und sie können auch zum Quantenrechnen verwendet werden (siehe Kap. 5).

Der Dienstleister verschränkt die vom Kunden erhaltenen Photonen miteinander. Weil er die Quanteninformation der Photonen nicht kennt, bleibt ihm auch der resultierende verschränkte Zustand verborgen. Der Kunde sendet ihm nun Instruktionen, welche Messungen am Einweg-Quantencomputer vorgenommen werden sollen. Mit den Ergebnissen kann der Dienst nichts anfangen, da sie sozusagen das vom Kunden eingeführte Zufallselement enthalten. Er sendet die Resultate an den Kunden zurück. Der kann sie interpretieren, weil er selbst das Zufallselement kennt.

Alles, was der Cloud-Dienst bekommt, sind:

1. die Qubits, die gemäß den Gesetzen der Quantenphysik ihre Information vor jedem Beobachter verborgen halten. Würde der Dienst versuchen, an die Information zu gelangen, würde sich dies in unsinnigen Rechenergebnissen äußern. Der Kunde würde es zwangsläufig bemerken.
2. Vorgaben über die Messungen, die ebenso wenig über das Ergebnis der Rechnung sagen, wie die Nutzung eines Fahrzeugtyps über das Ziel der Reise aussagt.

Heute schrecken Firmen oft davor zurück, vertrauliche Daten einem Cloud-Dienst anzuvertrauen, um dessen Rechenpower zu nutzen. Wenn die Naturgesetze einem aber die Vertraulichkeit absichern, könnte diese Hemmschwelle sinken. Da nicht jeder Mittelständler einmal einen Quantencomputer im Rechenzentrum stehen haben wird, bietet dieses Modell eine Möglichkeit, die Privatwirtschaft an den Segnungen des Quantenrechnens teilhaben zu lassen.

Ein ähnliches Verfahren hat Seth Lloyds Team für Internetsuchmaschinen entwickelt. Er nennt sie augenzwinkernd »Quoogle«. Lloyd erklärt das Prinzip: »Als Nutzer senden Sie Quoogle eine Frage und es antwortet Ihnen. Wenn das von uns entwickelte Protokoll eingehalten wurde, können Sie absolut sicher sein, dass Quoogle die Frage nicht kennt.«

Techniken wie das blinde Quantenrechnen oder »Quoogle« lassen ein künftiges Quanteninternet noch attraktiver erscheinen als die Quantenkryptographie allein. Denn es könnte immerhin drei Dienste bieten, für die es in der klassischen Welt keine Entsprechung gibt: abhörsichere Kommunikation, sicheres Quantenrechnen in der Cloud und garantiert unbeobachtetes Suchen im Netz. Wenn China und die USA ihre Pläne wahrmachen und in den nächsten Jahren Kontinente abdeckende Netzwerke für Quantenkryptographie aufbauen (siehe Kap. 4), wäre schon ein großer Schritt in Richtung Quanteninternet getan.

Doch es gibt auch Interessen, die dem entgegenwirken, wie folgende Anekdote zeigt:

Der Physiker und die Milliardäre

In Seth Lloyds Büro, direkt am altehrwürdigen »Killian Court« des MIT in Cambridge bei Boston, liegt ein alter Flickenteppich, ein sperrmüllreifes Ledersofa steht in der Ecke, eine altmodische Tafel hängt an der Wand und auf dem im 70er-Jahre-Stil furnierten Schreibtisch türmen sich Bücher. Der Quantenphysiker sieht nicht aus wie jemand, der mit Millionen hantiert. Dennoch ist er ständig unterwegs, um solche Summen für Forschungsprojekte einzuwerben.

Vor einigen Jahren besuchte er zu diesem Zweck ein Bankett, bei dem sich Forscher mit Milliardären trafen. Er hatte die Gelegenheit, mit den Entwicklern von Google, Sergey Brin und Larry Page, zu sprechen. »Sie waren extrem interessiert an Quanten-Computing«, erzählt Lloyd. »Ich wollte ihnen unsere Suchmaschine Quoogle schmackhaft machen.« Um zwei Uhr morgens habe er den beiden die Idee kurz vorgestellt.

Am nächsten Tag bekam Lloyd aber eine Absage. »Seth, es tut uns leid«, habe Page gesagt. »Wir haben mit unserem Geschäftsführer gesprochen. Wir können das nicht kaufen.«

→

»Natürlich könnt ihr!«, antwortete Lloyd. »Ihr habt erst mehr als eine Milliarde für Youtube ausgegeben!« Er versuchte noch, ihnen den Deal damit schmackhaft zu machen, dass sie im datenschutzbewussten Europa damit punkten könnten.

Aber der Quantenphysiker bemühte sich umsonst: »Unser Geschäftsmodell basiert darauf, dass wir alles über jeden wissen, und wir können nicht in eine Technologie investieren, die uns daran hindert, alles über jeden zu wissen«, lautete das Argument der Google-Gründer.

Quantencomputer als Forschungswerkzeug

Wo sich Quantencomputer auf jeden Fall schon in den nächsten Jahren einnisten werden (und sich teilweise schon eingenistet *haben*), sind Forschungslabors. Auch dort werden sie aber nicht als Universalrechner eingesetzt werden, sondern als hoch spezialisierte Maschinen für Modellrechnungen. Daher sprechen Experten in diesem Zusammenhang nicht von Qaunten*computern*, sondern von Quanten*simulatoren*.

Was ist der Unterschied? Wer wissen will, wie lange ein Stein benötigt, um aus einer Höhe von einem Meter auf den Boden zu fallen, hat zwei Möglichkeiten: Er kann ein Computerprogramm starten, das Fallzeiten berechnet, als Starthöhe »1 m« eingeben und das Ergebnis vom Display ablesen. Er kann sich aber auch einen Stein, einen Meterstab und eine Stoppuhr nehmen und die Fallzeit *messen*.

Stein, Meterstab und Uhr sind zusammengenommen ein *Analogrechner* zur Bestimmung der Fallzeit. Analogrechner taten schon vor der großen Zeit der Digitalcomputer Dienst. Als Stromnetzwerke Anfang des 20. Jahrhunderts immer komplexer wurden, konnten Ingenieure gefährliche Kurzschlüsse oder Überspannungen nicht mehr mit Block und Bleistift vorausberechnen. Ein erhebliches Risiko für Fabrikanlagen oder Leitungen. Da kamen sie auf die Idee, die komplexen Leitungsnetze zu *simulieren*. Das hieß, ein elektronisches Gerät zu bauen, das in kleinem Maßstab ein dem wirklichen Netz analoges Verhalten an den Tag legt. Dieser »Netzwerkanalysator« war nichts anderes als ein Analogcomputer.

Die Entwicklung scheint sich in der Quantentechnik zu wiederholen: Der Quanten*simulator* geht dem Quanten*computer* voraus. Hier simulieren Quantenobjekte andere Quantenobjekte. Atome schlüpfen in die Rolle von Atomen, Elektronen in die Rolle von Elektronen usw. Es handelt sich also um eine Art Analogcomputer für die Quantenwelt.

Wie sieht das in der Praxis aus? Am Max-Planck-Institut für Quantenoptik in Garching stehe ich überwältigt vor einem wohnzimmergroßen Labortisch. Das Ganze erinnert an den Blick von einem hohen Turm über die Dächer einer mittelalterlichen Altstadt. Hunderte von Spiegeln, Filtern, Linsen und Glasfaserkabeln bilden ein kleinteiliges Gewirr. Dazwischen ragen, wie mächtige Kirchenschiffe, die Gehäuse starker Laser heraus.

Das Team von Immanuel Bloch verarbeitet mit dieser Anlage Laserlicht so, dass es für einen ganz bestimmten Zweck eingesetzt werden kann: um Atome abzukühlen, einzufangen und zu manipulieren. Gekreuzte Laserstrahlen bilden ein so genanntes optisches Gitter. An dessen Kreuzungspunkten werden Atome von elektromagnetischen Feldern festgehalten wie Eier in einem Eierkarton. Sie bilden so selbst ein regelmäßiges Gitter – das Modell eines Festkörpers. Nun, sagen Sie vielleicht, einen Festkörper kann ich doch direkt im Labor erforschen, dazu brauche ich kein aufwendig konstruiertes Modell davon.

Na ja, ein Silizium-Kristall oder ein Körnchen Salz hat keine Stellschrauben. Ein Kristall ist ein Kristall. Forscher würden aber trotzdem gerne die Eigenschaften von Kristallen variieren, um Gesetzmäßigkeiten leichter zu erkennen. Das optische Gitter hingegen *besitzt* Stellschrauben. Man kann es z.B. verstärken oder abschwächen. Bei schwachem Laser können die Atome zwischen den Mulden des »Eierkartons« hin und her hüpfen, bei starkem Licht bleiben sie in ihrer Mulde gefangen. So konnten schon 2002

Münchner Forscher einen speziellen Phasenübergang beobachten, der dem Wechsel von flüssig zu gefroren ähnelt. Bei diesem simulierten Einfrieren entsteht das Analogon zu einem so genannten Mott-Isolator. Dabei handelt es sich um Festkörper, die ähnliche Quanteneigenschaften haben wie elektrische Leiter, überraschenderweise aber Isolatoren sind. Per Quantensimulator lassen sich diese seltsamen Festkörper nun indirekt untersuchen.

Moleküle auf Knopfdruck

Inzwischen domptieren Physiker Atome in optischen Gittern virtuos. Sie steuern, ob die Atome sich anziehen oder abstoßen. Die Gruppe von Johannes Denschlag an der Universität Ulm erzeugt auf Knopfdruck Paare von Atomen, also simulierte Moleküle. Die Ulmer Physiker können die Atome auch wabenförmig anordnen, so wie die Kohlenstoff-Atome im viel zitierten »Wundermaterial« Graphen. »Wir untersuchen dieses simulierte Graphen unter Bedingungen, die man mit realem Graphen nicht erreicht«, erläutert Denschlag.

Denschlag und sein Team haben eine Art Aufzug für einzelne Ionen gebaut, mit dem sie die Teilchen in ein Ensemble aus Atomen hieven können. Damit simulieren sie die so genannte Dotierung, also die gezielte Verunreinigung von Kristallen mit fremden Elementen. Ohne Dotierung wäre die gesamte Halbleitertechnik unmöglich und die digitale Revolution wäre ausgefallen.

Wie Richard Feynman schon in den 1980er-Jahren anmerkte, ist die Natur nicht klassisch, zumindest nicht auf der Ebene ihrer kleinsten Bausteine. Sie basiert also auf der Quantenphysik. Mit Quantensimulatoren hoffen Physiker, ein Werkzeug in die Hand zu bekommen, um Materialien besser zu verstehen. Dies könnte auch praktische Auswirkungen haben. Auf Graphen zum Beispiel ruht die Hoffnung, es könne die Elektronik revolutionieren und dazu beitragen, das Moore'sche Gesetz weiterzuführen, sobald dies mit herkömmlicher Elektronik nicht mehr möglich ist. Dazu muss man das Graphen aber mit nanotechnologischen Verfahren auf der Ebene einzelner Atome manipulieren. Nur so kann es in verschiedene Rollen schlüpfen: Leiter, Halbleiter, Isolator. Das Material auf der mikroskopischen Ebene gut zu verstehen ist daher sehr wichtig.

Auch die Quantenmechanik von Hochtemperatursupraleitern könnte mithilfe von Quantensimulatoren besser verstanden werden. Ausgestattet mit diesem fundamentalen Wissen, so hoffen viele Forscher, könnten dann Supraleiter wie auf dem Reißbrett konstruiert werden – Atom für Atom. Das Ziel dabei sind Supraleiter, die Strom bei *Raumtemperatur* verlustfrei leiten. Wenn Hochtemperatursupraleiter industriell hergestellt werden könnten, würde das Energieversorgung und Verkehrswesen gründlich umkrempeln.

Auch die Entwicklung neuartiger Solarzellen könne profitieren, meint Seth Lloyd. »Es zeigt sich immer mehr, dass die Photosynthese von Pflanzen stark von den Gesetzen der Quantenphysik bestimmt wird (siehe Kap. 10). Wenn man die unglaublich hohe Effizienz des Energietransports in der Photosynthese für Solarzellen technisch nachahmen will, dann muss man die Quantenphysik der Photosynthese verstehen. Quantensimulatoren sollen dabei helfen.«

Die fortschreitende Miniaturisierung von Technologie schreie nach Quantensimulatoren, meint Lloyd. »Je kleiner Geräte werden, desto mehr wird ihre Funktion von der Quantenphysik bestimmt. Ein Nano-Ingenieur kann mit einem Quantensimulator sein Design testen, bevor er das System baut«, sagt der Physiker.

Der Kosmos im Labor

Simuliert werden aber nicht nur Festkörper. Quantensimulatoren bringen auch ein Phänomen hervor, das sonst nur der weltgrößte Teilchenbeschleuniger Large Hadron Collider (LHC) am CERN bei Genf ins Leben rufen konnte: das so genannte Higgs-Boson, dessen Entdeckung 2012 für Aufsehen gesorgt hat. Genauer gesagt, erzeugte Immanuel Blochs Team in einem Ensemble von Atomen eine so genannte Higgs-Anregung. Dabei handelt es sich um eine kollektive Bewegung der Atome im optischen Gitter, die dem Higgs-Boson stark ähnelt. Der Mehrwert davon ist, dass sich diese Phänomene im Quantensimulator bei sehr tiefen Temperaturen, also bei niedrigen Energien, studieren lassen, während ein Teilchenbeschleuniger ausschließlich bei sehr hohen Energien operiert. Man erhält so eine zusätzliche Perspektive auf das Forschungsobjekt.

Lloyd spannt den Bogen noch weiter: »Quantensimulation ist ein mächtiges Werkzeug, um das Universum auf seiner fundamentalsten Ebene zu verstehen«, sagt er. Weil die Quantenphysik auch in der Astrophysik mitmischt, könnten die Simulatoren helfen, Schwarze Löcher zu erforschen oder den Zustand des Universums Millisekunden nach dem Urknall.

Das Spektrum der Spezialaufgaben für Quantencomputer ist also breit genug für eine Hauptrolle in der nahen Zukunft, so in 20 oder 30 Jahren.

Die neue Ära des Quanteninternets

Ich lehne mich jetzt mal aus dem Fenster und gebe eine Prognose für das Jahr 2040 ab. Es wird ein Quanteninternet geben, im Volksmund vielleicht *QNet* genannt, das Nutzer untereinander und mit großen Cloud-Diensten verbindet. Quantencomputer wird es lediglich in Form großer Quantenserver geben, wobei unterschiedliche Anbieter sich auf unterschiedliche Arten des Quantenrechnens verstehen.

Sie bieten Suchdienste für die ins Unermessliche angewachsenen Datenberge an. Die medizinische Forschung scannt DNA-Datenbanken nach möglichen Angriffspunkten für neue Arzneien, Meteorologen berechnen Tausende Wettermodelle auf einmal und filtern die wahrscheinlichste Variante heraus. Dadurch ist eine genaue Wettervorhersage für drei Monate möglich. Niemand wird mehr von einem sonnigen Sommer überrascht. Die WSA (World Space Agency) nutzt Optimierungs-Quantencomputer, um die Marsmission zu planen und auch schon die in zehn Jahren geplante Jupitermission. Ein ähnlicher Quantenserver regelt den Verkehr im Orbit, damit sich immer mehr Satelliten und immer mehr Weltraumschrott nicht gegenseitig behindern. Privatleute versuchen in der Hoffnung auf ein lukratives Investment bislang unentdeckte Muster in Börsendaten zu finden. Ärzte greifen auf eine Datenbank mit medizinischen Daten aus aller Welt zu, um für jeden noch so eigentümlichen Fall die optimale Behandlung zu finden. In vielen Forschungslabors rund um den Globus stehen Quantensimulatoren. Einer davon hat einen Weg gefunden, das energieintensive industrielle Haber-Bosch-Verfahren zu verbessern, das den reaktionsträgen Stickstoff in Dünger umwandelt. Das alte Verfahren verbrauchte fünf Prozent des jährlich produzierten Erdgases. Dank des Quantensimulators konnte ein neuer Katalysator entwickelt werden, der die Reaktion von Luftstickstoff zu Ammoniak mit zehnmal weniger Energieverbrauch vollzieht. Möglich wurde das *QNet* durch einen Durchbruch vor zehn Jahren, als der Quantenrepeater (siehe Kap. 4) realisiert wurde. Das gerade demokratisch gewordene China und die USA bauten daraufhin ihre schon bestehenden Quantenkryptographie-Netzwerke aus. Durch Unterseekabel und Satelliten gelangte das neue Internet bis in die letzten Winkel der Erde. Die sichere Quantenverschlüsselung wurde technisch so weit vereinfacht, dass nicht nur Militärs, Regierungen und die Finanzindustrie sie benutzen, sondern inzwischen auch Firmen und sogar Privatleute damit ihre Nachrichten oder Online-Einkäufe absichern. Es finden sogar schon virtuelle Arzttermine oder geheime Projektbesprechungen über das *QNet* statt.

Heute sehen Quantenphysiker ähnliche Chancen für die Zukunft. Es ist ihnen gelungen, Geldgeber und Politiker mit ihrem Enthusiasmus zu infizieren. So wundert es nicht, dass die führenden Technologie-Regionen der Welt sich ein Wettrennen um den Quantencomputer liefern. Die Jagd nach dem Wunderrechner wird immer atemloser, wie das nächste Kapitel zeigt.

8 Zwei Wettläufe um den Quantencomputer: Marathon und Sprint

In die Entwicklung des Quantenrechners fließen Milliarden von Euros. Die Geldgeber wollen baldige Resultate. Doch das ist nicht so einfach.

Zeit ist so viel wert wie Geld. Aber es ist schwer,
Zeit mit Geld zu erkaufen.

Chinesisches Sprichwort

Im Keller von Gebäude 04.8 des Forschungszentrums Jülich umfasst Markus Jerger eine weiße Schale mit beiden Armen und zieht sie vorsichtig an einem mannshohen Zylinder herunter. Darunter erscheint wie bei einer russischen Matrjoschka-Puppe eine weitere Schale und noch eine, bis goldglänzende Stangen, Röhren und Drähte freiliegen. Jerger deutet auf den Kühlapparat. »Da werden wenige Tausendstel Grad über dem absoluten Temperaturnullpunkt herrschen«, sagt der Physiker. Die Apparatur wartet auf einen Prozessor, der in wenigen Jahren schneller rechnen soll als die derzeit leistungsstärksten Superrechner. Mit dem Jülicher Quantencomputer will sich Europa auf die Weltkarte des Quantencomputings schreiben, auf der bislang vor allem die USA und China sichtbar sind.

Dass jeder der Erste sein will, der den Durchbruch zum Wunderrechner schafft, sollte uns nicht mehr wundern. Ergänzen könnte man noch das wirtschaftliche Potenzial, das dem Quantenrechner zugesprochen wird. Marktforscher von »Research and Market« in Dublin schätzten den Marktwert von Quantencomputern im Jahr 2019 auf rund eine halbe Milliarde US-Dollar.[63] Dazu hätten vor allem Maschinen für das Quantum Annealing (siehe Kap. 4) beigetragen, schreiben die Wissenschaftler. Bis 2030 werde der Marktwert auf fast 65 Milliarden Dollar anwachsen: Das ist das 130-Fache! Allerdings nehmen die Forscher an, dass Quantenrechner das höchst lukrative maschinelle Lernen beschleunigen werden, was, wie wir wissen, nicht in Stein gemeißelt ist.

Dennoch ist der Optimismus plausibel: Rechner sind der Sprit der von Information angetriebenen Weltwirtschaft. Wenn die bisherigen digitalen Technologien an ihre Grenzen stoßen, dann ist eine neue, schnellere Art von Rechner ein Selbstläufer: Alle werden ihn brauchen.

Wer den Zauber der Quanten als Erster bändigt, dem winkt ein Status, wie ihn heute die Techgiganten des Silicon Valley genießen.

No risk, no fun

Wer ist am besten dafür gerüstet? Ein Maß dafür ist das Geld, das in die Entwicklung von Quantenrechnern fließt. Besonders überrascht es nicht, dass in den USA und in China das meiste Geld in die Hand genommen wird, um die Wundermaschine zu bauen. Doch Europa und Deutschland ziehen nach. Angesichts der Coronakrise hat Deutschland 2020 sogar eine bislang ungesehene Investition in das Gebiet angekündigt.

Aber der Reihe nach. In Amerika investieren Privatwirtschaft und der Staat in Milliardenhöhe. Alles, was in der amerikanischen Tech-Branche Rang und Namen hat, will sich bei der Entwicklung des Quantenrechners profilieren. Der »Quanten-Goldrausch« sei im Land ausgebrochen, schrieb das Fachmagazin *nature* im Oktober 2019.[64] Über das Engagement der Tech-Giganten Google, IBM, Intel oder Honeywell haben wir schon einiges gelernt. Wie viel Geld sie investieren, bleibt indessen unklar. Doch einzelne Investitionen in das Feld zeigen, dass sie es ernst meinen. Google kaufte vor Jahren einen Quantenrechner von der kanadischen Firma D-Wave Systems – für 15 Millionen Dollar. Später engagierte es eine ganze Forschergruppe von der University of California in Santa Barbara. Auch andere suchen sich Zugang zur Universitätsforschung. Der Chiphersteller Intel investierte 2015 eine Summe von 50 Millionen US-Dollar in ein Quantencomputer-Institut namens »Qutech« an der Technischen Universität Delft. Auch Microsoft verpartnerte sich 2016 mit einer Forschergruppe dieses Instituts. Wie viel Geld der Softwareriese den niederländischen Forschern bereitstellt, ist indessen unbekannt.

Über das Engagement der Großen hinaus blüht in Nordamerika eine Startup-Szene, die Hard- und Software für Quantencomputer entwickelt. Das Fachmagazin *nature* zählte dort 21 solcher relativ kleiner Firmen,[65] die ihre Existenz mit der Wette auf Quantenrechner verbinden. Für die amerikanische Abenteuerlust gibt es das passende Finanzierungsinstrument. Eines, das in Europa eher unüblich ist: so genanntes Wagniskapital. Damit investiert man in neue, noch nicht einsatzreife Technologien, die zwar revolutionäres Potenzial haben, aber mit einer nicht geringen Wahrscheinlichkeit scheitern könnten. Mit anderen Worten wettet man viel Geld auf ein wenig sicheres Ereignis, das bei Eintreten jedoch ein Vielfaches des Wetteinsatzes in die Kasse spült. Das Motto könnte lauten: No risk, no fun.

Dieser Einsatz ist zwischen 2012 und 2018 stark gestiegen. In den letzten beiden Jahren dieser Zeitspanne erhielten die Startups laut *nature* mindestens 284 Millionen US-Dollar, etwa um ein Drittel mehr als in den *vier* Jahren zuvor. Bei einigen der Firmen ist unbekannt, wie viel Risikokapital sie erhielten.

Zum privaten Geld kam im Jahr 2018 ein Förderprogramm der US-Regierung im Wert von 1,2 Milliarden Dollar für fünf Jahre. Das Geld soll unter anderem für neue Forschungszentren ausgegeben werden, in denen Wissenschaftler aus verschiedenen Disziplinen wie Informatik, Physik und Ingenieurwesen am Quantenrechner basteln.

Think bigger

Die bislang genannten Summen wirken fast niedlich, wenn man sie mit dem vergleicht, was China für Quantentechnik ausgibt. Offenbar will man dort den Begriff »Think Big« neu definieren. In China spielt der Staat als Geldgeber eine weitaus wichtigere Rolle als im Westen. Zwar ist die Regierung in Peking nicht eben transparent, was ihr Budget für Quanten angeht. Doch die Zahlen, die kursieren, sind atemberaubend.[66] In Hefei, wo der »Vater der Quanten« Jian-Wei Pan arbeitet, soll ein 10 Milliarden Dollar teures Forschungszentrum entstehen. Die Regierung spendiert *jährlich* 2,5 Milliarden Dollar für Quantentechnologie, also zehnmal so viel wie die USA.[67] Allein *eine* chinesische Provinz, Anhui, hat einen 1,6 Milliarden Dollar schweren Fonds für Quantentechnik aufgelegt, also mehr als die amerikanische Regierung insgesamt! Sogar einzelne Städte preschen vor. Die ostchinesische Stadt Jinan will ein »Quantum-Valley« aufbauen, wo bis 2025 eine Milliarden Dollar wertvolle Industrie entstehen soll.[68] Beeindruckend ist auch das Investment der privaten Firmen in China. Der Onlinehändler Alibaba, das chinesische Pendant zu Amazon, investiert 15 Milliarden Dollar in die Entwicklung von «disruptiven Technologien«, zu denen neben künstlicher Intelligenz die Quantentechnik gehört.

Und was ist mit Europa? Jahrelang sangen die hiesigen Quantenforscher ein Klagelied. Wir haben zwar exzellente Forscher, die die Grundsteine des Quantencomputers gelegt haben. In unseren Labors stehen die am weitesten entwickelten experimentellen Quantenrechner. Doch nun greifen die USA das alles auf und entwickeln es mit viel Geld weiter. Wir sind dabei, den Anschluss zu verlieren. Unser Know-how wandert ab. Wir brauchen mehr Geld. »In den USA hat man schon vor Jahren auf anwendungsorientierte Forschung umgeschaltet. Da hinken wir weit hinterher«, fasst es Frank Wilhelm-Mauch von der Universität des Saarlandes zusammen. Grob gesagt ist das die Message, die Quantenphysiker unter der Federführung von Tomasso Calarco, der heute am Forschungszentrum Jülich arbeitet, in ihrem »Quantenmanifest« an die Europäische Kommission und die Mitgliedstaaten der EU sendeten.

Diese reagierten und setzten 2018 eines der schwersten Geschütze auf, das die Forschungsförderung der EU kennt: ein so genanntes Flaggschiff-Programm. Über zehn Jahren hinweg soll es eine Milliarde Euro in die Quantentechnologie pumpen. Etwa die Hälfte davon soll von den einzelnen Mitgliedsstaaten und Unternehmen kommen.

Dazu gibt es große nationale Förderprogramme in Europa. Deutschland plant zwischen 2018 und 2022 rund 650 Millionen Euro in das Feld zu stecken, also mehr als halb so viel wie die USA. Das Programm solle die Forschung »stärker auf Anwendung« ausrichten, heißt es vom Bundesforschungsministerium. Dort sieht man die Fraunhofer-Gesellschaft mit ihren Industriekontakten als den natürlichen Partner dafür. Sie soll stark vom Programm profitieren. Grundlagenforscher an den Universitäten indessen kritisierten das Programm gleich nach seinem Bekanntwerden. Die Fraunhofer-Gesellschaft habe sich bislang kaum in Sachen Quantentechnologie hervorgetan, lautet ein oft gehörter Einwand. Für sich selbst sehen sie nicht viel mehr herausspringen. Tatsächlich klingt der Geldsegen üppiger, als er ist: In den 650 Millionen Euro sind rund 400 Millionen enthalten, die ohnehin in das Feld geflossen wären, etwa über die Grundausstattung für die Institute.[69]

Das war allerdings vor der Coronakrise. Im Juni 2020 beschloss die Regierung ein Konjunkturpaket über 130 Milliarden Euro. Davon soll auch die Quantentechnologie profitieren – mit zwei Milliarden Euro. Man will die Entwicklung nicht länger verschlafen wie bei der digitalen Computertechnik, wo längst andere Länder die Entwicklung von Hard- und Software dominieren. Ziel sei nun, »dass Deutschland in wesentlichen Bereichen der Quantentechnologien, insbesondere dem Quantencomputing, der Quantenkommunikation, der Quantensensorik und auch der Quantenkryptographie wirtschaftlich und technologisch an der Weltspitze konkurrenzfähig ist«.[70] Ein »neues industrielles Standbein« für Hard- und Software solle entstehen. Der Bund wolle den Bau von mindestens zwei Quantencomputern beauftragen. Gemessen an diesen Ambitionen wirken die zwei Milliarden Euro fast schon wieder dünn.

Auch Großbritannien profiliert sich in der Quantenszene. Das Land hat bereits 2013 ein nationales Programm über 270 Millionen Pfund aufgesetzt. In den letzten Jahren ist dort, ähnlich wie in Nordamerika, eine lebendige Szene von Startups entstanden. Eines davon hat den ersten »kommerziell erhältlichen« Quantenchip des Landes hergestellt. »Oxford Quantumcircuits« hat nun auch Geld eingesammelt, um aus den Universitätslabors in ein eigenes Gebäude zu ziehen. Laut *nature* sind im Vereinigten Königreich bis 2018 zehn Startups entstanden, die mindestens 35 Millionen Dollar an Wagniskapital eingesammelt haben, wobei sechs der Verträge die Summe nicht nennen.

Europas Schwachpunkt: Wissenstransfer

Die Fördermillionen sind ein Maßstab dafür, wer das Wettrennen anführt. Andere sind die Zahl der eingereichten Patente, der wissenschaftlichen Publikationen und die Fähigkeit, Forschungsergebnisse in profitable Produkte umzuwandeln. Das Institut für Innovation und Technik hat diese Gradmesser für das Magazin *Technology Review* recherchiert.[71] Demnach halten die USA und China die Hälfte der Patente in der Quantentechnologie. Alle europäischen Länder zusammen kommen auf 13 Prozent. Deutschland liegt mit seinen zwei Prozent nur einen Prozentpunkt über den Kaimaninseln.

Für unser Hauptthema, den Quantencomputer, ergibt sich ein etwas anderes Bild. Hier dominieren zwar die USA mit 41 Prozent der Patente. Doch China liegt mit 9 Prozent hinter Kanada und Japan (17 und 14 Prozent). Die meisten Patente hält das fernöstliche Land in der Quantenkryptographie.[72] Auch bei den Quantencomputer-Patenten hängen Europa (7 Prozent) und insbesondere Deutschland (2 Prozent) weit hinterher.

Der Blick auf die wissenschaftlichen Publikationen indessen bestätigt die Klage europäischer Quantenforscher, zwar in der Forschung Spitze, aber beim Transfer in Produkte schwach zu sein. Mit 22 Prozent der Fachartikel liegen die Europäer hier weltweit vorne. Es folgen die USA und China (21 und 13 Prozent).

Bei der dritten Maßzahl, einem Index, der beschreibt, wie gut Wissenschaft in Patente umgewandelt wird, liegen indessen zwei andere Nationen vorne: Japan und Kanada. Dieser Umstand relativiert nochmals den Eindruck, der aus den Geldflüssen entsteht: dass die USA und China das Rennen unter sich ausmachen würden.

Angst vor dem Quantenwinter

Wie schon bei vorherigen Kapiteln gesehen zeigt dies, dass das Rennen noch offen ist. Der Führende bei Kilometer 11 eines Marathonlaufs muss noch lange nicht der Sieger sein. Längst sind die Zauberkräfte der Quanten nicht unter Kontrolle. Viele Quantenforscher sorgen sich, die üppigen Geldflüsse könnten versiegen, wenn sich nicht in den nächsten paar Jahren zumindest ein kleiner Quantenzauber gewinnbringend nutzen ließe. Ein »Goldrausch« ganz ohne Nuggets wird bald Katerstimmung weichen.

Daher hat sich die Quantencomputer-Gemeinde gespalten: Diejenigen, die langfristig eine Wundermaschine bauen wollen, die den klassischen Computer in vielen Feldern alt aussehen lässt und Verschlüsselungen knacken kann. Die andere Fraktion will schon in fünf bis zehn Jahren nutzbare Qauntencomputer vorweisen. Diese Gruppe bastelt an kleineren, fehleranfälligen Rechnern für Spezialanwendungen, die direkten Gewinn bringen, etwa bei der Suche nach Wirkstoffen in der chemischen Industrie, bei Optimierungsaufgaben, bei maschinellem Lernen oder in der Materialentwicklung.

In der Szene spricht man von »Noisy Intermediate Scale Quantum Technology«, abgekürzt NISQ. Auf deutsch bedeutet das in etwa: »Verrauschte mittelgroße Quantentechnologie«. Der sperrige Begriff ist Ausdruck einer Hoffnung. Nicht mehr und nicht weniger.

Die Anhänger des NISQ glauben an spezielle Anwendungen, bei der ein Quantencomputer auch ohne Fehlerkorrektur und mit relativ wenigen Qubits genügend Arbeitsschritte schafft, um zu einem brauchbaren Ergebnis zu kommen, und zwar schneller als gewöhnliche Rechner. Die Erwartung wurde genährt von Googles Demo der »Quantenüberlegenheit«. Die schaffte John Martinis Team mit 53 Qubits und ohne Fehlerkorrektur. Nun, so kommentierten manche Forscher begeistert, brauche es nur noch einen Algorithmus, der wirklich etwas Nützliches ausrechnet. Bislang wurde ein solcher jedoch noch nicht gefunden.

Was nicht heißt, dass Forscher keine Algorithmen gefunden hätten, die bald etwas Nützliches auf einem NISQ-Quantenrechner tun könnten. Dafür gibt es sogar mehrere Beispiele aus jüngerer Zeit (Stand Sommer 2020).

Eines davon könnte feinere und komplexere Muster in Daten erkennen, wie ein Team um Jay Gambetta vom Watson-Forschungszentrum der Firma IBM in Yorktown Heights (US-Staat New York) zeigte.[73] Algorithmen können lernen, Daten in verschiedene Kategorien zu ordnen. Zum Beispiel könnte man Tierbilder danach unterscheiden, ob sie ein rotes Fell oder ein weißes Fell zeigen. Etwas mathematischer ausgedrückt projiziert der Algorithmus die Bilder in ein Koordinatensystem mit zwei Dimensionen, nämlich »rot« und »weiß«. Wenn zwei Tiere eine ähnliche rötliche Färbung aufweisen, werden ihre Fotos ähnlich viele rote Pixel haben. Im Rot-weiß-Koordinatensystem werden die Bilder durch zwei Punkte repräsentiert, die sich nah sind. Ist das eine Tier jedoch weiß und das andere rot, werden die Punkte weit voneinander entfernt liegen. So kann der Algorithmus die Bilder nach Ähnlichkeit sortieren.

Aber ist das komplex genug? Wenn man Tiere nach Farben ordnen will, vielleicht. Nach ähnlichen Tier*arten* lässt sich so jedenfalls nicht sortieren. Der Algorithmus würde einen Fuchs und einen Polarfuchs als unähnlich bewerten, eine rötliche Katze und einen Fuchs hingegen als gleichartig. Es braucht einen komplexeren mathematischen Raum, um biologisch verwandte Tiere zusammenzusortieren. Das wäre ein Koordinatensystem mit mehr als zwei Dimensionen, der etwa die Kopfform, den Augenabstand oder Ähnliches berücksichtigt. Im Prinzip lassen sich Ähnlichkeiten zwischen Datenpunkten oder, allgemeiner gesagt, Muster in Datenmengen umso feiner und präziser erkennen, je mehr Dimensionen für die Berechnung eines Ähnlichkeitswerts bereitstehen.

Jay Gambettas Team ging von der Idee aus, dass ein Quantenrechner bereits mit wenigen Qubits ein äußerst vieldimensionales Koordinatensystem darstellt. Wir erinnern uns: Ein Qubit haben wir mit der Blochkugel (Abb. 3–7) als ein zweidimensionales Koordinatensystem betrachtet, das jeden Punkt mit zwei Parametern, Längengrad und Breitengrad beschreibt. Jedes zusätzliche Qubit verdoppelt die Zahl der Dimensionen dieses »Raums«, der dann freilich nicht mehr vorstellbar ist. Mit 20 Qubits sind es schon mehr als eine Million Dimensionen. Ein Quantencomputer öffnet einen Raum, der mit einem klassischen Rechner verschlossen bleibt. Daher lassen sich mit ihm vielleicht Muster in Datenmengen detektieren, die für einen klassischen Computer zwangsläufig unsichtbar bleiben.

Dass immerhin das Prinzip funktioniert, haben die Forscher aus Yorktown Heights gezeigt. Sie verwendeten dafür einen Quantenchip der Firma IBM mit zwei Qubits, also vier Dimensionen. Darauf haben sie einen Algorithmus laufen lassen, der Daten in zwei Kategorien einordnet. Die Beispieldaten haben die Forscher zuvor künstlich generiert. Denn wie gesagt ging es bei dem Experiment lediglich um den Nachweis, dass die Idee prinzipiell funktioniert. Die Forscher spekulieren, dass auf einem etwas größeren NISQ-Gerät ein Vorteil gegenüber den leistungsstärksten klassischen Algorithmen erreicht werden kann.

Hardware-Zwitter

Ein Aspekt der Arbeit lässt ahnen, wie Quantenrechner in naher Zukunft eingesetzt werden könnten. Der Mini-Quantencomputer erfüllt nur einen Teil des Jobs. Die Daten erhält er von einem klassischen Rechner. Er berechnet die Ähnlichkeit zwischen zwei Datensätzen und gibt den Wert an die herkömmliche Maschine zurück. Der Quantenchip arbeitet sozusagen als Co-Prozessor, ähnlich wie die Grafikkarte in einem PC, die die Daten vom Prozessor erhält und so umrechnet, dass sie auf dem Monitor ausgegeben werden können.

Viele Vertreter der NISQ-Szene glauben, dass kleine Quantencomputer ihre speziellen Fähigkeiten in einem Hybridrechner, zusammen mit einem klassischen Computer, erledigen werden. Wie beide Rechnerkonzepte ihre jeweiligen Stärken im Team ausspielen können, zeigten Forscher um Christian Kokail von der Universität Innsbruck im Jahr 2019.[74]

Der Hybrid kann eine ganze Klasse von physikalischen Problemen simulieren, so genannte Gittermodelle. Diese dienen in der Festkörper- oder Teilchenphysik zum Studium von Phänomenen wie Magnetismus oder der Erzeugung von Teilchenpaaren.

Die Innsbrucker Physiker nutzten einen Quantencomputer mit 20 Kalzium-Ionen als Qubits. Mit Lasern lassen sich die Qubits einzeln manipulieren und jeweils in Paaren verschränken. Diese beiden Operationen dienen bildlich gesprochen als Bausteine, aus denen verschieden geformte Häuser gebaut werden können. Je nachdem, wie man sie kombiniert, verwirklichen sie ein anderes Mitglied aus der Familie der Gittermodelle. In Grenzen lässt sich die Maschine also programmieren.

Die österreichischen Forscher haben einen Prozess aus der Teilchenphysik simuliert: die spontane Entstehung und Vernichtung von Elementarteilchen-Paaren, genauer von Elektronen und deren Antiteilchen, so genannten Positronen. Das lässt sich wie folgt in die Qubits codieren: Der Wert 0 bedeutet Vakuum (kein Teilchen). Der Wert 1 bedeutet ein Elektron oder Positron, je nachdem, ob das entsprechende Qubit auf einem geraden oder ungeraden Platz in der Kette aus Kalzium-Ionen sitzt. So ergibt sich ein komplexes System, das über tausend Konfigurationen einnehmen kann. Diese können im Quantenrechner alle parallel existieren in allen denkbaren Mischungsverhältnissen. Es ist wie ein Mischpult mit tausend Schiebereglern.

Eine wichtige Frage von Physikern an so ein System ist, welche Mischung die geringste Energie besitzt, also der »Grundzustand« ist. Eine Stärke des Quantenrechners: Er gibt die Energie eines Zustands sofort aus, indem man diese misst.

Aber wie findet man den Grundzustand? Das ist eine Stärke von klassischen Rechnern, genauer von so genannten Optimierungsalgorithmen. Sie finden, bildlich gesprochen, schnell das tiefste Tal in einer zerklüfteten, weitläufigen Gebirgslandschaft. Die Innsbrucker Forscher haben die beiden Rechner zu einer Feedbackschleife verbunden. Der Quantenrechner startet mit einem beliebigen Testzustand. Dessen Energie wird gemessen und an den klassischen Rechner gemeldet. Dieser schiebt zunächst willkürlich an den Reglern des Zustands, indem er die Laser ansteuert. Der Zyklus wiederholt sich mit dem neuen Zustand. So erkundet der Optimierungsalgorithmus die »Gebirgslandschaft«, die die gemessenen Energien bilden. Er erkennt, wie er die Regler verschieben muss, damit er schnell und doch ziemlich sicher das tiefste Tal findet. »Wir verwenden die besten Eigenschaften beider Technologien«, erklärt das Teammitglied Christine Maier. So hole man mehr aus den derzeit verfügbaren Quantenressourcen heraus, ergänzt die Physikerin.

Der Innsbrucker Hybrid-Computer ist nicht schneller als jeder rein klassische Rechner. Doch derzeit basteln die Forscher an einer größeren Version mit 50 Qubits. Diese Zahl gilt grob als die Grenze, ab der Quantenrechner die derzeit größten Supercomputer überflügeln können.

Es liegt eine Ahnung in der Luft, dass NISQ bald den Sprung in die Anwendung schaffen könnte. Das zeigt sich daran, dass auch Unternehmen, die nicht der Computerbranche angehören, ihre Fühler ausstrecken. Der Darmstädter Chemie- und Pharmakonzern Merck etwa hat eigens eine »Quantum Task Force« gegründet, die mit Startups aus der NISQ-Szene kooperiert. »Die neue Technologie könnte unsere Branche grundlegend verändern«, sagt Philipp Harbach von Mercks Quanten-Taskforce. Für Merck sei Quantenmechanik Alltag, sagt der Chemiker. Denn chemische Reaktionen folgen deren Regeln. Die »Quantenchemie« zu simulieren ist eine naheliegende Aufgabe für einen Quantenrechner. Heute noch Unrentables ließe sich damit vielleicht verwirklichen, sagt Harbach. Er nennt ein Display aus organischen Leuchtdioden (OLED) als Beispiel. Es besteht aus mehreren Schichten organischen Materials. »Um Kosten zu sparen, wollte ein Kunde eine der Lagen dünner entwerfen.« Dafür müsse man aber erst eine passende chemische Verbindung finden, die unter anderem einen hohen Brechungsindex hat. Tausende Kandidaten im Labor zu synthetisieren und zu testen würde zu viel Zeit und Geld kosten. Die Alternative: Im Computer simulieren, wie ein neues Molekül auf elektromagnetische Wellen reagiert. Aus dieser Reaktion lässt sich der Brechungsindex berechnen. »Die gesamte Prozesssimulation ist quantenmechanisch«, sagt Harbach. Mit einem NISQ-Gerät könne man aber wohl nur einen Teil davon bearbeiten. »Der Einsatz würde sich lohnen, wenn der Mehrwert des Rechenergebnisses signifikant größer wäre«, sagt der Forscher. »Ob das bald möglich sein wird, wissen wir noch nicht«, räumt er ein.

Tatsächlich steht hinter den berechtigten Hoffnungen auf die baldige Anwendbarkeit kleiner Quantenrechner ein deutliches »Aber«. Trotz vieler Ideen und Experimenten ist es bislang nicht gelungen, eine solche Anwendung zum Laufen zu bringen. Ohne Fehlerkorrektur werden die Chips immer nur wenige Millisekunden haben, um an einer Aufgabe zu arbeiten. Ein klassischer Rechner ausreichender Stärke wird daher nicht sehr lange arbeiten müssen, um den Quantencomputer zu übertrumpfen. Viel Rechenkraft und Speicherplatz sind heute relativ günstig zu haben. Die Nische für Quantenchips und Quantenalgorithmen, die einen echten Vorteil bringen, könnte daher sehr eng werden.

Schließlich löst sich mancher vermutete Quantenvorteil durch eine Verbesserung der klassischen Software in Luft auf. Ironischerweise kann der Fortschritt der konventionellen Methode von dem entsprechenden Quantenalgorithmus inspiriert worden sein, wie folgende Anekdote zeigt.

Im Sommer 2018 sah sich die damals 18-jährige Informatikstudentin Ewin Tang von der University of Texas in Austin einen neuen Algorithmus für Quantencomputer an. Dieser soll Empfehlungssysteme schneller machen, wie sie in Online-Shops Produkte aufspüren, die ein Kunde mögen könnte. Eigentlich sollte Tang mathematisch beweisen, dass keine klassische Software genauso leistungsstark sein kann. Doch das Mathe-Wunderkind enttäuschte seinen Prof: Inspiriert vom Quantenalgorithmus fand Tang einen klassischen Algorithmus, der genauso schnell Empfehlungen findet. Das Beispiel zeigt, dass die andere Art, mit der Software für Quantencomputer entwickelt wird, sich mitunter auf die klassische Softwareproduktion übertragen lässt. Ähnliches gelang auch schon mit einem Optimierungsalgorithmus.

Ob also die zweite Disziplin des Wettkampfs um den Quantenrechner, der Kurzstreckenlauf zum NISQ, zu einem Erfolg führt, bleibt ungewiss. Weil das Ziel aber greifbar erscheint, wirkt es wie ein Turbo. Neben den Techgiganten und Startups versuchen auch europäische Forscher, ein NISQ-Gerät zu bauen. Sie arbeiten dafür zusammen. Ihr Projekt heißt OpenSuperQ. Im Keller von Gebäude 04.8 des Forschungszentrums Jülich entsteht ein Quantencomputer, der in wenigen Jahren 50 bis 100 supraleitende Qubits haben soll. Markus Jerger zeigt einen münzgroßen Zylinder, einen Chip mit vorläufig zwei Qubits für OpensuperQ. Der Chip kommt von der Technischen Universität Chalmers im schwedischen Göteborg. Ein weiterer Chip von der ETH Zürich soll bald eingebaut werden.

Einzelne Labors, so die wachsende Überzeugung vieler Quantenphysiker, können das Projekt Quantencomputer nicht stemmen. »Der Bau eines Quantencomputers ist ein Großprojekt«, sagt Ferdinand Schmidt-Kaler von der Universität Mainz. In der Szene sagen viele, es brauche eine gewaltige kollektive Anstrengung, ein gesamteuropäisches Unternehmen wie den Airbus oder das Kernforschungszentrum CERN bei Genf.

Beide Großprojekte befinden sich auf europäischen Boden. Da das Rennen um den Quantenrechner noch offen ist und es nicht allein durch Fördermillionen und Enthusiasmus entschieden werden wird, sondern auch durch den Willen zur Kooperation, gibt es noch Hoffnung für den alten Kontinent. Vielleicht wird der Quantenzauber zuerst in Europa gebändigt werden.

Gezähmt werden muss der Quantenrechner indessen selbst. Schon bevor er da ist, kümmern sich Mathematiker daher um neue Verschlüsselungsverfahren, die dem Quantencomputer standhalten sollen. Um diese kennenzulernen, begeben wir uns auf eine kurze Reise nach Südhessen.

9 Fangnetz für die geisterhafte Rechenpower

Kryptographen mahnen an, die alten Verschlüsselungen baldmöglichst zu ersetzen. Doch die Schutzschilde gegen künftige Quantenrechner sind noch nicht praxistauglich.

Du musst den Brunnen bauen, bevor du Durst hast.

Deutsches Sprichwort

Berlin, 21.8.2026. Adriana Meissner erschrak, als die Tür zu ihrem Büro im Berliner Kanzleramt aufflog. »Frau Bundeskanzlerin!«, rief Erik Bergmann, ihr Berater für neue Technologien, während er an den Schreibtisch stürzte, die Bürotür sperrangelweit offen lassend. »Der Angriff weitet sich aus!«, keuchte er, sich mit den Händen auf die graue Steinplatte stützend.

Die Kanzlerin wedelte beschwichtigend mit den Handflächen. »Eins nach dem andern, Bergmann. Berichten Sie einfach ruhig und sachlich, wie immer!«

Der Berater richtete sich auf und atmete erst mal durch. »Gestern früh fing es noch recht harmlos an«, berichtete er dann, »als erlaube sich jemand einen Jux. Tausende Artikel von Wikipedia zeigten offensichtliche Falschinformationen, etwa dass Shakespeare ein Italiener war oder die Gründerväter der USA britische Sträflinge. Am Nachmittag wurde es ernster. Der oder die Angreifer fälschten die Websites renommierter Zeitungen. Die New York

Times etwa rief angeblich zur Wahl des Populisten Gerald Darwin zum Präsidenten auf. Irgendwer war offenbar in der Lage, die Zertifikate von bekannten Websites zu fälschen und sich als die entsprechende Institution auszugeben.«

Adriana Meissner zuckte mit einer Schulter. »Ich weiß, ich weiß.«

»Das war erst der Anfang, Frau Bundeskanzlerin!« Bergmann ließ den Kopf hängen und fuhr sich mit der Hand übers Gesicht. »Heute früh kamen Meldungen, dass allein in Deutschland mehrere Millionen Tablets, Smartphones und PCs mit Schadsoftware infiziert wurden.«

Die Kanzlerin richtete den Oberkörper auf. »Wie bitte! Was ist das für eine Schadsoftware?«

»Die Rechner verselbständigen sich, öffnen Programme, senden Nachrichten, fahren herunter, reagieren nicht mehr auf die Eingaben der Nutzer und so weiter. Das Schadensbild ist noch unübersichtlich.«

Meissner schüttelte den Kopf, als traue sie dem Gehörten nicht. »Wie kann das sein! Die meisten Geräte haben seit der Cyberschutz-Gesetznovelle doch sehr gute Sicherheitssoftware.«

»Das ist ja das Verteufelte. Die Schadsoftware wurde bei regulären Updates aufgespielt, die meisten bei den gestern fälligen Updates eines bestimmten Betriebssystems. Der oder die Angreifer haben es irgendwie geschafft, sich als der Hersteller des Betriebssystems auszugeben!«

Nun sprang die Kanzlerin von ihrem Schreibtisch auf. »Das ist ja irre! Das müssen wir stoppen, sofort!«

Bergmann hob beide Hände über den Kopf und seufzte.

»Wir haben keine Ahnung, wie, Frau Bundeskanzlerin! Es wird noch schlimmer. Seit einer Stunde gibt es Tausende Anzeigen, dass Überweisungen von Bankkonten ausgeführt wurden. Ohne Zustimmung der Kontoinhaber! Der Angreifer hat Zugriff auf die Konten!«

Adriana Meissner marschierte mit gesenktem Blick hinter dem wuchtigen Schreibtisch auf und ab, die Hände hinter dem Rücken verschränkt. »Wer kann da dahinterstecken!«

»Die Experten meinen, dass nicht allzu viele Akteure in der Lage seien, einen derartigen Angriff zu starten«, antwortete Bergmann.

»Warum nicht?«

»Der Angreifer muss über die Waffe verfügen, vor der wir uns seit Jahren fürchten und von der wir nicht dachten, dass sie so schnell zur Verfügung stehen könnte.«

»Welche denn?«

»Ein Quantencomputer!«

Meissner erschrak. Ihr Mann war Physiker. Sie wusste, was so eine Maschine konnte.

»Mein Gott«, flüsterte sie und ließ sich auf ihren Bürosessel plumpsen. »Die Infrastruktur.«

Bergmann nickte schwer.

»Unser Internet-der-Dinge-Fördergesetz hat allzu schnell gewirkt«, sagte er. »Wir haben das smarte, von Sensoren und Chips intelligent gesteuerte Stromnetz binnen zwei Jahren umgesetzt, um die Energiewende zu vollenden. Wir haben ein intelligentes Verkehrsleitnetz, das auf die aktuelle Luftverschmutzung reagiert und den ÖPNV optimiert, Ampeln, die mit Fahrzeugen kommunizieren und so weiter. Und vor allem: Wir haben den Rat der Experten in den Wind geschlagen, die Verschlüsselungen des Datenverkehrs auf die damals noch nicht ganz ausgereiften Quantencomputer-sicheren Verfahren umzustellen.«

Die Kanzlerin starrte Bergmann an.

»Wird das Stromnetz angegriffen werden?«

Bergmann atmete hörbar durch. »Sehr wahrscheinlich, ja. Unsere Experten gehen davon aus, dass es die Chinesen sind. Sie sind neben den Amerikanern am weitesten mit der Entwicklung des Quantenrechners. Leider sind die Spannungen zwischen Peking und dem Westen in letzter Zeit eskaliert. Der Cyberkrieg tut das jetzt auch.«

Meissner sank in sich zusammen. Nicht nur wegen der drohenden Cyber-Katastrophe. Sie dachte an eine andere Warnung aller Sicherheitsexperten, die in den Wind geschlagen wurde. Das konnte sie nun ihr Amt kosten.

In den nächsten Wochen blieb der Angriff auf die Infrastruktur zwar aus. Doch der Gegner hatte sich entschieden, auf einer anderen Ebene anzugreifen. Dossiers der westlichen Geheimdienste gelangten an die Öffentlichkeit. Der Angreifer, inzwischen gab es kaum noch Zweifel, dass dies die Regierung in Peking war, hatte verschlüsselte Botschaften über Jahre hinweg abgefangen und gespeichert. Mit seinem Quantencomputer konnte er sie nun entschlüsseln.

Unter den Botschaften war ein Dossier des französischen Geheimdiensts über die deutsche Kanzlerin Adriana Meissner. Das Wortprotokoll eines Gesprächs in Riad am 12. Februar 2023 zwischen ihr und deutschen Waffenexporteuren sowie Vertretern der Regierung von Saudi-Arabien, inklusive des Königs. »Meissner beschädigt das Amt des Bundeskanzlers schwer«, titelte die Boulevardzeitung »Moment« am nächsten Morgen. Noch am Vormittag trat die Bundeskanzlerin zurück.

Zurück in die Gegenwart, in ein nüchternes Büro an der Technischen Universität Darmstadt. Dort warnt Juliane Krämer vor einem Szenario wie dem Geschilderten. »Die Menschen kümmern sich zu wenig um die Sicherheit im Netz«, sagt die Kryptographin. Sie nähmen die Bedrohung durch einen künftigen Quantenrechner nicht ernst genug.

Warum auch, wenn ein codeknackender Quantencomputer noch Jahrzehnte entfernt ist? Juliane Krämer schüttelt den Kopf. Diese Maschine strecke ihre Fühler aus der Zukunft in die Gegenwart herein. »Stellen Sie sich eine zukünftige Website vor, auf der jeder Ihre Whatsapp-Kommunikation von heute sehen könnte«, illustriert die Wissenschaftlerin. »Ab wann würde Sie das nicht mehr stören? In einem Jahr? In zehn Jahren?« Was heute in verschlüsselter Form gespeichert wird, könnte in zehn oder zwanzig Jahren von einem Quantenrechner entschlüsselt werden.

Geheimnisse haben unterschiedliche Verfallsdaten. Wenn etwa zwei Agenten per verschlüsselter Botschaft einen Treffpunkt vereinbaren, nützt es einem dritten Agent nichts, wenn er die Nachricht zwar abhört, sie aber erst nach dem Treffen entschlüsseln kann. Ein Staatsgeheimnis hingegen, das nach zehn Jahren gelüftet wird, kann sehr wohl noch Schaden anrichten, wie in obigem Szenario (wobei hier »Schaden« von der Perspektive abhängt). Ähnliches gilt für Betriebsgeheimnisse. Auch e-Government, also der Einsatz von digitaler Technik in der Kommunikation zwischen Bürgern und Behörden, braucht nachhaltig sichere Verschlüsselung. Einträge in den Kataster etwa bestehen nicht selten über Jahrzehnte und sollten nicht im Nachhinein veränderbar sein.

Juliane Krämer gehört zu den Forschern, die Daten und Kommunikation am liebsten ab sofort gegen Quantenrechner absichern möchten. Ein Kraut dagegen haben sie: Verschlüsselungsverfahren, die selbst ein künftiger leistungsstarker Quantenrechner voraussichtlich nicht knacken kann, so genannte Post-Quanten-Kryptographie (PQK). Sie mahnen auch deshalb zur Eile, weil ein Wechsel von einem Sicherheitssystem zu einem anderen Jahre dauert. Wenn der große Codeknacker kommt, bevor PQK breit im Internet angewendet wird, wäre das das Ende des Netzes, wie wir es kennen.

Die Sicherheitsverfahren sind im Netz allgegenwärtig. Sie schützen Kommunikation vor Lauschern und erzeugen digitale Signaturen, ohne die Online-Banking oder Software-Updates nicht vertrauenswürdig wären. Wer sie knackt, kann Identitäten klauen und damit Webseiten fälschen, sich als eine renommierte Softwareschmiede ausgeben und vermeintliche Updates aufspielen oder Finanztransaktionen mit gefälschten Bank- und Kreditkarten durchführen. Ohne Übertreibung lässt sich sagen: Ein Quantencomputer würde die Informationsinfrastruktur der Welt zerschmettern.

Codes gegen den Quanten-Hack

Wie funktioniert Post-Quanten-Kryptographie? Dazu sehen wir uns das Prinzip hinter der gängigen RSA-Verschlüsselung an. Im Internet kommunizieren oft eine Institution, eine Bank, eine Suchmaschine oder ein Amt mit vielen Nutzern *parallel*. Es wäre für diesen zentralen Player viel zu aufwendig, mit jedem seiner Kunden einen individuellen Schlüssel auszutauschen, wie wir dies in Kapitel 4 anhand des One Time Pad gesehen haben.

Die praxistaugliche Alternative heißt »asymmetrische Kryptographie«. Der Empfänger, in unserem Beispiel die Institution, stellt den Schlüssel *öffentlich* zur Verfügung. Damit kann der Sender seine Nachricht leicht verschlüsseln. Derselbe Schlüssel kann jedoch nicht zum Entschlüsseln verwendet werden. Dafür besitzt allein die Institution einen »privaten Schlüssel«. Verwirklicht wird dies mit einer Art mathematisches Drehkreuz. Dieses lässt sich in die eine Richtung widerstandslos durchschreiten (das Verschlüsseln mit dem öffentlichen Schlüssel). In der anderen Richtung jedoch sperrt es. Nur der Besitzer hat einen Schlüssel, der den Sperrmechanismus öffnet (das Entschlüsseln mit dem privaten Schlüssel) und ihn in der gesperrten Richtung passieren lässt. Das digitale Signieren funktioniert genauso, nur mit umgekehrtem Informationsfluss: Die Institution erstellt mit ihrem privaten Schlüssel die elektronische Unterschrift. Der Empfänger kann ihre Echtheit mit dem öffentlichen Schlüssel prüfen.

Mehrere mathematische Funktionen besitzen eine ähnliche Eigenschaft: Sie lassen sich in die eine Richtung leicht berechnen, in die andere aber nur mit einer Zusatzinformation. Ein Beispiel kennen wir schon:

1. Multipliziere zwei große Primzahlen (leicht)
2. Zerlege das Produkt wieder in die beiden (dir unbekannten) Primzahlen (unglaublich schwer). Die Zusatzinformation ist in diesem Fall die Kenntnis der Primzahlen.

Dieses Faktorisierungsproblem liegt dem gängigen RSA-Verfahren zugrunde.

Wie wir wissen, würde ein Quantencomputer das Drehkreuz in beide Richtungen freischalten. Zum Glück für die Zukunft des Internets gibt es aber noch weitere mathematische Drehkreuze, die sehr wahrscheinlich vor dem Quantenrechner sicher sind. Wir wissen ja bereits, dass unser Wunderrechner längst nicht alle Aufgaben exponentiell schneller erledigen wird als klassische Computer.

Forscher wie Juliane Krämer entwickeln aus den alternativen Drehkreuzen neue Kryptoverfahren. »Die Post-Quanten-Kryptographie ist ein sehr aktives Forschungsfeld«, sagt die gelernte Mathematikerin. Sie selbst erforscht eine Variante namens »gitterbasierte Kryptographie«. Unter »Gitter« verstehen Mathematiker einen Raum, gefüllt mit regelmäßig angeordneten Punkten. Ein Bauzaun ähnelt einem Gitter mit zwei Dimensionen. Mathematikern indessen fällt es leicht, Gitter mit Hunderten Dimensionen aufzuspannen, freilich nur als gedankliches Gebilde.

Ein solches Gitter entzieht sich zwar dem Vorstellungsvermögen. Ein Computer kann es trotzdem als Werkzeug nutzen, etwa um Nachrichten zu codieren. Jede Botschaft lässt sich als eine Folge von Ziffern darstellen. Diese wiederum kann man als die Koordinaten in dem Gitter betrachten. Zur Veranschaulichung sehen wir uns den Bauzaun an. Dieser besteht aus vielen senkrecht und waagrecht verlaufenden Drähten. Jeder Kreuzungspunkt der Drähte lässt sich eindeutig identifizieren, indem man von einer Ecke des Zauns aus die waagrechten und die senkrechten Drähte abzählt. Ein Zahlenpaar gibt somit den Ort des Punkts an. Analog dazu legen ein paar Hundert Zahlen einen Punkt in unserem vieldimensionalen Gitter fest.

Einfach die Koordinaten zu übermitteln wäre nun eine Botschaft im Klartext. Nun ist es ein Leichtes, einen Abhörer aus dem Spiel zu kicken. Dafür verschiebt man den Punkt willkürlich ein Stückchen. Er kommt dann zwischen den »Maschen« des Gitters zu liegen. Beim Bauzaun hätte er dann statt der Koordinaten 2 und 5 etwas wie 2,014 und 4,892. Im zweidimensionalen Fall könnte der Angreifer leicht schließen, dass der am nächsten gelegene Gitterpunkt eben die Koordinaten 2 und 5 hat und er hätte den Klartext. Bei einem vieldimensionalen Gitter kann diese Aufgabe jedoch ähnlich schwer sein, wie das Faktorisierungsproblem.

Es kann auch leicht sein, den nächstgelegenen Gitterpunkt zu finden. Das hängt davon ab, wie das Koordinatensystem des Gitters gewählt wird. Am Beispiel des Bauzauns: Es liegt nahe, die Kreuzungspunkte in waagrechter und senkrechter Richtung abzuzählen. Nennen wir das ein »gutes Koordinatensystem«. Es ist gut, weil seine Achsen senkrecht zueinander stehen. Damit lässt sich der nächstgelegene Punkt leicht finden, auch bei sehr vielen Dimensionen. Genauso gut könnte man aber Achsen wählen, die einen spitzen Winkel zueinander bilden, wie Abbildung 9–1 B dargestellt. Das ist ein »schlechtes Koordinatensystem«, in dem das Auffinden des nächsten Nachbarn verdammt schwer ist. Somit hat man die Drehkreuzfunktion, die man braucht.

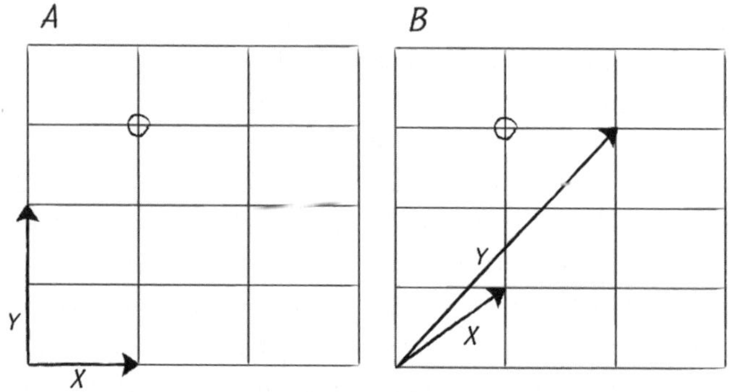

Abb. 9–1 Mit einem »guten Koordinatensystem« (A) lässt sich leicht angeben, welche Koordinaten ein bestimmter Punkt im Gitter hat (angedeutet durch den Kringel). Nach rechts ist es eine Länge des Pfeils »*x*«, nach oben sind es drei Längen des Pfeils »*y*«. Die Koordinaten lauten also (1,3). Aber welche Koordinaten hat der gesuchte Punkt im »schlechten Koordinatensystem« des Teilbilds B?

Als öffentlichen Schlüssel nutzt man ein schlechtes Koordinatensystem. Damit lässt sich zwar genauso leicht *ver*schlüsseln wie mit einem guten. Doch ein Angreifer kann damit nichts anfangen. Nur der Empfänger besitzt das gute Koordinatensystem als privaten Schüssel und hat damit einen exklusiven Informationsvorsprung.

Die Welt der Kryptographie hat noch mehr Methoden auf Lager, die einem Drehkreuz ähneln. Eines davon bedient sich einer Technik aus der Telekommunikation. Es nennt sich »codebasierte Kryptographie«. Beim kilometerweiten Transport von Bits durch Glasfasern oder Kabel schleichen sich immer wieder Fehler ein. Ein Bit kippt von »0« nach »1« oder umgekehrt. Dennoch erhält der Empfänger meist eine einwandfreie Nachricht. Dafür sorgen Fehlerkorrekturverfahren, die die irrtümlich vertauschten Bits wieder in Ordnung bringen. Die Idee ist nun, absichtlich eingestreute Fehler zu nutzen, um die Nachricht für einen Angreifer unleserlich zu machen. Nur der Empfänger hat den richtigen Algorithmus für die Korrektur und kann die verrauschte Nachricht wieder kenntlich machen.

Die codebasierte Kryptographie funktioniert wie folgt. Erst einmal sei das Fehlerkorrekturverfahren erklärt: Der Sender fügt einer Nachricht zusätzliche Information hinzu. Diese dient dazu, Fehler zu detektieren. Wir haben Ähnliches schon in Kapitel 6 beim »Mehrheitsentscheid« kennengelernt, wo jedem Bit zwei Kontrollbits zur Seite gestellt werden. Sagen wir, der Sender benutzt dafür eine Maschine *C*. Die durch *C* erweiterte Nachricht nennt man »Code«. Dieser Code geht zum Empfänger. Dieser hat einen zur Maschine *C* passenden Algorithmus, der den Code in die fehlerbefreite Nachricht zurückübersetzt. Dabei korrigiert er die auf dem Weg eingefangenen Fehler.

Bei der codebasierten Kryptographie dienen nun *absichtlich* eingestreute Fehler der Unkenntlichmachung der Nachricht. Das allein reicht nicht aus, da auch ein Angreifer *C* besitzen und den Code decodieren kann. Er käme problemlos an den Klartext. Hier hilft wieder eine exklusive Information, die nur der Empfänger hat. Damit modifiziert er *C*, sodass die Maschine beim Erstellen des Codes diesen durcheinanderwürfelt. Der chaotische Code enthält die gleiche Information wie der geordnete. Der Empfänger stellt die modifizierte Maschine als öffentlichen Schlüssel ins Netz.

Jeder Sender kann seine Nachricht damit verschlüsseln. Der Angreifer aber kann nun keine Struktur mehr in der Nachricht erkennen, wie zum Beispiel, dass meist Gruppen drei gleicher Bits aufeinanderfolgen. Der Empfänger hingegen weiß, wie er diese Struktur durcheinandergewürfelt hat. Er kann sie also wieder herstellen und das Fehlerkorrekturverfahren anwenden. So erhält er den Klartext.

Mathematische Drehkreuze wie die codebasierte und die gitterbasierte Kryptographie sind schon seit Jahrzehnten bekannt. Nur haben sie sich gegen RSA und Co. nie durchgesetzt. Erst die Verwundbarkeit der gängigen Kryptoverfahren durch einen künftigen Quantenrechner bringt sie auf die Agenda. Doch RSA einfach durch gitterbasierte Kryptographie zu tauschen wie eine kaputte Dichtung, gelingt nicht. Die bestehende Infrastruktur ist auf Effizienz getrimmt wie eine durchgetaktete Fabrik. »Niemand will beim Online-Shopping sekundenlang auf die Verschlüsselung oder die Prüfung der Authentizität warten«, sagt Ruben Niederhagen vom Fraunhofer-Institut für sichere Informationstechnologie in Darmstadt. Das Anwenden von mathematischen Funktionen bedeutet, dass gerechnet werden muss. Das belastet Prozessor und Speicher eines Computers. Wir haben zwar gelernt, dass Ver- und Entschlüsseln relativ simple Aufgaben sind, etwa die Multiplikation zweier Primzahlen. Doch potenzielle Angreifer sind immer besser gerüstet. Ihre Prozessoren werden schneller, die Speicher größer und elegante mathematische Verfahren erleichtern das Knacken des Faktorisierungsproblems mit klassischen Rechnern ein wenig. Um das auszugleichen, muss die zu faktorisierende Zahl nach und nach wachsen. Das heißt, dass privater und öffentlicher Schlüssel größer werden müssen. Durch Forschung ist es dennoch gelungen, die Schlüssellängen möglichst klein zu halten. Sie benötigen nur einige Byte Speicherplatz und halten den Aufwand gering.

Sicherheit aus dem Fleischwolf

Die neuen Verfahren hingegen waren dem Druck der Internet-Realität bislang nicht ausgesetzt. Sie haben bisher nur im akademischen Elfenbeinturm existiert. Ihre Schlüssellängen sind daher deutlich größer, bis in den Bereich von Megabyte. Sie verlangen daher mehr Rechenpower und Speicherplatz. Das erscheint in Zeiten von Terabyte-Festplatten und Gigahertz-Prozessoren nicht als Problem. »Doch die Speicher eingebetteter Systeme, wie etwa im Airbag oder in Zukunft in der Ampel, die mit Autos kommuniziert, haben nur wenige Kilobyte Speicher und wenig Rechenkapazität«, sagt Niederhagen. Der Forscher ist an einem neuen Projekt des Bundesforschungsministeriums beteiligt, das Post-Quanten-Kryptographie für den Automobil-Bereich fitmachen soll. »Bei der Bordelektronik zählt jeder Cent, weshalb man nicht erwarten darf, dass die Ressourcen für alternative Kryptoverfahren erweitert werden.«

Wenn die komplizierten mathematischen Drehkreuze so viel Aufwand erzeugen: Geht es vielleicht auch mit einfacherer Mathematik? Für digitale Signaturen: ja. Die alternative Methode heißt »hash function«. Der englische Name spielt darauf an, dass Dateien »zerhackt« werden. Genauer gesagt macht eine hash function aus einer großen Datei eine kleinere, und zwar so, dass die kleinere eindeutig für die größere steht, wie ein Fingerabdruck für eine Person. Zum Beispiel könnte sie aus der Eingabe »Franz Huber« ein »H« machen und aus »Sandra Bernhard« ein »B«. Diese simple Hashfunktion nimmt jeweils den ersten Buchstaben des Nachnamens. Freilich würde sie sich fürs Online-Banking nicht eignen, da »Gruber« und »Grohmann« die gleiche digitale Signatur »G« erhielten. Es gibt aber etwas kompliziertere Hashfunktionen, die frei von solchen »Kollisionen« sind. Hashfunktionen haben teils deutlich kürzere Schlüssel als die »Drehkreuze«. Sie haben aber auch einen Haken: Sie werden immer wieder von Hackern geknackt und müssen durch andere ersetzt werden. Das ist insofern kein Problem, als es viele Hashfunktionen gibt. Masse statt Klasse, sozusagen. Die Frage ist: Kann ein Kryptosystem gestaltet werden, das den Wechsel einer Hashfunktionen leicht macht?

In der Tat geht das, wie Forscher um Johannes Buchmann, damals an der Technischen Universität Darmstadt, und der Münchner Firma »genua« vor einigen Jahren zeigten. Sie haben eine Art digitale Lampenfassung entwickelt, aus der eine Hashfunktion geschraubt und durch eine andere ersetzt werden kann. Ihr Verfahren heißt XMSS und wurde offiziell als Standard für das Internet anerkannt. Die Firma genua bietet sie ihren Kunden an, zu denen besonders sicherheitsbewusste Unternehmen und Organisationen gehören, die ihre Kommunikation dauerhaft gesichert wissen wollen. Wie praxistauglich XMSS ist, muss sich erst noch zeigen. Anwender benötigen eigens einen Rechner, um die Schlüssel in einem gesicherten Netz zu erzeugen und zu managen. Für die vielen Sensoren, Prozessoren oder ans Netz angeschlossene Küchengeräte, von denen es im »Internet der Dinge« bald Milliarden geben soll und die irgendwie gesichert werden müssen, ist das wohl kaum eine praktikable Alternative.

Ein Kleiderständer voller Verfahren

Eine Universalmethode für das ganze Internet, fertig für den Verkauf, hängt also nicht am Kleiderständer. Das wird wohl auch so bleiben. »Für jede Anwendung müssen wir die richtige Balance aus Effizienz und Sicherheit finden«, sagt Juliane Krämer. Ein Patentrezept gibt es dafür nicht. Kreativität ist gefragt. Die Forscher spielen etwa mit unterschiedlichen mathematischen Darstellungen von Gittern. Mit einer davon, in Form von »Polynomen«, laufen die Rechenoperationen schneller. Doch die Schlüssellängen bleiben, je nach Methode, fünf- bis hundertmal so groß wie bei gängigen Verfahren. Bei Verfahren mit kurzen Schlüssellängen hapert es wiederum an der Sicherheit, sprich: Sie lassen sich wohl leichter knacken. Ähnlich wie bei Gebäuden muss allerdings auch nicht immer die maximale Einbruchssicherheit vorgehalten werden. Eine Gartenlaube ist keine Villa. Die Kommunikation zwischen Auto und Ampel etwa muss in erster Linie schnell sein. Es macht nichts, wenn jemand die Daten abfängt und binnen weniger Stunden oder Tage dechiffrieren kann. Ein Hacker müsste schon in der Lage sein, die Verschlüsselung sofort zu knacken, damit er das Auto bei Rot über die Kreuzung fahren lassen kann.

Es wird also alles auf einen ganzen Kleiderständer voller Verfahren hinauslaufen, auf denen sich jeder Anwender die passende Größe sucht. Daher fördert das Bundesforschungsministerium mehrere Projekte der Post-Quanten-Kryptographie für unterschiedliche Bereiche, »Quantumrisc« für die Autobranche etwa, oder »PQ4Med« für den Schutz medizinischer Geräte. Die meiste Aufmerksamkeit in der Branche genießt aber das Auswahlverfahren der US-amerikanische Standardisierungsbehörde NIST (National Institute of Standards and Technology). Sie hat 2017 zu einem Wettbewerb aufgerufen, zu dem wenig später rund 80 Vorschläge antraten. Nach zwei Evaluierungen Anfang 2019 blieben 15 Methoden. Die NIST hat Schwächen der einzelnen Verfahren benannt und fordert Nachbesserungen von den Autoren. »Die Methoden sind öffentlich«, erklärt Krämer. Fachkollegen finden Sicherheitslücken, die die Urheber dann stopfen. »Am Ende wird die NIST mehrere Verfahren standardisieren«, prognostiziert Krämer. Das plant die Behörde zwischen 2022 und 2024.

Den Angreifern ein bewegliches Ziel entgegensetzen

Bis dahin klafft eine Verschlüsselungslücke, warnt die Kryptologin. Wer längerfristig auf der sicheren Seite sein will, sollte RSA und Co. schon heute nicht mehr nutzen, warnt Krämer. Obwohl die Standardisierung durch die NIST ausstehe, gebe es einsatzfähige Post-Quanten-Verfahren. Allerdings könnten diese unbekannte Schwachstellen haben, schränkt die Mathematikerin ein. Sicherheit hat im Verfahren der NIST oberste Priorität. Es dient nicht zuletzt dazu, Sicherheitslücken zu entdecken. Die vorausgewählten Verfahren beschreibt die NIST aber detailliert und ermöglicht damit eine gewisse Einschätzung der Sicherheit.

Wer das Ende des Auswahlprozesses abwartet, darf jedoch nicht erwarten, dass die neuen Verfahren absolut wasserdicht sind. Auch sie liefern keine 100-prozentige Sicherheit für alle Zeiten. Ob die neuen Verfahren den Gehirnen genialer Mathematiker trotzen werden, bleibt abzuwarten. Die Frage ist wohl eher, *wie lange* sie das tun werden. Denkbar ist auch, dass sich ein zweiter Peter Shor findet, der einen Quantenalgorithmus zum Brechen von gitter- oder codebasierten Kryptoverfahren findet. Auch mit dem Shor-Algorithmus hatte vor 1994 niemand gerechnet. Die Welt der Mathematik ist voller überraschender Wendungen. Letztlich bleibt die Sicherheit jedes Post-Quanten-Verfahrens eine *Annahme*, wenn auch eine wohlbegründete. Dass es unglaublich schwer sei, mit klassischen Mitteln eine große Zahl in ihre Primfaktoren zu zerlegen, ist auch nur eine Annahme. Schon morgen könnte ein simpler Algorithmus bekanntwerden, der das Gegenteil beweist.

Für die neuen Verfahren sieht das Blatt aber ganz gut aus. »Wir können die Sicherheit bis zu einem gewissen Grad beweisen«, sagt Juliane Krämer. Andere Forscher haben ähnliche Beweise. Diese besagen immerhin, dass die Verfahren zu einer Klasse besonders schwerer Probleme gehören. Es sind *wirklich* harte Nüsse, sogar aufwendiger zu knacken als die heutigen Verfahren. Dazu kommt, dass die Annahme ihrer Sicherheit auf mathematisch noch festerem Boden steht als bei RSA und Co. »Eine absolute Garantie gibt es aber nicht«, räumt Krämer ein.

»Daher brauchen wir Krypto-Agilität«, sagt Ruben Niederhagen. Damit ist eine Infrastruktur gemeint, die den schnellen Austausch eines Verfahrens erlaubt, sobald es geknackt wurde oder wenn es absehbar angreifbar wird, wie derzeit RSA und seine Verwandten. »Diese Flexibilität ist mindestens genauso wichtig wie die neuen Verfahren an sich«, sagt Niederhagen. Daher berücksichtigen die Darmstädter Forscher sie in ihren aktuellen Projekten. Software könne beispielsweise so designt werden, dass es ihr egal ist, welche Art von digitaler Signatur sie empfängt. So sei es möglich, Verfahren rasch auszutauschen. Die Sicherheit wäre dann eine vom Rest getrennte, wechselbare Schicht, wie ein Mantel, den man auszieht, wenn er löchrig geworden ist, und einen neuen überstreift. Dafür sei allerdings noch Forschung nötig, sagt Niederhagen. Der Markt reagiert indessen bereits auf die Bedrohung aus der

Zukunft: Er bietet etwa Peripheriegeräte, die neue Krypto-Algorithmen per Software-Update entgegennehmen.[75] Um die Entwicklung zu beschleunigen, empfiehlt das hessische Wirtschaftsministerium, bei IT-Dienstleistern gezielt nach flexiblen Krypto-Lösungen zu fragen und die Agilität vertraglich zu vereinbaren. »Je mehr Firmen hierauf achten, umso stärker ist der Impuls für die IT-Industrie, diese Verfahren auch bereitzustellen«, heißt es.[76]

Zum Quanten-Crash des Internets muss es nicht kommen, wenn Forscher, Unternehmen und Behörden die Gefahr jetzt schon ernst nehmen und gemeinsam handeln. Es wäre im Interesse aller. Das eingangs skizzierte Szenario bleibt hoffentlich Science-Fiction.

So, das war ein sehr ernstes Kapitel. Wenden wir uns nun in den letzten beiden Abschnitten leichterem Stoff zu, spekulativ zwar, aber umso faszinierender. Dazu wechseln wir zunächst aus der Technologie in die Biologie.

10 Hilft die Quantenphysik beim Denken?

Das Leben kontrolliert die Quantenphysik: Wie Pflanzen, Tiere und Menschen die bizarren Quantengesetze nutzen

»Wenn man bedenkt, dass jedes Atom des eigenen Körpers Millionen Jahre alt ist und bereits in Sternen, Steinen, Blumen, Moskitos und Dinosauriern gedient hat, ahnt man etwas von der Erfahrungsintelligenz der Biologie.«

Peter Horton, österreichischer Musiker und Buchautor

Der Weg zum Labor von Tobias Fromme führt durch säuerlichen Trebergeruch vorbei an einer Versuchsbrauerei und Lebensmittellabors. Die Umgebung passt so gar nicht zu der Frage, die sich der Tierphysiologe und einige andere Forscher stellen: Nutzt das Gehirn die Verschränkung von Quantenobjekten, immerhin einer der bizarrsten Effekte der Quantenphysik, für Denkprozesse?

Fromme empfängt mich zwischen Mikroskopen, Pipetten, Zentrifugen und anderen Apparaten eines molekularbiologischen Labors. Die Szene wirkt bescheiden gegen die Werkstätten von Quantenphysikern mit ihren Vakuumkammern, Kältemaschinen und Spiegeln, die Laserlicht perfekt reflektieren. Obwohl Frommes Team ähnlich schwer greifbaren Phänomenen nachspürt, braucht es kein Hightech an der Grenze des Machbaren. »Die Natur macht alles für uns«, sagt der Wissenschaftler. Vlatko Vedral von der University of Oxford pflichtet bei: »Die Evolution hat Quanteneffekte lange vor uns entdeckt«, sagt der Physiker.

Offene Rätsel der Biologie, neu betrachtet

Die Überzeugung der Forscher fällt nicht vom Himmel. Einer der Väter der Quantenphysik, der Österreicher Erwin Schrödinger, schrieb schon 1944 in seinem Buch »Was ist Leben?«, die Theorie könnte erklären, wie auf der frühen Erde Ordnung aus dem Chaos entstand und damit das Leben. Zwar beschreibt die Quantenphysik die tote Welt der kleinsten Teilchen wie Elektronen, Atome oder Moleküle. Makroskopische Objekte aber, und dazu gehören Lebewesen, gehorchen weiter den älteren Gesetzen der klassischen Physik. Denn sie stehen in ständigem Kontakt und Austausch mit ihrer Umgebung, wodurch die Phänomene der Quantenphysik verwaschen. Wir haben diesen Effekt als »Dekohärenz« kennengelernt. Weil aber die kleinsten Werkzeuge des Lebens wie Enzyme, Gene oder Zellwände aus relativ wenigen Molekülen bestehen, könnte die Quantenphysik quasi von der Basis aus in Lebensfunktionen eingreifen.

Diesem Gedanken folgen Forscher, um einige hartnäckige Rätsel der Biologie quantenphysikalisch zu erklären. Diese entziehen sich bislang einer Erklärung. Könnte also die Quantenphysik den Aha-Effekt bringen? Ihr Feld nennen die Forscher »Quantenbiologie«. An die Frage nach dem Ursprung der Ordnung denken sie dabei zwar nicht. Aber die Wunder der Evolution, denen sie sich widmen, sind kaum kleiner: der Orientierungssinn der Vögel, die hoch effiziente Lichternte von Pflanzen und Bakterien oder die überraschend feinsinnig menschliche Nase (siehe Kasten). Sogar Denken und Bewusstsein wollen einige Forscher auf Quanteneffekte zurückführen.

Quantenphysik der Nase

Der Geruchssinn des Menschen unterscheidet rund 10.000 Düfte. Rätselhaft ist, wie er das mit nur etwa 400 Rezeptoren schafft. Damit ein Rezeptor anspricht, muss das andockende Molekül genau in dessen speziell geformte Tasche passen. Um verschiedene in die Tasche passende Duftstoffe zu unterscheiden, »fühle« der Rezeptor zusätzlich zu deren Form die charakteristischen Vibrationen unterschiedlicher Moleküle, schlagen Forscher als Lösung vor.

Beim Spüren der Schwingungen helfe die Quantenphysik, so die Annahme. Das andockende Molekül verbindet demnach zwei gegenüberliegende Kontakte in der Tasche des Rezeptors. Ein Elektron wartet auf der einen Seite schon darauf hinüberzukommen, um das Signal »Duft!« auszulösen. Zwar ist das Molekül elektrisch isolierend. Aber kein Problem: Der quantenmechanische »Tunneleffekt« erlaubt mit gewisser Chance dennoch den Transfer. Allerdings auch nur, wenn das Elektron beim »Tunneln« ein exaktes Quantum Energie abgibt. Das kann es nur, indem es eine charakteristische Schwingung des Moleküls anregt. Also spricht der Rezeptor nur auf bestimmte Vibrationsfrequenzen an.

Die Parfumindustrie möchte gerne wissen, welche das sind. Denn dann könnte sie Düfte am Computer designen.

Lange fehlte den quantenbiologischen Ideen ein Nachweis aus dem Labor. Bis zum Jahr 2007, als Physiker um Graham Fleming von der University of California in Berkeley die Photosynthese von Grünen Schwefelbakterien untersuchten. Diese sammeln Sonnenlicht mittels Eiweißmolekülen ein, die winzigen schüsselförmigen Antennen ähneln. Die eingefangene Energie speichern sie in einer Art Teilchen, die Physiker »Exzitonen« nennen. Diese sind frei beweglich und transportieren die eingefangene Sonnenenergie zu einem anderen Molekül: das so genannte Reaktionszentrum. Dort geben die Exzitonen ihre Energie ab. Sie fließt in die Produktion von energiereichen chemischen Verbindungen ein, sozusagen der »Sprit« für das Bakterium.

Das Erstaunliche an dem Transfer ist seine Effizienz: Fast keine Energie geht als nutzlose Wärme verloren, wie es die klassische Physik erwarten ließe. Entwickler von Solarzellen können von einem solchen Wirkungsgrad nur träumen. Die Fast-100-Prozent-Effizienz ist eine Folge der extremen Schnelligkeit des Energietransports: Nur Billionstel Sekunden dauert die Reise der Exzitonen. Weil die Energie praktisch augenblicklich zum Reaktionszentrum gelangt, hat sie kaum Zeit, sich in nutzlose Wärme umzuwandeln.

Die klassische Physik scheitert bislang daran, diese Effizienz zu erklären. Warum? Der Energietransport verläuft über ein drittes Molekül, das als Brücke zwischen Antenne und Reaktionszentrum dient. Es nennt sich »FMO-Komplex« und besteht aus einem Netz von Chlorophyll-Molekülen. Nach klassischer Vorstellung suchen sich die Exzitonen den Weg durch die Antenne zum Reaktionszentrum, indem sie planlos von Chlorophyll zu Chlorophyll hüpfen. Wie ein schwer Betrunkener, der nach Hause torkelt: Für jeden Schritt in die richtige Richtung macht er mehrere zufällige Schritte irgendwo anders hin. Effizient ist das wahrlich nicht.

Wenn die klassische Physik keine Erklärung liefert, dann vielleicht die Quantenmechanik? Das wollte Graham Flemings Team genau wissen. Die Forscher richteten Laserpulse auf den FMO-Komplex und beobachtete etwas Ungewöhnliches: Das Protein antwortete wie ein Stroboskop. Es gab selbst regelmäßige Lichtpulse ab. Die Fachgemeinde geriet in Aufregung. Denn das An- und Abschwellen des Lichts resultiert aus einer Interferenz, wie sie typisch für Quantenphänomene ist.

Eine Hypothese lag nahe: Die Exzitonen reisen in Form von Materiewellen durch das Molekül. Mehrere Wellen bilden eine Superposition und gehen somit viele Wege gleichzeitig durch das Molekül. In einem einzigen Augenblick verwerfen sie alle Irrwege und wählen den richtigen, sprich den direkten Weg ins Reaktionszentrum. Jedes Elektron vervielfältigt sich gleichsam, um wie Ameisen auszuschwärmen nach dem Motto: Eines wird das Ziel schon finden.

Die New York Times schrieb, die Grünen Schwefelbakterien arbeiteten wie ein Quantencomputer. Denn dieser nutzt Superposition ebenfalls, um verschiedene Lösungsmöglichkeiten simultan zu testen, die Nieten zu verwerfen, sodass der Gewinn übrig bleibt.

Das mit dem Quantencomputer bleibt bis heute Spekulation. Modellrechnungen des Physikers Seth Lloyd, den wir schon kennengelernt haben, legen aber nahe, dass das Elektron einen so genannten Quantum-Walk durchführt. Das wäre in der Tat eine Art Quantencomputer-Programm, das im FMO-Komplex abläuft.

Der Quantum-Walk ist die Quanten-Version des »Random Walk« oder auf Deutsch der »Zufallsbewegung«. Angenommen, jemand steht auf einer Linie. Er wirft eine Münze. Bei Kopf geht er einen Schritt vorwärts, bei Zahl einen Schritt rückwärts. Auch wenn er das Spiel 100 Mal wiederholt, wird er insgesamt etwa genauso oft Kopf wie Zahl geworfen haben. Wenn er, sagen wir, fünf Mal öfter Kopf geworfen hat, dann ist er gerade mal fünf Schritte vorwärtsgekommen.

Eine Irrfahrt, die schnell zum Ziel führt

Wäre der Münzwerfer ein Quantenobjekt, würde er deutlich weiter kommen. Am wahrscheinlichsten landet er nach hundert Schritten rund 70 Schritte vom Ausgangspunkt entfernt. Mit anderen Worten: Er legt trotz des zufälligen Münzwurfs substanziell Weg zurück. Eine ziemlich effiziente Irrfahrt.

Dies erklärt sich mithilfe der Quanteninterferenz. Im klassischen Fall befindet sich der Läufer nach jedem Schritt auf *einem* Platz, von dem aus er nach vorne *oder* nach hinten weitergehen kann. Der Quantenläufer hingegen kann simultan in *beide* Richtungen wandern. Nach dem ersten Schritt ist er gleichzeitig vor und hinter dem Ausgangspunkt. Nach zwei Schritten ist er wieder am Ausgangspunkt und gleichzeitig zwei Schritte davor und dahinter. So geht das immer weiter. Auf seinem Weg nimmt er alle Positionen zwischen je hundert Schritten vor und hinter dem Ausgangspunkt ein. Dabei überlagern sich die Wahrscheinlichkeitswellen all dieser Möglichkeiten. Der Läufer begegnet sich gleichsam an allen Punkten mehrfach selbst.

Die Wahrscheinlichkeitswellen können sich gegenseitig verstärken, aber auch abschwächen. In der Nähe des Ausgangspunkts schwächen sie sich ab. Die Schritte, die zu Plätzen wie 30 oder 20 geführt hätten, neutralisieren sich sozusagen, als hätten sie nie stattgefunden. Weiter außen hingegen verstärken sie sich, sodass die Wahrscheinlichkeit, den Quantenläufer dort bei einer Bestimmung seines Aufenthaltsorts anzutreffen, recht groß ist.

Angenommen, dieser Quanteneffekt läuft im FMO-Komplex ab. Dann wäre ein erstes Beispiel der »Quantenbiologie« bestätigt. Doch es blieben Zweifel. Fleming hatte bei – 200 °C gemessen. Bei Raumtemperatur würde das Protein stärker schwingen und auf die reisenden Energiepakete einwirken, monierten Kritiker. Dekohärenz wäre die Folge. Das Stroboskop geriete aus dem Takt. Doch inzwischen beobachteten Forscher den Quanteneffekt bei Algen und Grünen Schwefelbakterien auch bei Raumtemperatur.[77]

Jüngst aber geriet die Idee erneut unter Druck. Forscher um Donatas Zigmantas von der Universität Lund fragten sich, ob die Interferenzen von Vibrationen des FMO-Komplexes herrühren statt von den Exzitonen. Sie maßen und rechneten selbst und folgerten, dass eine Mischung aus beiden Phänomenen vorliege. Die Exzitonen gerieten demnach schnell aus dem Takt, sprich: Sie unterlagen der Dekohärenz.

Martin Plenio von der Universität Ulm hingegen hält die Vibrationen des FMO-Komplexes für einen integralen Bestandteil des Quantenphänomens. Sie schützten vor Dekohärenz, meint er: »Die Vibrationen fangen Energie von den Exzitonen auf und geben sie dann an diese zurück.« Ähnlich einem Vater, der die Schaukel mit seiner Tochter immer im richtigen Moment anstupst. Der Gedanke fasziniert: Denn der Natur wäre der Schutz vor Dekohärenz gelungen, ohne Teilchen per Hochvakuum und tiefen Temperaturen strikt vor jedem Umwelteinfluss zu isolieren, wie Quantenphysiker das versuchen.

Doch auch Plenios Modell ist umstritten. Kritiker halten die Vibrationen für zu schwach dafür. »Eine Entscheidung ist schwierig«, räumt Plenio ein. Biologische Proben seien eben sehr komplex: Schon kleine Abweichungen bei der Präparation könnten die Ergebnisse verändern. »Um Widersprüche aufzulösen, müssen wir uns zusammensetzen und standardisierte Experimente entwickeln«, sagt Plenio. Ungeachtet, ob die Natur den Quanteneffekt nutzt, forscht sein Team daran, wie er sich in künstlichen Materialien umsetzen lässt. »Das könnte zu hocheffizienten Solarzellen führen«, meint der Physiker.

Der geisterhafte Kompass der Vögel

Unterdessen wollen deutsche und britische Forscher eine andere These untermauern: Dass Vögel eine Art »Quantenkompass« in sich tragen. Nur ein solcher erkläre die Beobachtungen an Rotkehlchen, meint Peter Hore von der University of Oxford. Die Vögel nehmen die Neigung des Erdmagnetfelds relativ zur Horizontalen wahr, die so genannte Inklination. Dieser Kompass funktioniert nachts und reagiert sensibel auf schwingende Magnetfelder, wie technische Geräte sie emittieren.

Den Quantenkompass stellen sich Hore und andere Forscher wie folgt vor. Ein Protein in der Netzhaut der Tiere, das so genannte Cryptochrom, schluckt das bläuliche Licht der Nacht. Die absorbierte Energie stupst ein Elektron von seinem angestammten Platz im Protein zu einem anderen. Das negativ geladene Elementarteilchen hinterlässt dabei eine positive Ladung. Beide Ladungen kreiseln und besitzen somit einen Spin. Dieser reagiert auf Magnetfelder wie eine winzige Kompassnadel. Das allein reicht jedoch nicht, weil kein für den Vogel wahrnehmbares Signal entsteht. Das quantenbiologische Modell schlägt vor, dass den Spins dies im Teamwork gelingt. Als Paar können sie sich parallel zueinander ausrichten oder entgegengesetzt. Die Quantenphysik beschreibt die beiden Möglichkeiten jeweils als einen Anteil der Wellenfunktion.

Wie Wasser in einem Becken schwappen die Teilwellen hin und her. Mal sind die Spins »mehr parallel«, mal »mehr entgegengesetzt«. Der Clou: Die Inklination des Erdmagnetfelds bestimmt, wie schnell die Spins oszillieren. Das Tempo der Schwingung wiederum wirkt sich auf zwei chemische Reaktionen aus: Deren Produkte entstehen, je nach Inklination, in unterschiedlichem Verhältnis. Dieses chemische Signal nimmt der Vogel wahr.

Auch hier schütze das Protein vor der Dekohärenz, vermutet Peter Hore. Um ein chemisches Signal zu produzieren, muss die Interferenz mehrere millionstel Sekunden andauern. Dekohärenz passiert normalerweise viel schneller. Im Reagenzglas wurde der Quanten-Mechanismus bestätigt. Im lebenden Tier gelang dies noch nicht, weshalb das Modell umstritten bleibt. Dies will ein Projekt namens Quantum-Bird nun ändern, das Peter Hore und der Oldenburger Forscher Henrik Mouritsen leiten. Sie haben Ideen für Experimente, wollen sich aber nicht in die Karten blicken lassen. Nur so viel: »Es ist sehr schwierig, diese Quanteneffekte im lebenden Tier nachzuweisen«, sagt Hore.

Eine steile These erhält Nahrung

Und doch wirkt das Vorhaben wie ein Kinderspiel gegenüber einer anderen Absicht: die Quantenphysik im Gehirn am Werk zu ertappen. Die Idee klingt erst einmal nach Esoterik, die die Quantenphysik gerne als Zeugin für Unerklärliches heranzieht und wolkige Begriffe wie »Quantenheilung« produziert (von denen sich der Autor distanziert). Doch es war einer der renommiertesten Physiker der Welt, der britische Nobelpreisträger Roger Penrose, der in den 1990ern erstmals eine Theorie vortrug, wie die Quantenphysik Bewusstsein und freien Willen verursachen soll. Das Gehirn unterscheide sich vom Computer, weil es keinem Algorithmus folge, schrieb Penrose. Stattdessen nutze es ein »nicht berechenbares« Element. Dies wollte der Physiker im quantenphysikalischen Messprozess erkannt haben, wie er etwa bei der Ermittlung des Orts eines Teilchens anfällt. Wie wir wissen, entscheidet sich die Wellenfunktion übergangslos für irgendeine der in ihr versammelten Möglichkeiten. Eine Ursache, das Partikel zwei Zentimeter weiter links zu finden als bei der Messung davor, gibt es nicht. Dieser »Kollaps der Wellenfunktion«, wie Physiker sagen, ist nicht berechenbar.

Als Träger von Quantenzuständen machte Penrose jene röhrenförmigen Proteine aus, die Zellen in Form halten wie ein Skelett. Diese »Mikrotubuli« enthalten ringförmige Moleküle, die Qubits tragen können.

Doch Qubits sind nur *eine* Zutat für einen Quantencomputer. Genauso wichtig ist die Verschränkung zwischen den Qubits. Verschränkung im Gehirn? In der Tat begeben wir uns auf abenteuerliches Terrain. Die Evidenz für Verschränkung in lebenden Organismen ist bislang äußerst dünn. Ein Team um Vlatko Vedral von der University of Oxford will die »spukhafte Fernwirkung« zwischen Photonen und Grünen Schwefelbakterien beobachtet haben. Sie im Gehirn nachzuweisen, wo Penrose sie vermutet, gelang bislang aber nicht. Laut Penrose erstreckt sich die Verschränkung von Qubits auf Mikrotubuli sogar über mehrere Gehirnzellen. Dies würde aus dem Gehirn in der Tat eine Art Quantenrechner machen.

Die These erntete viel Kritik. Einer der Einwände: Die Dekohärenz passiere viel schneller als die neuronalen Prozesse im Gehirn. Bis heute konnte Penrose dies nicht ausräumen. Die Debatte um Qubits im Denkorgan stockte.

Doch vor einigen Jahren belebte sie Matthew Fischer von der University of California in Santa Barbara mit einer frischen Idee. Der theoretische Physiker fragte sich, welche der im Körper häufigen Elemente ein Qubit lange genug schützen könnten, damit es bei Gehirnprozessen mitspielen kann. Als relativ stabiles Qubit machte er den Spin des Atomkerns von Phosphor aus. In einer speziellen chemischen Verbindung könne dieser sogar Tage überdauern, wie Fischer ausrechnete: in einem so genannten »Posner Cluster«, bei dem Phosphor-Atome von Calcium-Atomen umhüllt werden. Calcium ist im Gehirn ein wichtiger Signalstoff, was Fisher passend schien.

Was der Physiker noch brauchte, war ein Weg, um die Verschränkung auf mehrere Nervenzellen zu verteilen. Er wurde fündig: Die Spaltung eines bestimmten Phosphor-Moleküls durch ein Enzym bringt zwei verschränkte Phosphor-Atome hervor, wie Fisher weiter ausrechnete. Er beschreibt auch Mechanismen, wie sich die Verschränkung auf zwei Posner-Cluster aufteilt und diese auf verschiedene Nervenzellen. Der Physiker hatte ein neues Modell für das Gehirn als Quantenrechner.

Der Weihenstephaner Forscher Tobias Fromme las von Fishers Vorschlag in einem Internet-Magazin und nahm Kontakt zum Kalifornier auf. »Mein Fachwissen sagte mir, dass es Posner-Cluster nur in Mitochondrien geben konnte«, sagt er. Sein Team befasst sich routinemäßig mit diesen Kraftwerken der Zelle. Fromme weiß auch, dass sich die Zellorganelle teilen und auf Reisen gehen – sogar von Zelle zu Zelle und entlang des fadenförmigen Fortsatzes einer Nervenzelle.

Nun wollen die Forscher systematisch nach Hinweisen auf Verschränkung zwischen Posner-Clustern in verschiedenen Zellkraftwerken suchen. Sie können Gruppen von Mitochondrien züchten, die gemäß Fishers Theorie verschränkte Posner-Cluster enthalten sollten. Diese vergleicht Fromme mit einer Kontrollgruppe normal gezüchteter Mitochondrien. »Wir wollen beiden Gruppen ein chemisches Signal geben, das die Cluster zum Schmelzen bringt«, erklärt der Tierphyisiologe. Den Zeitpunkt des Zerfalls detektieren die Forscher durch einen Leuchtstoff. »Normalerweise reagieren manche Mitochondrien schneller, manche langsamer«, sagt Fromme. Die Frage lautet: Antworten die mit den vielleicht verschränkten Posner-Clustern zeitlich näher zueinander? »Dies wäre ein Hinweis auf die Verschräkung, aber kein Beweis«, stellt Fromme klar.

»Das Ganze ist ein Indizienprozess«, sagt er schmunzelnd. Fisher hat eine Liste von überprüfbaren Vorhersagen seiner Theorie aufgestellt und Forscher um sich versammelt. Das Projekt »Quantum Brain«, zu dem Frommes Team gehört, soll in den nächsten Jahren die Vorhersagen testen.

Peter Hore hat Posner-Cluster auch schon untersucht und bleibt skeptisch. »Fishers Idee ist weit hergeholt«, kommentiert er. In ein ähnliches Horn stößt die Kritik an der Quantenbiologie oft. Zwar liefern die Modelle schlüssige Erklärungen für einige der kniffligsten Rätsel der Biologie. Es gibt sogar Experimente, die sie stützen. Doch sind die vorgeschlagenen Mechanismen sehr subtil und setzen eine Beherrschung der Dekohärenz in einer chaotischen, nassen und warmen Umgebung voraus. Die Skeptiker fragen, warum die Evolution derart komplexe Lösungen bevorzugen sollte. Fromme sieht das anders: »Die Natur fragt nicht, ob es zu exotisch ist. Wenn es nützlich ist, dann macht sie es.«

Dass die Natur die Quantenphysik vielleicht sogar noch ein paar Nummern größer anwendet, ist indessen eine noch spekulativere Idee, der sich das nächste Kapitel widmet.

11 Der erste Quantencomputer rechnet seit 14 Milliarden Jahren

Forscher rätseln, wie so komplexe Dinge wie das Gehirn entstehen konnten. Manche von ihnen sagen: Die Quanten haben's programmiert.

»It from Bit.« (Deutsch in etwa: Es kommt vom Bit)

John Archibald Wheeler, US-Physiker (1911–2008)

Eine Rasse von hyperintelligenten Außerirdischen baut in Douglas Adams' Science-Fiction-Roman »Per Anhalter durch die Galaxis« einen Supercomputer von der Größe einer Kleinstadt. Dieser bekommt eine große Aufgabe: Die Frage »nach dem Leben, dem Universum und allem« zu beantworten. Damit ist »Deep Thought«, so heißt der Computer, siebeneinhalb Millionen Jahre beschäftigt. Am Tag der Ergebnisverkündung verbreitet Deep Thought eine, gelinde gesagt, gewisse Enttäuschung unter den zwei Bedienern, die seit ihrer Geburt auf diesen Moment vorbereitet worden waren. Denn die heiß ersehnte Antwort lautet »42«.

Deep Thought merkt an, seinen Bedienern erscheine die Antwort nur deshalb sinnlos, weil sie selbst nie richtig gewusst hätten, wie die Frage *wirklich* lautete. Wenn sie das erst einmal wüssten, dann verstünden sie auch die Antwort. Er selbst wisse die Frage zwar auch nicht, könne aber einen neuen Computer entwerfen, der die »Letzte Aller Fragen« berechnet. Dieser Computer sei »von so unendlicher und unerhörter Kompliziertheit«, dass das Leben selbst zu seiner »Arbeitsmatrix« gehöre. Es handle sich um ... die Erde.

Wie bitte, die Erde ein Computer? Wie soll ein Planet denn *rechnen*, ohne Schaltkreise und Programmierung, dachte ich beim erstmaligen Lesen von Adams' Meisterwerk in den 1980er-Jahren. Na ja, in der Science-Fiction geht eben alles.

Was ich damals noch nicht wusste: Adams' Vorstellung von der Welt als Computer war nicht neu, sondern wurde schon zuvor von Wissenschaftlern formuliert. Dass das ganze Universum ein Computer sei, schlugen schon Konrad Zuse oder der US-Physiker Edward Fredkin vor.

Später diskutierten Quantenphysiker wie David Deutsch, Seth Lloyd oder Vlatko Vedral die Idee, das Universum sei ein *Quanten*computer. Dieser »rechnet« nun seit knapp 14 Milliarden Jahren. Aber worauf steuert diese Rechnung zu? Wird am Ende eine unbefriedigende Antwort wie »42« stehen? Wird es so etwas wie eine Antwort geben? Warum stellen Forscher überhaupt diese These auf? Was bringt es, das Weltall als Computer zu betrachten?

Teufelchen betreibt ein Perpetuum mobile

Nun, was tut ein Computer? Er verarbeitet Information. Im Alltag wirkt Information als etwas Immaterielles, Körperloses. Sie ist zwar wichtig, um die richtigen Entscheidungen zu treffen, den Zug rechtzeitig zu erreichen oder um mit Aktien Gewinn zu machen. Aber sie ist nichts, worauf man ein Gebäude gründen oder womit man ein Flugzeug in der Luft halten könnte.

Physiker hingegen kommen immer mehr dahinter, dass Information genauso zu den Grundfesten der Welt gehört wie Energie und Materie. Manche halten sie sogar für wichtiger als Energie und Materie. Mit Anton Zeilinger gesprochen: »Information ist der Urstoff des Universums.«[78]

Das klingt für Alltagsohren merkwürdig, denn Information scheint von einem menschlichen Beobachter abhängig zu sein. Er ist es, der erfährt: Das Auto ist blau, der Zug fährt um 17.13 Uhr ab, das Museum ist in der dritten Querstraße links. Information ist Wissen, und dieses ist scheinbar an ein Bewusstsein gebunden. Was könnte demgegenüber die tote Welt der Physik »wissen«?

Andererseits: Betrachtet man Information als Exklusivrecht des Menschen, hat dies unrealistische Konsequenzen. Zum Beispiel könnte dann ein Perpetuum mobile zweiter Art existieren. Normalerweise braucht es ein Temperaturgefälle, um eine Maschine anzutreiben. Denn dadurch fließt Wärme in eine bestimmte Richtung und kann Arbeit verrichten. Bei gleichmäßiger Temperatur hingegen bewegen sich Teilchen wirr in unterschiedliche Richtungen. Diese ziellose Energie kann nicht genutzt werden, ähnlich wie sich ein Auto nicht vorwärts bewegen wird, wenn 20 Leute von allen Seiten daran schieben. Ein Perpetuum mobile zweiter Art soll aber genau das tun: Einem gleichmäßig temperierten Medium Wärme entziehen und in Arbeit umwandeln.

Nun gibt es ein hypothetisches Teufelchen, genannt der Maxwell'sche Dämon, das auf den ersten Blick genau dies ermöglicht. Es bewacht ein Türchen, das zwei gleich warme Räume trennt. Das Teufelchen kann die Gasmoleküle in beiden Räumen fliegen sehen. Es öffnet die Luke für von rechts kommende besonders schnelle Moleküle, sodass diese aus dem rechten Raum in den linken fliegen. Umgekehrt lässt er von links heransausende besonders langsame Moleküle durch die Öffnung, damit diese vom linken Raum in den rechten gelangen. So sammeln sich im linken Raum die schnellen und im rechten die langsamen Teilchen, sprich: Links wird es wärmer als rechts. Der Dämon hat ein Temperaturgefälle hergestellt, das eine Maschine antreiben könnte. Das hat er getan, ohne den Teilchen Energie zuzuführen, sondern nur durch Beobachtung.

Wenn es gelänge, *Information* über das Verhalten der Gasteilchen zu gewinnen, so schloss James Clerk Maxwell, könne man das vermeintliche Naturgesetz »Es gibt kein Perpetuum mobile zweiter Art« brechen.

Freilich gibt es dieses übernatürliche Wesen nicht. Doch Physiker haben es technisch nachgebildet und es hat funktioniert!

Allerdings nur, wenn man die Energiebilanz ohne den Faktor Information zieht. Die Intelligenz des Dämons gibt es nicht zum Nulltarif. Es stellt sich heraus, dass das Verarbeiten von Information stets Energie kostet und dass man unter dem Strich nichts gewinnt.

Einsteins berühmte Formel $E = mc^2$ besagt, dass Materie und Energie zwei Kehrseiten derselben Medaille sind. Man kann sie ineinander umwandeln. Eine ähnliche Beziehung gibt es zwischen Energie und Information: Jedes Bit an gelöschter Information kostet einen bestimmten Betrag an Energie. Die beiden Größen lassen sich ineinander umrechnen wie Euro und Dollar. Es gibt eine Formel dafür, Energie und Information sind gleichartig. Die experimentelle Umsetzung von Maxwells Dämon hat gezeigt, dass Information als Medium genutzt werden kann, um Energie zu transferieren.

Information ist also Physik, somit Teil einer exakten Wissenschaft und quantifizierbar. Diesen Aspekt haben wir in den letzten Kapiteln schon öfter gestreift. Jede Information verarbeitende Technologie, sei es der Abakus, ein klassischer Rechner oder ein Quantencomputer, ist die *Verkörperung* einer Art, Information zu verarbeiten. Kugeln auf Stangen tun es, durch Transistoren fließende Elektronen tun es, Ionen in Ionenfallen tun es, durch Lichtleiter rasende Photonen tun es: Daten verarbeiten. Kurz: Die digitale Revolution gründet auf den physikalischen Bausteinen der Natur.

Information, das Fundament des Universums?

Doch bei der Feststellung *Information ist Physik* hört die Geschichte nicht auf. Die Rolle der Information könnte noch grundlegender sein, sodass sich die Machtverhältnisse umkehren: *Physik ist Information.*

Alles, was der Mensch über die Natur weiß, erfährt er durch Fragen, die er der Natur in Form von Experimenten stellt. Ist der Mond eine Kugel? Besteht Materie aus Atomen? Durch welchen der beiden Spalte ist das Lichtteilchen gegangen? Eine intuitive

Annahme sagt uns, dass die Antworten darauf Informationen *über* die Realität sind. Sie sind der Teil der Wirklichkeit, den wir in Erfahrung bringen können. Doch es gibt auch die Meinung, dass es gar keine verborgene Realität hinter den Antworten gibt. Dass nur das Beobachtbare existiert. Die Antworten, die der Frager erhält, sind die Natur. »Information ist das Garn, das alle Phänomene um uns herum verbindet und gleichzeitig ihren Ursprung erklärt«, drückt es Vlatko Vedral von der University of Oxford aus.[79]

Die Fragen lassen sich so formulieren, dass die Antworten Ja oder Nein lauten. Wenn diese Jas und Neins tatsächlich alles sind, was es gibt, dann ist die Natur digital. Die Quantelung der Natur, also dass alles letztlich aus winzigsten, unteilbaren Batzen besteht wie Lichtteilchen oder Elektronen, wäre eine natürliche Folge. Auch der Raum an sich bestünde aus kleinsten, zählbaren Raumzellen, wie schon Konrad Zuse spekulierte.

Heute behaupten jene Physiker, die die Quantenphysik mit Einsteins Allgemeiner Relativitätstheorie vereinen wollen, dass Raum und Zeit aus unzerlegbaren Brocken bestünden. Demnach kann es keinen Meterstab geben, der eine feinere Unterteilung hat als die so genannte Planck-Länge, und keine Uhr, deren Anzeige Zeiteinheiten zählt, die kürzer sind als die so genannte Planck-Zeit[80]. (Keine Angst, Sie werden auch in Zukunft pünktlich sein können, denn die kleinsten Einheiten von Raum und Zeit sind extremst winzig und werden wohl nie wirklich *gemessen* werden.) Dass die Antwort des fiktiven Computers »Deep Thought« eine Zahl ist – 42 –, ist vielleicht auch eine Anspielung auf die Zählbarkeit des Universums.

Die Annahme, Information sei der Grundstoff des Alls, erklärt also, warum es Quanten gibt. Was keine kleine Erkenntnis wäre: Für den US-Physiker Archibald Wheeler war die Frage »Warum gibt es Quanten?« die zweitwichtigste seiner »wirklich großen Fragen«, gleich nach »Wie kommt es, dass etwas existiert?«

Für Vlatko Vedral hat Information ein Alleinstellungsmerkmal unter den physikalischen Größen: Nur sie könne ohne Grund entstehen. Damit könnte ein uraltes Problem der Naturwissenschaften gelöst werden, meint Vedral. Sie hätten noch kein grundlegendes Gesetz gefunden, eine Art Weltformel, das sich aus sich selbst heraus erklärt. Jedes Gesetz besitze wieder irgendeine Ursache, die es zu klären gilt. Das führe zu einer endlosen Kette von Ursache, Ursache der Ursache, Ursache der Ursache der Ursache usw.

»Das Qubit kommt von nirgendwo«, formuliert es Vedral. Es sei keine Vorinformation nötig, damit die Information des Qubits existieren kann. Eine Art Schöpfung aus dem Nichts. Denn ob das Auslesen »0« oder »1« liefert, hängt, wie wir gesehen haben, nur vom Zufall ab.

Schwer begreifliche Phänomene der Quantenphysik werden verständlicher, wenn man sie aus der Perspektive der Information betrachtet. Ein Teilchenpaar, das ein Bit Information miteinander teilt, bleibt verbunden, auch wenn sich die Partner ewig weit voneinander entfernen. Mal angenommen, das geteilte Bit speichere den Wert »Ja«. Die Frage laute: »Sind die Spins der beiden Partikel parallel?« Wenn nun Bob in Hamburg »Spin-up« misst, dann muss im gleichen Moment Alice in München »Spin-up« messen. Statt ungläubig den Kopf zu schütteln, denkt man bei dieser Darstellung der Verschränkung sofort »Ja, klar!« Verborgene Parameter, also unsichtbare Information in den einzelnen Teilchen, braucht man so nicht zu bemühen. Auch der Zufall wird begreiflicher. Das geteilte Bit ist schon verbraucht für die Information, dass die Spins parallel sind. Es bleibt daher dem Zufall überlassen, *welche* Spinrichtung nun konkret in Hamburg oder München gemessen wird.

Alle Materie – Felsbrocken, Autos, Sonnensysteme oder Galaxien – speichert also Information. Und sie verarbeitet die gespeicherten Daten. Ein Elektron kann *hier* detektiert werden oder *dort*. Das wäre ein Bit an Information. Wenn es sich von hier nach dort bewegt, schaltet das Bit um. Immer wenn Elementarteilchen aneinanderstoßen, wandeln sie die gespeicherten Bits um. Ein gigantischer Datenumschlag. Dies geschieht nach den Gesetzen der Quantenphysik, also auf systematische Weise, ähnlich wie mit einem CNOT-Gatter. Diese Gesetze sind demnach die Software des Universums. Spätestens jetzt hört es sich so an, als sprächen wir über die Natur als einen Quantencomputer.

Dem Studium von Quantencomputern komme daher eine herausragende Bedeutung zu, meint David Deutsch. »Es ist gleichbedeutend mit dem Studium der ganzen Wissenschaft«, sagt der Physiker. »Wenn Sie beweisen, dass ein bestimmtes Muster an Informationsverarbeitung mit einem universellen Quantencomputer unmöglich ist, haben Sie bewiesen, dass es *nicht passieren kann*«, sagt Deutsch.

»Mit Quantencomputern lässt sich das Universum auf seiner fundamentalsten Ebene verstehen«, sagt auch Seth Lloyd. Deutsch und Lloyd benennen eine vielversprechende Eigenschaft eines digitalen Universums: Es ist berechenbar, kann also begriffen werden.

Für Lloyd gibt es keinen erkennbaren Unterschied zwischen einem Quantencomputer und dem Universum. »Wenn etwas watschelt und quakt wie eine Ente, dann *ist* es eine Ente«, sagt der theoretische Physiker und meint damit: Wenn das Weltall Information speichert und verarbeitet wie ein Quantencomputer, dann *ist* es einer.

Die Rechenkraft von einem Kilogramm Gartenerde

Der Physiker vom Massachusetts Institute of Technology sagt uns auch, wie viel Rechenpower ganz banale Materie hat, etwa Erde auf dem Feld. Ein Laptop wog zu der Zeit, als Lloyd die physikalischen Grenzen der Rechenkraft abschätzte, etwa ein Kilogramm. Deshalb betrachtete er ein Kilogramm gewöhnlicher Materie und nannte es: das ultimative Laptop[81].

Die zur Verfügung stehende Energie bestimmt das Tempo, in dem Information verarbeitet werden kann. Ein energiereiches Elektron reist schneller von hier nach dort und schaltet somit sein Bit schneller um als ein energiearmes.

Das ultimative Laptop nutzt *die gesamte* in einem Kilo Gartenerde steckende Energie, um einzelne Bits zu schalten. Gemäß Einsteins Formel $E = mc^2$ ist das sehr viel Energie, etwa so viel wie bei der Explosion einer Wasserstoffbombe frei wird. Was für ein Gehäuse das ultimative Laptop einmal haben soll, ist deshalb schleierhaft. Jedenfalls ermöglicht diese Energiemenge ein Rechentempo von 10*51* Operationen pro Sekunde. Es hätte somit eine Taktfrequenz von 100 Giga-Gigahertz. Zum Vergleich: Derzeit basteln Forscher an so genannten Exa-Scale-Supercomputern, den größten Superrechnern der Welt. Diese werden eine Milliarde mal eine Milliarde Rechenoperationen pro Sekunde ausführen. Das ultimative Laptop wäre etwa eine Milliarde Milliarde Milliarde Mal schneller (und würde *keine* ganze Etage füllen). Wenn das Moore'sche Gesetz konstant weiter gelten würde wie bisher, dann würde so ein Laptop Anfang des 23. Jahrhunderts zur Verfügung stehen, rechnete Lloyd 2006 aus.

Seine Speicherkapazität würde auch alles bislang Dagewesene in den Schatten stellen. Jedes einzelne Teilchen im ultimativen Laptop speichert Information. Ein Kilo Materie enthält wahnsinnig viele Atome, zig Millionen Mal mehr als Sekunden seit dem Aussterben der Dinosaurier vergangen sind. Diese wiederum bestehen aus Hunderten Elementarteilchen, die alle Information erfassen. Insgesamt kommt man so auf eine Speicherkapazität von 10.000 Milliarden Milliarden Milliarden Bits. Laut Lloyd mehr Information, als 2006 auf allen Festplatten der Welt gespeichert war.

Schon ein Kilogramm des Universums leistet also Unbegreifliches. Lloyd hat die Eckdaten des ultimativen Laptops auf das gesamte beobachtbare Universum hochgerechnet, wobei noch sehr viel unbegreiflichere Zahlen herauskommen (einc Eins mit 122 Nullen für die Anzahl der Operationen pro Sekunde und eine Eins mit 92 Nullen für die Anzahl der Bits, also die Speicherkapazität). Man bedenke nur, dass allein die Erde – ein winziges Staubkorn im All – mehr als eine Milliarde Milliarde Kilogramm schwer ist. Die Rechenkapazität des ultimativen Laptops verglichen mit der des Universums ist wie ein Fliegenschiss gegen das ganze Sonnensystem.

Wozu rechnet ein Mann die Rechenkapazität des Universums aus, möchte man fragen. Nutzen wird man sie eh nie können.

Auch das ultimative Laptop ist ein reines Gedankenexperiment. Wie soll man denn bitte die Wucht einer explodierenden Wasserstoffbombenexplosion so weit kontrollieren, dass sie einem etwas Sinnvolles ausrechnet? Das Ganze läuft eher unter »Kosmologie« denn unter »Design künftiger Rechnergenerationen«.

Wie ein Affe einen Computer programmiert

Deutlich mehr als eine Inspirationsquelle für Science-Fiction-Autoren bringt es dennoch, das Universum als Quantencomputer zu betrachten. Es erklärt nach Seth Lloyds Überzeugung eine große Frage der Wissenschaft: Woher kommt die Komplexität in der Welt? Das menschliche Gehirn ist, soweit wir wissen, das komplexeste Ding im Universum. Für seine von keinem Computer erreichten Leistungen, wie selbstständiges Lernen und das Treffen von Entscheidungen, Wahrnehmung und kreatives Denken, braucht es nur zwei Liter Raum und verbrät kaum mehr elektrische Energie wie eine LED-Leuchte. Wie dieses Netzwerk aus 100 Milliarden Nervenzellen das anstellt, ist weitgehend unbekannt, obwohl sich ganze Horden von Wissenschaftlern seit Jahrzehnten auf dieses Wunderwerk der Natur stürzen und dabei modernste bildgebende Verfahren einsetzen.

Auch der Tanz von Molekülen, Planeten, Sternen, Galaxien ist ein extrem vielschichtiges und elegantes Geschehen. Um alle Naturerscheinungen auch nur aufzuzählen, die über eine unbegreifliche Komplexität verfügen, bräuchte es wohl ziemlich viele Bücher mit einem Umfang von diesem.

An seinem Anfang war das Universum einfach. Weniger als eine Mikrosekunde nach dem Urknall gab es nur eine heiße Suppe aus Elementarteilchen, die überall gleich aussah. Heute stehen wir fasziniert vor einer Welt voller Wunder inmitten eines Weltalls voller weiterer Wunder.

Der blanke, ungerichtete Zufall kann es nicht sein, der all die Komplexität ermöglicht. Das hat schon Douglas Adams in seiner Trilogie angedeutet. Der Held Arthur Dent strandet auf der prähistorischen Erde, wir erinnern uns: dem Computer, der die Frage errechnen soll, deren Antwort »42« ist. Im Beisein affenähnlicher Frühmenschen zieht er blindlings Scrabblebuchstaben aus einem Beutel. Die Idee dahinter: Da er ein Erdling ist, also Teil der Arbeitsmatrix der Erde, könnte die große Frage in sein Unterbewusstsein geprägt sein. Indem er das Zufallsspiel macht, hofft er, das Muster aus seinem Kopf zu holen. Tatsächlich kommt ein sinnvoller Satz heraus: »Wie viel ist neun multipliziert mit sechs?« Die Antwort darauf lautet 54. Es handelt sich also um die falsche Frage.

Gut möglich, dass Adams damit auf das »Theorem der endlos tippenden Affen« anspielt. Demnach würde ein Affe, der unendlich lange wahllos auf einer Schreibmaschine herumtippt, irgendwann mal den kompletten »Hamlet« von Shakespeare zu Papier bringen. Nicht aus einer spontanen Inspiration heraus, sondern weil es eine, wenn auch mikroskopische, Wahrscheinlichkeit dafür gibt. Der Faktor Zeit reißt es heraus: Wenn ein hypothetischer langlebiger Jemand eine Million Jahre lang Lotto spielen würde, bekäme er sicherlich mal einen Sechser (geschickter wäre es wohl gewesen, das Geld anzulegen, da Zins und Zinseszins über einen solchen Zeitraum mehr bewirken). Der Affe hätte noch sehr viel mehr Zeit für seinen Zufalls-Hamlet.

Auf ähnliche Weise könnte die Komplexität des Universums durch eine schier unglaubliche Verkettung von Zufällen entstanden sein. Schließlich hatte das All 14 Milliarden Jahre Zeit, alles Mögliche auszuprobieren. Doch die Sache hat einen Haken, wie wiederum der tippende Affe veranschaulicht. Egal wie weit das Tier mit seinem Hamlet kommen mag, womöglich bis zum Beginn des fünften Akts: Sein nächster Buchstabe ist sehr wahrscheinlich falsch. Die Wahrscheinlichkeit, dass er die Tragödie zu Ende tippt, ist weniger als mikroskopisch gering. Selbst wenn das ganze Universum voller tippender Affen wäre, kämen sie selbst in Milliarden von Jahren nicht zum erwünschten Ergebnis. Sogar diese gewaltige, aber letztlich auch endliche Zeitspanne wäre unzureichend.

Schriftsteller mag es beruhigen, dass aus dem Tierreich keine Konkurrenz droht. Doch das Bild mit dem Affen zeigt, dass »das

Leben, das Universum und der ganze Rest« keine statistische Schwankung sein kann. Sonst wäre jeder Sonnenaufgang pures Glück und keine astronomische Gewissheit, und das Gelingen des nächsten Atemzugs hinge von der Laune der Atome ab, im nächsten Moment einfach zu kollabieren.

So wie es Arthur Dent zwar erstaunlicherweise gelingt, eine sinnvolle Buchstabenfolge zu ziehen, diese aber nicht die ersehnte Frage ist, kann der Zufall zwar einiges erklären, aber nicht alles.

Statt der Willkür des Zufalls regieren klare physikalische Gesetze das Geschehen im Universum. Doch aus diesen relativ simplen Formeln lässt sich die Komplexität ebenso wenig erklären. Lloyd plädiert daher für eine Art Mischung aus Zufall und Gesetzmäßigkeit. Und damit wären wir wieder bei den Quanten.

Was wäre, wenn der Affe nicht auf einer *Schreibmaschine* tippen würde, sondern auf einem *Laptop*, fragt Lloyd. Das klingt zunächst nach einer technischen Aktualisierung desselben sinnlosen Unterfangens. Für viele mag ein Laptop nur eine bessere Schreibmaschine sein. Es ist aber ein Computer, und der kann Programme ausführen. Der Affe könnte, aus reinem Zufall, ein Programm eintippen, das die erste Million Dezimalstellen der Kreiszahl Pi ausrechnet. Dazu müsste er »nur« ein paar Tausend Zeichen in der richtigen Reihenfolge tippen und nicht ein paar Hunderttausend wie beim Hamlet. Ein Computer vergrößert also die Chance, dass der Affe irgendwas Sinnvolles produziert.

Komplexe mathematische Objekte wie Fraktale oder regelmäßige geometrische Formen lassen sich mit erstaunlich kurzen Computerprogrammen erzeugen. Ein blind in die Laptop-Tasten hauender Affe hätte gar keine so schlechte Chance, derartiges zu produzieren! Der Computer funktioniert nach einfachen Regeln, kann aber dank der Zufallsprogrammierung durch den Affen Komplexes erzeugen. Zufallselement und künstliche Intelligenz verbinden sich zu etwas Fruchtbarem.

Weiter oben haben wir gesehen, dass das Universum ein Quantencomputer sein könnte. Jetzt braucht es noch einen »Affen«, der diesen Weltcomputer mit Zufallsdaten impft, und – Abrakadabra – wir haben eine Quelle für all die Komplexität um uns herum!

Eine bessere Quelle für Zufall als die Quantenphysik gibt es nicht, wie wir in den vorhergehenden Kapiteln gelernt haben. Die Heisenberg'sche Unschärferelation gibt eine Bandbreite vor, innerhalb derer eine Größe zufällig schwanken kann. So kann für eine sehr kurze Zeit zum Beispiel Energie aus dem Nichts entstehen, ohne den Energieerhaltungssatz zu verletzen. Solche Quantenfluktuationen seien die »Affen«, die das Universum programmieren, schreibt Lloyd.

In der Tat haben Quantenfluktuationen in der Frühphase des Universums zu Variationen in der Dichte der frühen Materie geführt. Diese wirkten wie eine Saat, aus der sich Galaxien entwickelten. Lächerliche, mikroskopisch kleine Zufallsschwankungen prägten also Strukturen in das All, die sich heute als kolossale Himmelsphänomene wiederfinden.

Bleibt noch die Frage, was dieser Weltall-Computer eigentlich ausrechnet. »Das Universum berechnet sich selbst«, sagt Lloyd. »It from Qubit« (»Es kommt vom Qubit«), drückt es Paola Zizzi von der Universität Padua aus.

Diese Antworten klingen ähnlich unbefriedigend wie »42«. Zu unrecht. Denn was könnte das Universum mehr tun als das? Kein anderer Computer hat je etwas annähernd so Faszinierendes, Wunderschönes und Ehrfurchtgebietendes hervorgebracht wie das Universum.

12 Fazit

Max Planck liebte sein eigenes Baby nicht, die Quanten. Ihm schien das althergebrachte Gebäude der Wissenschaft nahezu heilig. Mit dem Quantensprung hat er nicht nur etwas ganz Neues, sondern etwas seiner Ansicht nach höchst Unvernünftiges gefunden. Schließlich weht der Wind auch nicht abgehackt und es springt kein Fluss übergangslos von Normalpegel auf Hochwasser. Die Natur ist stetig und nicht sprunghaft, war Planck überzeugt.

Sogar dem Querdenker Albert Einstein, selbst ein Revoluzzer der Wissenschaft, ging das mit den Quanten zu weit. Er versuchte, die Quantentheorie gegen sich selbst auszuspielen, indem er auf ihre absurd erscheinenden Konsequenzen hinwies. Eine »spukhafte Fernwirkung« und zufällige Messergebnisse ohne sichtbaren Grund: Da konnte doch etwas nicht stimmen! Da musste doch etwas fehlen!

Was im letzten Jahrhundert philosophische Debatten auslöste, etwa darüber, ob sich Teilchen wirklich über Lichtjahre hinweg ohne Zeitverzug beeinflussen können oder ob sie nicht doch irgendwie vorher schon »programmiert« wurden, was damals also reine Glaubensfragen waren, das wird heute zur Technik.

Aus Philosophie wird Technologie

Der Mensch fühlt sich nicht mehr unwohl mit Phänomenen, die seiner Alltagserfahrung Hohn sprechen. Er spielt mit der Verrücktheit der Quantenwelt, probiert aus, wozu sie nützt, und macht Produkte und Profit daraus.

In Festplatten, Smartphones und Hirnscannern steckt Quantenphysik. In schwer zu knackenden Kommunikationssystemen, wie sie von Regierungen oder Banken schon genutzt werden, arbeitet sie ebenfalls. Forscher entwickeln hyperempfindliche Lagesensoren für künftige Navigationssysteme oder schluckbare, mikroskopisch kleine Magnetfeldsensoren, die im Körperinnern mit bislang ungekannter Präzision Daten für diagnostische Zwecke sammeln sollen.

Den größten Einfluss könnte eine bislang nur in Anfängen existierende Quantentechnik haben: der Quantencomputer. In den 1980er-Jahren diente die Idee des Quantencomputers dem Physik-Nobelpreisträger Richard Feynman noch als ein Vehikel für die eher philosophische Frage nach der Berechenbarkeit des Universums.

Doch gut zehn Jahre später änderte der US-amerikanische Mathematiker Peter Shor das radikal: Sein Algorithmus zur Zerlegung von Zahlen in ihre Primfaktoren machte aus dem akademischen Konzept plötzlich ein Damoklesschwert für die Informationsgesellschaft. Denn er liefert den Schlüssel zu mehreren gängigen Verschlüsselungsverfahren, allen voran dem tagtäglich milliardenfach genutzten RSA-Verfahren, das Online-Geschäfte oder digitale Signaturen schützt.

Ähnlich wie in Friedrich Dürrenmatts Komödie »Die Physiker« stellt sich die Frage, warum weltweit die Entwicklung des Quantencomputers vorangetrieben wird, wenn er eine solche Gefahr für die Datensicherheit, immerhin die Vertrauensgrundlage der digitalen Welt, darstellt. Handeln die Physiker verantwortungslos? Sollten sie die Welt nicht mit dieser destruktiven Idee verschonen?

Risiko Quantencomputer?

In diesem Buch bin ich der Frage nachgegangen, welchen Nutzen ein solcher Quantencomputer in die Waagschale werfen kann, um dieses Risiko aufzuwiegen.

Drei Punkte sind hier essenziell.

Erstens, dass der Quantencomputer gar nicht die Riesenbedrohung ist, als die er landläufig gilt. Denn es gibt Verschlüsselungsverfahren, für die es keinen Quantenalgorithmus gibt, z.B. so genannte gitterbasierte Kryptographie (siehe Kapitel 10). Zwar könnten doch noch Quantenalgorithmen zum Knacken dieser Ersatzmethoden entdeckt werden. Denn sobald ein praxistauglicher Quantencomputer existiert, wird es mehr Quanten-Softwareentwickler geben, die immer neue Entdeckungen machen werden. Aber genauso gut könnte morgen ein Mathematiker ein Verfahren vorstellen, das RSA auch mit einem klassischen Verfahren aushebelt. Datensicherheit ist *immer* vorläufig und zeitlich begrenzt. Der Quantencomputer macht lediglich auf diesen Umstand aufmerksam.

Man kann die bloße Möglichkeit eines Quantencomputers somit als einen Ansporn für Mathematiker und Informatiker begreifen, neue Verschlüsselungsverfahren für die Informationsgesellschaft zu entwickeln. Die Internetsicherheit wäre dann breiter aufgestellt und entsprechend stabiler. Hier gibt es eine Chance für deutsche Forscher, da unserem Land weltweit hohe Kompetenz in Fragen der Datensicherheit zugesprochen wird. Auch in der Quantenphysik sind wir gut aufgestellt.

Zweitens haben Quantencomputer das Potenzial der Informationstechnik, Siebenmeilenstiefel anzuziehen. Es gibt im Rahmen der klassischen Physik einfach keine Möglichkeit, auf kleinstem Raum, sprich mit einigen tausend Atomen, Ionen oder anderen Quantenobjekten, eine Unzahl von möglichen Lösungswegen simultan zu testen. Der Haken dabei ist, wie wir gesehen haben, dass das Quantenorchester schwierig zu dirigieren ist. Der Quantencomputer rechnet zwar mit dem »Vielleicht«, am Ende muss er jedoch »Ja« oder »Nein« sagen. Von allein findet er nicht zur richtigen Antwort, er muss mithilfe ausgefeilter Rechenrezepte gesteuert werden.

Zwar stockt die »Softwareentwicklung« für diese neue, aber noch nicht verwirklichte Art von Computer. Es gibt noch wenige praxisrelevante Rechenrezepte für Quantencomputer, die eine deutliche Beschleunigung gegenüber klassischen Rechnern liefern. Doch ist es nach Expertenmeinung eine Frage der Zeit, bis mehr Lösungen entwickelt werden, die eine ähnliche Praxisrelevanz haben wie die Algorithmen von Shor oder von Lov Grover. Von beschleunigter Datenanalyse über schnelleres maschinelles Lernen, von der Lösung höchst komplexer Optimierungsaufgaben bis zu abhörsicherem Cloud-Computing liegt alles im Bereich des Möglichen. Sein Anwendungsprofil wird der Quantencomputer erst noch finden. Angesichts der Chancen wäre es töricht, ihn nur als Gefahr zu begreifen.

Drittens, und das ist der vielleicht wichtigste Punkt: Quantencomputer sind eine Erkenntnismaschine, ein Werkzeug für die Jahrtausende alte Neugier des Menschen, ohne die es das meiste, was Sie bei einem Blick in Ihr Wohnzimmer sehen, die Stereoanlage, die LED-Leuchte, den QLED-Bildschirm, nicht geben würde. Ohne die es auch das Bewusstsein, auf einem kugelförmigen, höchst verletzlichen Staubkorn in den wunderbaren, aber lebensfeindlichen Weiten eines gigantischen Alls zu leben, nicht geben würde.

Auf dem Weg zur Erkenntnismaschine

Alle Quantenphysiker, mit denen ich gesprochen habe, geben den »Quantensimulator« als eine wichtige Anwendung an. Damit beziehen sie sich wieder auf die Anfänge: die Frage Feynmans, wie sich physikalische Systeme berechnen lassen. Um so praxisrelevante Dinge wie Supraleiter, nanotechnologische Geräte oder neuartige Solarzellen zu verstehen, muss man sie von ihren Bausteinen her begreifen, den Atomen also, den Elektronen, Ionen, Molekülen oder Nanopartikeln. Um deren kollektives Verhalten zu berechnen, muss jeder klassische Rechner mit Näherungen arbeiten, weil die Quanten wegen der vielen parallelen Möglichkeiten sonst einen unüberwindlichen Rechenaufwand verursachten. Bei den Näherungsverfahren entstehen Fehler, welche das Verständnis behindern.

Ein Quantencomputer hingegen ist dafür *gebaut*, die vielen Wege simultan zu gehen, er erledigt die Berechnung eines Quantensystems sozusagen im Schlaf. Er könnte eine Art Stein der Weisen sein, der hilft, aus den naturgegebenen atomaren Bausteinen neue Materialien mit übernatürlich anmutenden Eigenschaften zu entwerfen, wie etwa Supraleiter, die Strom bei Normaltemperatur ohne Verluste leiten, oder federleichte, aber extrem widerstandsfähige Werkstoffe.

Schließlich könnte der Quantencomputer entscheidend dabei helfen, das Universum zu verstehen. Denn letztlich sei dieses selbst nichts anderes als ein gigantischer, seit Milliarden von Jahren arbeitender Quantencomputer, meinen einige Koryphäen unter den Quantenphysikern. Alles um uns ist demnach Ergebnis dieser »Berechnung«. Ein faszinierender Gedanke, auch wenn er an die beklemmende Vision der *Matrix*-Trilogie erinnert, in der die vertraute Welt als Simulation entlarvt wird, von Maschinen programmiert, um die Menschheit als Energiequelle zu missbrauchen. Für Physiker indessen wäre das ein Hinweis darauf, dass sich das Universum berechnen, also verstehen lässt. Am besten per Quantencomputer, versteht sich.

Verantwortungslos handeln die Entwickler des Quantencomputers also nicht. Man kann ihnen höchstens vorwerfen, sie verfolgten ein Hirngespinst, sie wollten eine Maschine bauen, die nur in einer idealen Welt funktionieren würde. Einige erfahrene Physiker tun genau das. In der Tat stellt die Verwirklichung einer solchen Rechenmaschine bislang ungeahnte Anforderungen an die Wissenschaft und die Ingenieurskunst. Es gilt, ein höchst komplexes Wechselspiel unter äußerst empfindlichen Teilchen unter Kontrolle zu halten. Die Quantenwissenschaftler kämpfen mit einem der schnellsten und effizientesten Störprozesse überhaupt: der Dekohärenz.

Babysteps und große Hürden

Doch Parallelen in der Technikgeschichte zeigen, wie aus akademischen Themen weltumwälzende Technologien wurden, indem Forscher und Ingenieure ihre gesamte Kreativität, ihr gesamtes Wissen und ihre Fähigkeiten einsetzten. Wir haben das exemplarisch an der Entwicklung der Funktechnik, von Heinrich Hertz' akademischen Versuchen bis hin zu einem Rückgrat der heutigen Informationsgesellschaft, dem Mobilfunk, gesehen.

Der Weg zum Quantencomputer besteht aus einer langen Reihe von Babysteps, von denen jeder einzelne eine Herausforderung für sich darstellt. In den letzten 25 Jahren haben Forscher Hürden genommen, die zuvor oft als unüberwindbar galten. Vor allem konnten sie die Dekohärenz ein ganzes Stück weit zähmen, und es gelang ihnen, Fehlerkorrekturverfahren umzusetzen. Sie kratzen heute an der Schwelle zum so genannten fehlertoleranten Quantenrechnen, das heißt, sie drücken die Fehlerrate fast schon so weit herunter, dass die Korrekturverfahren mit dem Rest an Fehlern klarkommen.

In der Zwischenzeit versuchen sie, erste anwendbare Quantencomputer zu bauen. Denn es scheint möglich, auch ohne perfekte Fehlerkorrektur nützliche Aufgaben zu bewältigen. Ein Meilenstein, den Google im Jahr 2019 erreicht hat, nährt diese Hoffnung. Damals erledigte ein Quantenchip der Firma erstmals eine Aufgabe binnen Minuten, für die ein Supercomputer wohl Jahre brauchen würde. Zwar war das Problem auf die Stärken eines Quantenrechners zugeschnitten und hatte keinerlei praktische Relevanz. Doch der Beweis der »Quantenüberlegenheit« war erbracht. Verschiedene Firmen und Forschungseinrichtungen wetteifern seitdem umso mehr darum, mit einem mittelgroßen Quantencomputer von rund 100 Qubit erstmals eine praktisch nutzbare Aufgabe zu erledigen, etwa bei der Suche nach Arzneimitteln. Sie machen dabei erkennbare Fortschritte.

Nach wie vor allerdings mangelt es noch an Grundsätzlichem: Bislang gibt es keinen Durchbruch zu einem skalierbaren Quantenrechner. Es fehlt die Analogie zur Entdeckung des Transistors in den 1940er-Jahren, die die Entwicklung des klassischen Computers wie ein Turbo beschleunigte. Die Frage, ob es so etwas wie einen Transistor für den Quantencomputer, also ein beliebig oft kopierbares Grundelement, gibt, ist noch offen. Immerhin gibt es inzwischen Chips, die diesem Ziel näherkommen.

Der Weg zum Quantencomputer ist der bislang wohl anspruchsvollste in der Geschichte der Informationstechnologien. Forscher und Entwickler in aller Welt wollen ihn dennoch gehen. Sie wollen diese harte Nuss knacken, obwohl niemand von ihnen weiß, wie mächtig ein Quantenrechner tatsächlich sein wird. Die eigentliche Triebfeder ist nicht der mutmaßliche Profit. Es ist die unstillbare Neugier und wissenschaftliche Abenteuerlust des Menschen.

13 Dank

Ein Buch über Quantentechnik kann nicht entstehen ohne eine Vielzahl von Gesprächen mit führenden Forschern. Viele Physiker haben sich bereitgefunden, geduldig die Fragen des Autors zu ertragen und zu beantworten. Ihnen allen möchte ich herzlich dafür danken.

Darüber hinaus danke ich Dr. Michael Barabas vom dpunkt.verlag in Heidelberg, nicht nur für sein Interesse am Thema, sondern auch für das parallel zum Schreiben erfolgte Lektorat. Ohne seine Kritik hätte ich mich wohl an der einen oder anderen Stelle verzettelt. Susanne Rudi, Anja Weimer und Veronika Schnabel danke ich für die kreative Zusammenarbeit bei der Herstellung des Buchs.

14 Endnoten

1 *https://www.washingtonpost.com/business/2019/08/18/quantum-revolution-is-coming-chinese-scientists-are-forefront/*

2 *https://www.youtube.com/watch?v=LRzhb7OkQ9s* (abgerufen am 30.4.2020)

3 Ian Stewart: Weltformeln, rororo, 2014, ISBN 978 3 499 63029 3

4 Es ist zwar umstritten, ob die Übertragung schon bei diesem Experiment in 1901 gelang. Doch mindestens gelang es bald darauf, wie Marconis kommerzieller Erfolg beweist.

5 Jahresbericht 2018 der Bundesnetzagentur

6 *http://www.dlr.de/dlr/desktopdefault.aspx/tabid-10081/151_read-9050/*

7 Quantenobjekte sind Dinge, die den Gesetzen der Quantenphysik gehorchen, also etwa Atome.

8 Oft wird die mystische Aura, welche die Quantenphysik umwabert, sogar für blanken Humbug und Bauernfängerei missbraucht, etwa beim »Quanten-Energiegenerator« oder bei der »Quantenheilung«.

9 Yaakov Y. Fein et al.: Quantum superposition of molecules beyond 25 kDa. Nature Physics 15, pp. 1242–1245 (2019)

10 Physiker mögen die Ungenauigkeit verzeihen. Die Wellenfunktion selbst gibt keine Wahrscheinlichkeiten an. Dafür muss sie sich noch einer Rechenprozedur unterziehen. Aber im Rahmen dieses Buches für Laien sei die Vereinfachung erlaubt.
* Benannt nach dem schweizerisch-US-amerikanischen Physik-Nobelpreisträger Felix Bloch (1905-1983).

11 O'Connell et al.: nature, Vol. 464, No. 7287 (2010)

12 Juan Yin et al., Science, Vol. 356, Issue 6343, pp. 1140–1144 (2017). DOI: 10.1126/science.aan3211

13 Propuplica: Revealed: The NSA's Secret Campaign to Crack, Undermine Internet Security.
http://www.propublica.org/article/the-nsas-secret-campaign-to-crack-undermine-internetencryption

14 *http://www.scmp.com/news/china/article/1631479/china-launch-hack-proof-quantumcommunication-network-2016*

15 *https://www.insidescience.org/news/china-leader-quantum-communications* (abgerufen am 12.5.2020)

16 *http://english.cas.cn/newsroom/news/201411/t20141103_130416.shtml*

17 Eine Polybios-Tafel zum Beispiel, benannt nach dem vorchristlichen griechischen Geschichtsschreiber Polybios

18 *http://www.cryptomuseum.com/crypto/hotline/index.htm*

19 *https://www.idquantique.com/quantum-key-distribution-qkd-achieved-over-record-421-km/*

20 R. Ursin, et al.: Nature Physics 3, 481-486 (2007)

21 *https://spacenews.com/honeywell-to-build-canadian-quantum-encryption-satellite/*

22 Tang, X. et al.: Proc. of SPIE Vol. 6244 62440P-1 (2012)

23 Private Kommunikation mit Masahide Sasaki vom Quantum ICT Laboratory, Tokio, Dezember 2014.
Zu diesen Projekten gehören: QuNET, QuBE und Q.Link.X

24 *https://www.nature.com/articles/s41567-020-0892-y*

25 Rudolf Kippenhahn, Verschlüsselte Botschaften, Rowohlt, 2012

26 In der Praxis verwendet man eine etwas kompliziertere Anordnung, da kein halbtransparenter Spiegel perfekt 50:50 reflektiert oder durchlässt. Stattdessen verwendet man Polarisationsstrahlteilerwürfel, in die Photonen mit um 45 Grad verdrehter Polarisation gesendet werden. Falls der Würfel nicht perfekt ist, kann dies durch eine kleine Variation der Eingangspolarisation angepasst werden.

27 Montez, T.: PNAS, vol. 106 no. 5, 1614-1619 (2008)

28 Brian Clegg, The Quantum Age, ICON Books (2014)

29 *https://www.newscientist.com/article/2144721-chinas-quantum-submarine-detector-could-seal-south-china-sea/*

30 Brooke, J.: Science, 284(5415): 779-81 (1999)

31 *https://www.ethz.ch/de/news-und-veranstaltungen/eth-news/news/2014/06/d-wave.html*

32 *https://www.nature.com/articles/d41586-019-02935-4*

33 *https://www.sueddeutsche.de/wirtschaft/computer-ueben-fuer-die-quanten-aera-1.4905077*

34 Seit der ersten Auflage dieses Buchs hat das Team um Blatt ein Register aus 20 Qubits hergestellt. Das ändert aber nichts am hier erklärten Prinzip.

35 Register in einem klassischen Computer haben nicht 14 Bit, sondern 8, 16, 32 oder 64 Bit. Hier dient es nur als gedankliches Konstrukt zum Vergleich mit dem 14-Qubit-Register.

36 vom Englischen »Controlled NOT«, abgekürzt: CNOT

37 Schmidt-Kaler, F. et al..: Nature 422, 408-411 (2014)

38 Die Zitate stammen noch aus der ersten Auflage des Buchs von 2015. Das genannte RSA-2048 wird inzwischen empfohlen. Qualitativ bleiben Prof. Wrachtrups Aussagen jedoch aktuell.

39 Im engl. Original: »There's Plenty of Room at the Bottom«

40 *https://arxiv.org/pdf/1905.13641.pdf*

41 *https://arxiv.org/pdf/1904.06560.pdf*

42 *https://www.fraunhofer.de/de/presse/presseinformationen/2019/september/ibm-und-fraunhofer-treiben-mit-einer-gemeinsamen-initiative-quantencomputing-in-europa-voran.html*

43 *www.scottaaronson.com/blog/*

44 Abkürzung für Electronic Numerical Integrator and Computer

45 *http://www.computerworld.com/article/2561813/computer-hardware/q-a--a-lostinterview-with-eniac-co-inventor-j--presper-eckert.html*

46 *http://research.microsoft.com/en-us/um/people/gray/moore_law.html*

47 *http://arxiv.org/abs/1402.0791*

48 *https://arxiv.org/pdf/1905.07240.pdf*

49 Muhonen, Juha et al.: Nature Nanotechnology 9, 986-991 (2014) doi:10.1038/nnano.2014.211

50 *http://arxiv.org/pdf/quant-ph/0504076v1.pdf*

51 Bruzewicz, C.: Trapped-Ion Quantum Computing: Progress and Challenges: Applied Physics Reviews 6, 021314 (2019); *https://doi.org/10.1063/1.5088164*

52 *http://arxiv.org/pdf/quant-ph/9906129v1.pdf*

53 Die Verwicklungen im Film resultieren aus einem ausnahmsweise korrekten »Minority Report«. Ich glaube, dass der Autor der literarischen Vorlage, Philip K. Dick, von Fehlerkorrekturverfahren der klassischen Computerei zu seiner Story inspiriert worden ist.

54 Kelly, J. et al. State preservation by repetitive error detection in a superconducting quantum circuit. Nature 519, 66–69 (2015). *https://doi.org/10.1038/nature14270*

55 Córcoles, A., Magesan, E., Srinivasan, S. et al. Demonstration of a quantum error detection code using a square lattice of four superconducting qubits. Nat Commun 6, 6979 (2015). *https://doi.org/10.1038/ncomms7979*

56 Todd Brun: Quantum Error Correction, in Oxford Research Encyclopedias (2020) DOI: 10.1093/acrefore/9780190871994.013.35

57 *http://www.focus.de/wissen/experten/schmeh/quantencomputer-der-nsa-quantencomputer-koennten-die-welt-ins-chaos-stuerzen-3_id_3522157.html*

58 Lloyd, S. et al.: nature physics (2014); DOI: 10.1038/NPHYS3029

59 *http://math.nist.gov/quantum/zoo/*

60 *http://arxiv.org/abs/1311.1851*

61 Die meist erforschten Verfahren sind die so genannte gitterbasierte Kryptographie und das sog. McEliece-Verfahren.

62 Barz et al.: Science 335, 303 (2012), DOI: 10.1126/science.1214707

63 *https://www.globenewswire.com/news-release/2020/02/10/1982087/0/en/Quantum-Computing-Market-is-Poised-to-Surpass-64-988-3-Million-By-2030-P-S-Intelligence.html* (abgerufen am 16.6.2020)

64 *https://www.nature.com/articles/d41586-019-02935-4*

65 *https://www.nature.com/magazine-assets/d41586-019-02935-4/17225708* (abgerufen am 16.6.2020); eigene Auswertung der Tabelle, gefiltert nach »Nordamerika« und »Quantum-computing« oder »Quantum software«.

66 *https://www.nextbigfuture.com/2017/10/china-will-open-a-10-billion-quantum-computer-center-and-others-also-investing-in-quantum-computing.html*

67 *https://technode.com/2019/11/13/china-trails-us-europe-in-quantum-computing-development-researcher/*

68 *http://www.xinhuanet.com/english/2018-08/06/c_137371729.htm*

69 *https://www.sueddeutsche.de/wissen/quantencomputer-foerderung-1.4666835-2*

70 *https://www.bundesfinanzministerium.de/Content/DE/Standardartikel/Themen/Schlaglichter/Konjunkturpaket/2020-06-03-eckpunktepapier.pdf?__blob=publicationFile&v=8*

71 *https://www.heise.de/newsticker/meldung/Deutschland-bei-Quanten-Technik-im-Rueckstand-4579823.html?hg=1&hgi=4&hgf=false*

72 *https://www.nature.com/articles/d41586-019-02935-4*

73 Havlíček, V., Córcoles, A.D., Temme, K. et al. Supervised learning with quantum-enhanced feature spaces. Nature 567, 209–212 (2019). *https://doi.org/10.1038/s41586-019-0980-2*

74 Kokail, C., Maier, C., van Bijnen, R. et al. Self-verifying variational quantum simulation of lattice models. Nature 569, 355–360 (2019). *https://doi.org/10.1038/s41586-019-1177-4*

75 *https://hsm.utimaco.com/de/loesungen/anwendungen/krypto-agilitat-im-post-quantenzeitalter/*

76 Broschüre »Quantencomputer und Next-Generation-Krypto«, Hessisches Ministerium für Wirtschaft, Energie, Verkehr und Landesentwicklung (HMWEVL), 2018.

77 Hildner, R. et al.: Science 340, 1448 (2013); Collini, E. et al.: Nature 463, 644-647 (2010)

78 Anton Zeilinger: Einsteins Schleier, Goldmann, 2003

79 Vlatko Vedral: Decoding Reality, Oxford University Press, 2010

80 Die Planck-Länge beträgt ca. 10–35 Meter und die Planck-Zeit ca. 10-44 Sekunden.

81 Seth Lloyd: Programming the Universe, Vintage Books, 2006

Index

A

Aaronson, Scott 89, 127, 147, 153
Aharonov, Dorit 133
Alibaba 176
Al-Khalili, Jim 130
Amazon 2
Amplitude 37
Anyonen 142
Arndt, Markus 32

B

Babbage, Charles 96
Ben-Or, Michael 134
Bit 42
Blatt, Rainer 101
blind quantum computing 163
Bloch, Immanuel 167
Blochkugel 102, 136
Brun, Todd 139

C

Calarco, Tomasso 176
Chuang, Isaac 114
Cirac, Ignacio 114
CNOT-Gatter 132
Computer
    optischer 22
Cooper-Paare 78

D

Dekohärenz 47, 71, 128, 129
Denschlag, Johannes 168
Deutsch, David 114
Deutsch-Algorithmus 116
DiVincenco, David 132
Doppelspalt-Experiment 34
D-Wave System 85, 145
Dyakonov, Michel 95, 129

E

Einmalschlüssel-Verfahren 60
Einstein, Albert 45, 50, 51
Einweg-Quantencomputer 141, 163
Empfehlungssysteme 185
Englund, Dirk 117, 129
ENIAC 125
Euler, Leonhard 154

F

Fehler 129
Fehlertoleranzschwelle 134
Fernwirkung
  spukhafte 51
Feynman, Richard 113
Fischer, Matthew 211
Flash-Speicher 83
Fromme, Tobias 203

G

Gambetta, Jay 180
Gatterfehler 133
Gehirn 203, 210
Google 2, 119, 175
Graphen 168
Grover, Lov 116, 150
Grover-Algorithmus 116, 148

H

Haber-Bosch-Verfahren 171
Hadamard-Gatter 102, 151
Halteproblem 146
Harbach, Philipp 184
Harris, Nicholas 118
Hashfunktion 197
Heisenberg, Werner 39
Hertz, Heinrich 17
Higgs-Boson 169
Hilbert, David 13
Hochtemperatursupraleiter 169
Homeister, Matthias 153
Honeywell 2, 128
Hore, Peter 209
HQS Quantum-Simulations 161
Hybridrechner 182

I

IBM 2, 119, 126
Intel 2
Interferenz 27

J

Jinping, Xi 2
Jordan, Stephen 160

K

Kalai, Gil 140
Kimble, Jeff 114
Kirchmair, Gerhard 138
Kjaergaard, Morten 118
Kohärenzzeit 48, 119, 131
Kokail, Christian 182
Krämer, Juliane 162, 190
Kristalle
  photonische 21
Krypto-Agilität 200
Kryptographie
  asymmetrische 192
  codebasierte 195
  gitterbasierte 193
Kurven
  geschlossene zeitartige 143

L

Leuchtdioden
  organische 184
Lichtgeschwindigkeit 17

Lloyd, Seth 114, 143, 147, 159
Logikgatter 99

M

Magnetoenzephalographie 81
Maier, Christine 183
Marakov, Vadim 72
Marconi, Guglielmo 18
Martinis, John 180
Maxwell, James Clerk 16
Maxwell'sche Gleichungen 17
Merck 3
Microsoft 2, 126, 143
Mikrotubuli 211
Modulation 17
Monz, Thomas 128
Moore's Gesetz 8, 132
Mott-Isolator 168
Mouritsen, Henrik 210

N

Navigationssystem 80
Niederhagen, Ruben 196
NISQ 179
Nodes, Trusted 72
Noisy Intermediate Scale Quantum
Technology 179

O

One-Time-Pad 59
OpenSuperQ 185
Orbitale 34
Oxford Quantumcircuits 178

P

Pan, Jian-Wei 2, 4, 61
Parameter
verborgene 52
Penrose, Roger 210
Photosynthese 205
Planck, Max 5
Planck-Länge 219
Planck-Zeit 219
Plenio, Martin 208
Polarisation 64
Posner Cluster 211
Post-Quanten-Kryptographie 191
Problem des Handlungsreisenden
87, 147

Q

QKD 61
Q-System-One 120
Quanten 4
Quantenalgorithmen 161
Quantenbit 42
Quantencomputer
Marktwert von 174
topologischer 142
Quantenfehlerkorrektur 133
Quantengatter 132
Quantenhacker 72
Quanteninformation 42
Quanteninternet 62, 164, 170
Quantenkompass 209
Quantenkryptographie 61, 163
Quantenminigolf 26
Quantenobjekte 22
Quantenparallelismus 108, 109
Quantenphysik 7

Quantenregister 101
Quantenrepeater 71, 171
Quantenrevolution
Erste 23
Zweite 22
Quantenschlüsselaustausch 61
Quantensimulator 166, 230
Quanten-Speedup 88
Quantentechnologie 3, 7, 70
Quantenteleportation 53, 71
Quantenüberlegenheit 2, 119, 180
Quantenverschlüsselung 171
Quantenzufallsgeneratoren 77
Quantum Annealing 88
Quantum Brain 212
quantum key distribution 61
Quantum-Bird 210
Quantum-Walk 207
Qubit 42
logisches 136
physikalisches 136
Qubits
zeitreisende 143
Quoogle 164

R

Rechenwerk 98
Register 98
RSA-Verschlüsselung 4

S

Schmidt-Kaler, Ferdinand 128, 185
Schrödinger, Erwin 34
Schrödingers Katze 43, 129
Seidel, Christian 92
Shor, Peter 4, 86, 147, 162
Shor-Algorithmus 86, 112, 153
Skalierbarkeit 120, 125
Snowden, Edward 4, 60
Spin 49
SQUID 78, 81
Station Q 127, 143
Superconducting Quantum Interference Device 78
Superposition 41, 169
Surface-Code 136

T

Tame, Mark 142
Tang, Ewin 185
Teleportation 52
Transistoren 8
Troyer, Matthias 90
Tunneleffekt 56
Turing, Alan 13, 146
Turingmaschine 14, 15, 97

U

UND-Gatter 99
Unschärferelation 39

V

van Slageren, Joris 130
Verschlüsselung 4
Verschränkung 49, 203
Volkswagen 92
Von Neumann, John 97
Von-Neumann-Architektur 97

W

Wagniskapital 175
Wallraff, Andreas 137
Welcher-Weg-Information 47
Wellenfunktion 34
Kollaps der 211
Welle-Teilchen-Dualismus 30, 107
Wheeler, Archibald 219
Wilhelm-Mauch, Frank 176
Wineland, David 114
Wrachtrup, Jörg 111, 130

X

XOR 99

Z

Zeilinger, Anton 3, 62, 159
Zhou, Leo 116
Zigmantas, Donatas 208
Zoller, Peter 114
Zuse, Konrad 96